예수님과 친밀한 교제를 나누기 원하는 분들에게 이 책을 드립니다.

당신은 주님을 더 깊이 알고 사랑할 수 있습니다.

이것은 가능한 일일 뿐만 아니라 당신의 의무이기도 합니다.

많은 독자들이 이 책을 읽고 도전받기를 기대합니다.

예수님을 향한 갈망이 그분을 알아가는 숭고한 노력으로 이어지기를 바랍니다.

하나님께서는 당신을 잘 알고 계십니다.

또한 당신을 통해 위대한 역사를 이루기 원하십니다.

바로 이 목적을 위해 하나님께서 당신을 창조하셨습니다.

부디 이 책을 통해 이러한 사실들을 이해하게 되시기를 기도합니다.

영광의 세대

브루스 D. 알렌 지음 | 심현석 옮김

GAZING into GLORY

감사의 글

여러 편의 설교와 강연 자료를 모아 책으로 펴낼 수 있도록 수많은 시간을 들여 녹취해 준 아들 데이비드에게 고마움을 전한다.

또한 원고 교정을 위해 애쓰신 부모님과 아내에게 진심으로 감사의 마음을 전한다. 사실 여러 번 반복해서 원고를 읽는 일은 참으로 귀찮은 작업이다.

놀라운 리더십과 편집 능력을 발휘해 준 스탠과 낸시 패터슨 부부에게도 감사드린다. 특히 내게 전해 준 격려가 큰 도움이 되었다.

이 책이 출판되기까지 내게 용기를 북돋워 주고 아낌없이 지원해 준 많은 이들의 이름을 빠짐없이 언급하는 것은 불가능한 일이다. 하지만 그 중 특별히 존과 루스 파일러 부부, 제리 포스터, 칩 포스터, 데이브 리차드, 프랜시스 쿠, 콜린과 마리 고든 부부, 윌슨 왕, 베라 림, 어윈 리, 글렌 던롭 목사와 아일랜드 식구들, 워렌 던롭, 베리와 케이 힐 부부 그리고 크리스천 라이프 센터의 식구들에게 감사의 인사를 전한다.

이외에도 내게 사랑과 지원을 아끼지 않은 모든 분들께 진심으로 감사드린다.

추천의 글

성도들의 삶에 하나님의 초자연적 역사는 당연한 일이어야 한다. 독자들은 초자연적 세계에 대한 브루스 D. 알렌의 설명을 들으며 깜짝 놀랄 것이다. 당신은 성부, 성자, 성령과의 초자연적 사랑(친밀함)을 경험하기 원하는가? 그렇다면 이 책은 당신에게 교본이자 간증집으로 안성맞춤이다. 거듭난 사람은 누구나 성령의 역사를 체험할 수 있다. 이를테면 그것은 거듭난 순간에 주어지는 생득권(birthright)인 셈이다. 알렌은 당신이 생득권으로 받은 영안(靈眼)을 어떻게 작동할 수 있는지 체계적으로 가르쳐 준다.

스탠 & 낸시 패터슨, 뉴 비기닝즈 미니스트리(New Beginnings Ministry)

브루스 D. 알렌 박사의 계시적 통찰은 그의 풍부한 성경 지식에 기반을 두고 있다. 알렌과 믿음의 여정을 이어가는 동안, 그의 계시적 통찰은 당신의 마음을 강하게 움직일 것이다. 당신의 영혼 안에서 '로고스'가 '레마'로 변하기까지 알렌은 성경 말씀을 상세하게 설명해 준다. 이제 당신은 그동안 꿈꿔 왔던(아니, 꿈으로만 그려 봤던) 새로운 차원의 영광 속으로 들어갈 것이다. 부활하신 그리스도의 영광 속으로!

플로 엘러스, 글로벌 글로리 미니스트리즈(Global Glory Ministries)

초자연적 세계에 대한 연구에 브루스 D. 알렌보다 더 많은 시간을 할애한 사람은 거의 없을 것이다. 그는 그것을 일생의 연구 주제로 정했다. 뿐만 아니라 그곳을 자신의 거처로 삼기까지 했다. 알렌은 초자연적 세계에서 살아간다!

오늘날 초자연적 세계에 대한 거짓 가르침이 난무하다. 그러므로 당신은 이 책을 '필독서'로 삼아야 한다. 혹, 이 주제에 대해 깊이 연구하고 싶다면, 반드시 이 책을 참고해야 할 것이다. 이 시대에 꼭 필요한 이 책을 추천하는 것은 나의 큰 기쁨이다.

존 딘, 얼라이언스 인터내셔널 미니스트리즈(Alliance International Ministries)

이 책은 문자 그대로 '영감 덩어리'이다! 초자연적 세계를 다룬 이 책은 우리의 마음을 신선하게 회복시켜 준다. 특히 이 책에 뚜렷이 나타난 체험과 말씀의 연계성(성경 말씀을 뒷받침하는 체험, 체험을 뒷받침하는 성경 말씀)은 참으로 놀랍다.

그동안 나는 하나님께서 내게 계시해 주신 것들을 쉽게 받아들이지 못했다. 간단히 말해 그 체험들을 믿지 못했던 것이다. 그런데 이 책이 내가 체험한 것들을 '말씀'으로 확증해 주었다.

과거에 당신이 무엇을 경험했든, 이 책은 당신을 향해 더 깊이, 더 높이, 더 멀리 나아갈 것을 명령한다. 왜냐하면 그렇게 하는 것이 당신의 사명이고 부르심이기 때문이다.

브루스 D. 알렌은 주님과 만날 것을 강조하면서 자신의 또 다른 책《일곱 번째 날의 예언적 약속》(The Prophetic Promise of the Seventh Day)에서 한 문장을 발췌하여 이 책에 실었다. "천상의 영역에 마음을 쏟을수록 당신은 이 땅의 일들에 더 깊이 관여하게 될 것이다."

팀 & 신디 화이트 목사, 트라이 카운티 크리스천 센터(Tri County Christian Center)

목차

5_ 감사의 글
6_ 추천의 글
10_ 서문
17_ 머리말

chapter 1	초자연적 현상들을 바라보다	_22
chapter 2	얼굴과 얼굴을 마주하다	_65
chapter 3	눈을 주님께로 향하다	_107
chapter 4	거룩해진 상상력	_127
chapter 5	말한 대로 살다	_150
chapter 6	살아 있는 그리스도의 몸	_177
chapter 7	믿음으로 이동하다 I	_213
chapter 8	믿음으로 이동하다 II	_238
chapter 9	우리 안에 있는 영광	_280
chapter 10	영광을 발산하다	_299

326_ 주
329_ 부록 A 성경의 근거들
332_ 부록 B 성경이 내린 정의

서문

수십 년 넘도록 교회는 자기만족과 거짓 영성의 늪에 빠져 있다. 문자 그대로 침체기인 것이다. 교회는 하나님의 말씀 대신 '전통'을 끌어안았고, 그것을 '말씀'의 자리에 올려놓았다. 전통이 말씀을 대체한 상황이다.

우리는 초대 교회가 어떤 모습이었는지 잘 알고 있다. 성도들은 사랑을 실천했고, 하나님의 능력을 강력하게 나타내 보였다. 그러나 오늘날의 교회에선 이 같은 생생함을 더 이상 찾아볼 수 없다. 신앙의 능력이 '하라'와 '하지 말라'의 공허한 교리로 대체되어 버렸기 때문이다. 그러므로 지금 우리 수중에 남은 것은 아무 능력 없는 공허한 경건뿐이다. 능력은 하나님 말씀에 내재된 본질이다. 그러나 지금의 교회는 말씀의 능력을 상실했다. 능력은 '말씀의 하나님'이 지니신 속성이기도 하다. 그러나 지금의 교회 안에는 하나님의 능력이 없다.

살아 계신 하나님의 실체를 체험하기 원하여 울부짖는 사람들이 세계 곳곳에서 우후죽순처럼 일어나고 있다. 그들이 만나기 원하는 하나님은 약속을 지키시는 하나님, 손수 지으신 사람들을 돌보시는 하나님, 그들의 삶에 적극적으로 관여하시는 하나님, 능력의 하나님, 표적과 이적의 하나님이다. 그러나 교회는 살아 계신 하나님을 보여 주는 일에 실패했다. 무기력한 교회는 결국 구도자들의 마음에 커다란 공허감을 남겼다. 안타깝게도 사람들은 자신의 마음속 빈 공간을 어떻게든 채우려는 심산으로 신비사술과 사탄숭배에 손을 뻗는다.

성경에는 우리의 지성과 이해력 너머에 존재하는 것들이 많이 등장한다. 이러한 내용을 접할 때마다 우리는 신화, 악령의 속임수, 과거에 끝난 섭리 등으로 치부해 버렸다. 심지어는 "나중에 천국 가면 경험하겠죠?"라며 먼 미래의 일로 미뤄 놓기까지 했다. 물론 신화, 속임수, 과거의 섭리, 먼 미래의 일 등도 나름 유의미한 해석일 것이다. 하지만 이해하지 못하겠다는 이유 하나만으로 그 모든 내용을 싸잡아 어두운 구석, '난해함'의 파일 속에 처박아 두는 것은 위험한 일이다. 백 번 양보하더라도 그것은 무지의 소치이다.

지금도 우리는 '합리적 판단'이란 명목을 앞세워 우리에게 친숙하지 않은 내용들을 '종교적 안전지대' 밖으로 몰아내고 있다. 그러나 소망은 있다. 이처럼 명백한 공허와 결핍의 시대에도 주님께서는 '성령'을 통해 역사하신다. 문제는 대다수의 교회가 주님의 일을 깨닫지 못한다는 것이다.

세계 곳곳에서 진리를 추구하는 사람들이 그리스도와 만나고 있다. 참 진리이신 그리스도를 말이다. 지금도 기이한 현상을 체험한 사람들의 이야기가 곳곳에서 들려온다. 천사의 방문, 예수님과의 만남, 금가루 현상, 깃털 현상, 보석, 하늘의 만나, 비범한 치유, 죽은 사람의 소생, 예기치 못한 공급, 물위를 걷는 일, 순간이동, 삼층천 방문, 그 외 여러 놀라운 일들이 이 시대에 일어나고 있다.

이러한 일을 접할 때 우리의 마음에는 의심이 일어난다. '정말 하나님께서 행하신 일인가?' '이와 같은 일들이 성경 어디에 기록되어 있단 말인가?' '하나님의 역사가 아니라면 무엇인가?' '마귀가 만들어 낸 현상인가?' '하나님과의 만남을 훼방하려고 마귀가 행한 가짜(모조) 표적인가?'

이와 같은 질문에 답하기란 결코 쉽지 않다. 아니, 매우 복잡하다. 하지만 복잡한 만큼 간단하기도 하다. 그렇다. 하나님께서는 오늘도 이러한 일을 행하실 수 있고, 또 행하고 계신다. 그리고 마귀는 이러한 기적을 모방하여 사람들을 진리로부터 떼어 놓는다. 어떤가? 간단하지 않은가?

그리스도를 믿는 우리는 주님 안에서 '가능성의 영역'을 탐험해야 한다. 물론 과거 한때, 무지와 두려움과 불신 때문에 우리는 그 영역으로의 탐험을 주저했다. 하지만 지금 우리는 그 가능성의 영역, 초자연의 영역으로 다시 들어가야 한다.

초자연의 영역으로 들어갈 때, 한 가지 주의할 것이 있다. 지금껏 초자연적 현상들이 나타날 때마다 자동반사적으로 외면해 왔다면, 이제 그러한 습관은 버려야 한다. 우리는 말씀을 배운 자들로서 거룩한 분별력을 활용할 줄 알아야 한다.

분별은 비판이 아니다. 지각을 사용함으로 연단을 받아 선악을 구분하면서(히 5:14) 주어진 상황에 하나님의 말씀을 올바르게 적용하는 것이 분별이다. 하지만 대부분의 사람들은 분별이 아닌 비판에 익숙하다. 분별한다고는 하지만, 대부분 비판인 경우가 많다. 성경과 무관한 우리의 신념 체계를 바탕으로 비판하면서도 마치 영적으로 분별하는 양 착각하는 것이다.

성경에는 '삼층천'(또는 영적인 영역)과 교류하는 방법들이 소개되어 있다. 그중 하나가 요한복음 14장 12절이다. "내가 진실로 진실로 너희에게 이르노니 나를 믿는 자는 내가 하는 일을 그도 할 것이요 또한 그보다 큰 일도 하리니 이는 내가 아버지께로 감이라"(요 14:12).

예수님께서는 "내가 하는 일을 그도 할 것이요 또한 그보다 큰 일도 하리니"라고 말씀하셨다. 이 말씀의 의미는 무엇일까? 말씀을 듣는 즉시, 대다수 사람들은 예수님께서 행하신 기적들을 떠올릴 것이다. 그리고 다들 자신의 삶에도 그와 동일한 기적들이 일어나리라 기대한다. '나도 그리스도처럼 놀라운 일을 행할 수 있어!' 기대감은 한껏 부풀어 오른다.

그러나 그리스도의 삶(특히 초창기 사역)을 연구해 본 사람들은 그분이 행하신 일들 몇 가지를 살펴보며 손사래 칠 것이다. 그대로 행하려는 사람도 없을 것이며, 혹여 있다 하더라도 기를 쓰고 따라하지는 않을 것이다.

> 그는 육체에 계실 때에 자기를 죽음에서 능히 구원하실 이에게 심한 통곡과 눈물로 간구와 소원을 올렸고 그의 경건하심으로 말미암아 들으심을 얻었느니라 그가 아들이시면서도 받으신 고난으로 순종함을 배워서 (히 5:7-8)

예수님은 '경건한 두려움'을 배우셨다. 또 '고난으로 순종'하는 법도 배우셨다. 하지만 안타깝게도 성도들 대다수는 그리스도를 닮아가는 과정에 대해 잘 알지 못한다. 그리스도의 형상대로 변화되는 것이 무엇인지 깊이 생각해 본 사람도 거의 없을 것이다. 우리가 바라는 것은 그저 케이

크 위에 덕지덕지 달라붙은 달콤한 크림, 성품의 변화로 이어지지 않는 이적과 표적과 기적뿐이다.

> 너희 안에 이 마음을 품으라 곧 그리스도 예수의 마음이니 그는 근본 하나님의 본체시나 하나님과 동등됨을 취할 것으로 여기지 아니하시고 오히려 자기를 비워 종의 형체를 가지사 사람들과 같이 되셨고 사람의 모양으로 나타나사 자기를 낮추시고 죽기까지 복종하셨으니 곧 십자가에 죽으심이라 (빌 2:5-8)

이 말씀은 예수님께서 이적, 표적, 기적 등 본격적인 사역을 시작하기 전, 기초 작업으로 선행(先行)하신 일들을 설명해 주고 있다. 예수님은 그 어떤 명성도 거부하시고 자기를 비워 종의 형체를 취하셨다(빌 2:7). 과연 누가 이 일을 따라하려 하겠는가? 이 역시 아무도 따르려 하지 않는 일, 고려조차 않는 일이 되어 버렸다. 예수님은 자신을 낮추시고 죽임당하기까지 복종하셨지만(빌 2:8), 대부분의 성도는 교만하고 자기중심적이며 이기적이다. 성령께서는 육체의 정욕과 죽은 행실로부터 우리를 깨끗이 씻어 주려 하신다. 하지만 우리는 이 같은 성령의 사역을 달가워하지 않는다. 성령의 씻으심을 거부하기 때문에 우리는 경건한 모양새만 취할 뿐, 능력은 전무한 상태이다.

초자연적 삶을 위한 또 다른 열쇠를 누가복음에서 찾아볼 수 있다.

> 예수께서 그들을 데리고 베다니 앞까지 나가사 손을 들어 그들에게 축복

하시더니 축복하실 때에 그들을 떠나 하늘로 올려지시니 (눅 24:50-51)

교회는 '그리스도가 올라가신 곳까지 성장해 가는'(그리스도의 형상대로 변화되는) 과정을 밟고 있다. 성장 중이기 때문에 주님은 때때로 우리의 무지를 눈감아 주신다.

알지 못하던 시대에는 하나님이 간과하셨거니와 이제는 어디든지 사람에게 다 명하사 회개하라 하셨으니 (행 17:30)

형제들아 내가 너희에게 나아가 하나님의 증거를 전할 때에 말과 지혜의 아름다운 것으로 아니하였나니 내가 너희 중에서 예수 그리스도와 그가 십자가에 못 박히신 것 외에는 아무것도 알지 아니하기로 작정하였음이라 내가 너희 가운데 거할 때에 약하고 두려워하고 심히 떨었노라 내 말과 내 전도함이 설득력 있는 지혜의 말로 하지 아니하고 다만 성령의 나타나심과 능력으로 하여 너희 믿음이 사람의 지혜에 있지 아니하고 다만 하나님의 능력에 있게 하려 하였노라 (고전 2:1-5)

바울이 맨 처음 고린도를 방문했을 당시, 고린도 사람들은 하나님을 알지 못했다. 그러므로 그들에게 복음을 전하고 그들의 영적 필요를 채워 줄 유일한 방법은 기적, 곧 하나님의 능력을 보여 주는 것뿐이었다. 고린도 사람들이 영적으로 미숙한 상태였기 때문에 바울은 능력을 행하며 그들에게 다가갔다.

하나님의 능력, 기름부음, 그리고 기름부음에 대동되는 은사들(특히 고린도전서 12장에 언급된 성령의 아홉 가지 은사)은 언제나 그렇듯 영적 여정 초기에 등장한다. 즉, 고차원적 깨달음을 얻은 소수에게만 이러한 표적이 허락되는 것이 아니라는 뜻이다. 하나님은 모든 성도의 삶 속에 이 모든 표적들이 나타나길 바라신다. 이것이 하나님의 계획이었다.

믿는 자들에게는 이런 표적이 따르리니 곧 그들이 내 이름으로 귀신을 쫓아내며 새 방언을 말하며 뱀을 집어올리며 무슨 독을 마실지라도 해를 받지 아니하며 병든 사람에게 손을 얹은즉 나으리라 하시더라 (막 16:17-18)

주님은 이러한 영적 현상들이 일반 성도들의 일상적인 경험이 되도록 고안해 놓으셨다. 기적은 우리 여정의 출발점이다. 휴게소도 아니고, 캠핑장소도 아니며, 목적지도 아니다. 그야말로 기적은 출발점이다!

누군가 말했듯 주님은 우리를 개척자로 부르셨다. 개척자이기 때문에 우리는 절대 멈춰서는 안 된다. 주님은 우리에게 "정착하라"고 명령하지 않으셨다. 결코 성장을 멈춰서는 안 된다.

우리가 믿음 안에서 성장하고 그리스도의 형상을 닮아갈 때, 영적 체험은 더 빈번해지고 강력해질 것이다. 이 여정을 이어가는 동안, 우리는 하나님 나라의 열매들을 더 크게 맺을 것이다.

이 책을 집필하면서 나는 이렇게 기도했다. "하나님, 이 책의 독자들이 자신의 생득권(birthright)을 행사하여 영적 세계를 들여다보게 하소서. 그러면 그들은 활기를 얻고 더 자주 그 영역으로 들어갈 것입니다."

머리말

나는 성경을 공부하면서 양자역학 및 여러 다른 과학 분야에도 손을 대는 등 참으로 즐거운 시간을 보냈다. 어쩌면 이 같은 학문은 기독교 신학이나 정통 기독교의 가르침에 위배되는 것처럼 보일 수도 있다.

영적으로 거듭난 후 나는 하나님의 말씀에 매료되었고, 또 말씀의 하나님을 사랑해 왔다. 그와 동시에 흥미로운 과학적 사실들을 공부하며 관심 분야를 넓혀 가기도 했다. 과학을 연구하며 이 세상 만물에 창조주 하나님의 설계가 깃든 것을 확인했을 때, 내 영혼은 더욱 풍성해졌다.

나는 히브리어와 헬라어(성경이 기록된 원어)로 말씀 공부하기를 좋아한다. 몇 시간이고 집중하여 성경을 들여다보면, 마치 딴 세상에 와 있는 느낌이다. 그럴 때마다 아내가 나를 '현실'로 불러들이곤 한다. 혹은 너무 집중한 나머지 피곤해져서 공부를 멈추고 쉬기도 한다.

오랜 시간 동안 공부한 결과 심오한 사실 하나를 발견했는데, 그것은 바로 우리 하나님께서 정말 놀라운 분이라는 것이다. 하나님은 인간의 지성(이해력)이 닿지 않는 어딘가에 우리를 위해 무언가 놀라운 것을 예비해 두셨다. 하지만 그것들을 '믿음' 너머에 두지는 않으셨다.

서구의 그리스-로마 철학사상에 젖어 있는 우리는 하나님께서 행하실 일을 믿기 전에 하나님이 그 일을 어떻게 행하실지 논리적으로 따져봐야 직성이 풀린다. 평생토록 이 세상(물질계)을 관찰하고 실험하고 원리를 분석하도록 배워 왔기 때문이다.

그러나 히브리 문화는 다르다. 그들의 인식 속에 하나님은 모든 자연법칙을 훌쩍 뛰어넘는 초자연적 절대자이시다. 그러므로 그들에게 "과연 하나님께서 이 일을 어떻게 행하실 것인가?"는 가당치도 않은 질문이다. 왜냐하면 하나님께 불가능한 일은 없기 때문이다.

물론 히브리 문화권에 살더라도 이러한 개념을 불편하게 느끼는 사람이 있다. 하지만 설득과 상담 과정을 거치면, 적어도 다음의 사실 만큼은 인정할 것이다. "유한한 인간의 지성으로는 전능하신 하나님을 이해할 수 없다." 그렇게 그들은 머리로 이해하기 전에 하나님의 초자연적 개입을 믿는다. 하나님께서 인간의 삶에 개입하실 가능성을 액면 그대로 수용하는 것이다. 물론 하나님의 초자연적 개입은 우리에게나 그들에게나 이성의 경계 너머에 있는 일이다.

우리는 믿음의 자리로 돌아가야 한다. 믿음의 자리에서는 이렇게 말할 수 있다. "이해할 수 없지만, 하나님께서 말씀하신 일이다. 너무 좋게 들리므로 거짓말 같다. 하지만 굳이 그 말씀을 머리로 이해할 필요는 없다. 그냥 받아들이고 믿으면 된다."

이 책에서 우리가 살필 내용은 매우 단순하면서도 심오하다. 우리는 이 책을 읽어 나가면서 성경을 자주 펼쳐볼 것이다. 하나님께서 알려 주시고자 하는 내용이 무엇인지 살펴보고, 또 그 내용을 정확하게 일러 주는 성경 구절들도 찾아볼 것이다.

부디 그동안 신비하게 여겨 온 것들이 전혀 신비롭지 않다는 사실을 깨닫기 바란다. 또한 우리가 그리스도 안에서 받은 유업을 온전히 누리게 되기를 원한다.

지금까지 소망하고 갈망해 왔던 모험이 시작된다. 이 모험은 성경 말씀을 이해하는 방법으로 진행된다. 성경을 깨달을 때에만, 우리는 하늘 왕국의 비밀을 깨달을 수 있다. "이에 그들의 마음을 열어 성경을 깨닫게 하시고"(눅 24:45).

기억하라. 우리가 무언가를 깨달으면(계시를 얻는다면), 이는 하나님께서 우리에게 통찰력과 이해력을 주셨기 때문이다. 오해하지 말라. 우리의 지성이 뛰어나서가 아니다. 아무리 오랜 시간 성경을 연구했다 하더라도 상관없다. 그 오랜 노력 때문이 아님을 알라. 우리가 무언가를 깨닫는 것은 하나님께서 보시기에 그 계시가 우리에게 필요했기 때문이다. 하나님의 사랑이 우리의 이해력을 확장시키고, 우리로 하여금 그 진리를 깨달을 수 있게 만드신 것이다.

지금은 엄청난 양의 계시가 쏟아지는 때이다. 역사 속 어느 때보다 지금, 더 많은 계시가 열리고 있다. 그리스도께서 이 땅에 발을 디디신 이래, 교회는 가장 위대한 계시의 현장을 걷고 있다. 그리스도의 몸, 곧 교회의 성도인 당신과 나는 지금 하나님의 지혜의 충만한 분량에 이르기까지 주 안에서 성장하고 있다.

이르시되 하나님 나라의 비밀을 아는 것이 너희에게는 허락되었으나 다른

> 사람에게는 비유로 하나니 이는 그들로 보아도 보지 못하고 들어도 깨닫지 못하게 하려 함이라 (눅 8:10)

예수 그리스도를 따르는 사람에게는 하나님 나라의 비밀을 '아는 것'이 허락되었다. 그러나 나머지 사람들(크리스천이 아닌 사람들, 그리스도의 보혈 언약을 받지 못한 사람들)에게 하나님 나라의 비밀은 절대 풀 수 없는 수수께끼이다. 그러므로 그들은 눈으로 보고, 귀로 들어도 깨닫지 못한다.

만일 당신이 거듭난 성도라면, 하나님 나라의 비밀을 알 수 있다. 이 말을 들은 후 당신이 어떻게 반응할지는 알 수 없지만, 나는 무척 흥분된다! 하나님의 손 안에는 우리가 아직 알지 못하고, 이해하지 못하는 것들이 많다. 아직 발견하지 못한 보화가 무수히 많다. 사실, 영원토록 찾아본다 한들 다 찾아내지는 못할 것이다. 하나님은 그만큼 광대하신 분이다. 그러니 지금 시작해 보는 것이 어떻겠는가?

너무나 오랫동안 수많은 성도들이 자연계라는 황무지에 갇혀 꼼짝달싹 못한 채 살아 왔다. 성도들 중 하나님 나라를 체험하지 못하거나 그 나라의 달콤함을 맛보지 못한 사람도 부지기수다.

한번은 예수님께서 이런 말씀으로 바리새인들을 꾸짖으셨다. "화 있을진저 외식하는 서기관들과 바리새인들이여 너희는 천국 문을 사람들 앞에서 닫고 너희도 들어가지 않고 들어가려 하는 자도 들어가지 못하게 하는도다"(마 23:13, 눅 11:52). 우리는 모든 성도에게 허용된 성경의 기초적인 진리를 버리고, 그 빈자리를 이성과 논리의 가르침으로 채웠다.

그동안 우리는 '영적 세계'라는 말 앞에서 마치 심각한 장애를 앓는

듯 절뚝거렸다. 그렇다. 지금까지 우리는 그러한 교회였다.

앞에서 나는 자연계를 '황무지'에 비유했다. 왜냐하면 물질계는 영계의 그림자이기 때문이다. 그 그림자의 실체는 '천상'이다.

자연계(물질계)를 황무지에 비유한 또 다른 이유가 있다. 예수님께서는 약속의 땅에 우리가 거할 곳을 예비하시겠다고 말씀하셨다(요 14:2). 약속의 땅과 비교할 때, 이 세상은 황무지와 같다. 그 땅에 들어가기까지 우리는 이곳, 황무지를 지나야만 한다.

chapter 1

초자연적

현상들을

바라보다

　　내 영안(靈眼)은 크리스천이 된 후로도 오랫동안 작동하지 않았다. 그래서일까? 나는 영적인 맹안(盲眼)이 육체적 맹안보다 사람을 더 무기력하게 만든다고 확신한다.
　　갓 태어난 아기는 처음 며칠 동안 사물을 명확하게 분간하지 못한다. 갓난아기의 눈에 비친 세상은 그림자처럼 흐릿하다. 그러나 시간이 지나면서 시각이 발달한다. 며칠 또는 몇 주 후, 아기는 명확하게 보기 시작한다.

성경은 다음과 같이 말한다. "그러나 먼저는 신령한 사람이 아니요 육의 사람이요 그 다음에 신령한 사람이니라"(고전 15:46). 마찬가지로 이제 막 거듭난 영적 갓난아기들은 제대로 보지 못한다. 우리를 향한 하나님의 의도와 계획은 매우 크다. 하나님은 우리의 영안이 열리는 것을 포함하여 모든 영적 감각이 개발되고 활성화되기를 바라신다.

그런데 왜 우리의 영안은 열리지 않고, 영적 감각은 활성화되지 않는가? 나름의 이유를 꼽자면, '생각의 방해' 때문이다. 우리는 영안의 은사가 믿음의 고수나 선택받은 소수에게만 허락된다고 생각한다. 하나님이 이 같은 체험을 절대 허락하실 리 없다는 식으로 생각하는 일종의 두려움 때문일 수도 있다.

그러나 분명한 것은 영안과 영적 감각이 소수에게만 허락된 선물이 아니라는 것이다. 하나님의 자녀라면 누구든 영안이 열리고 영적 감각이 활성화되는 것을 체험할 수 있다.

특정 소수의 성도만이 영적 은사를 받는다고 생각하는가? 한 번 생각해 보라. 백 명의 갓난아기 중 단 한 명만 눈을 뜨고 나머지 99명은 눈 한 번 떠보지 못하고 평생 어둠에 갇혀 살다가 죽는다고 하자. 이런 일이 일어나지는 않겠지만, 일어난다고 가정해 보자. 과연 자연계(물질계)에서 이러한 상황을 '정상'으로 간주하겠는가?

영계에서도 마찬가지이다. 갓 거듭난 하나님의 자녀 중 99퍼센트가 영적 맹안이라면, 이 현상을 '정상'으로 여길 수 없다. 이러한 일은 발생할 수도 없고, 발생해서도 안 된다. 설사, 이런 일이 발생한다 해도 '극히 드물어야' 정상이다.

교회를 다니는 크리스천이 영적 세계를 들여다볼 수 없다는 것은 말도 안 되는 소리이다! 영적인 세계를 보는 능력은 모든 성도에게 주신 하나님의 선물이다. 앞으로 나는 성경을 펼쳐가면서 최선을 다해 이 사실을 증명해 보일 것이다.

> 화 있을진저 외식하는 서기관들과 바리새인들이여 너희는 천국 문을 사람들 앞에서 닫고 너희도 들어가지 않고 들어가려 하는 자도 들어가지 못하게 하는도다 (마 23:13)

이 구절을 쉽게 바꿔 보면 다음과 같다. "너희 종교 지도자들아! 너희 자신이 천국에 못 들어간다고 해서 아무도 그리로 들여보내지 않는구나. 그래서 사람들로 하여금 '저들도 못 들어가는 곳을 우리가 어떻게 들어갈 수 있겠는가' 탄식하게 하는구나."
여담인데 위 구절에서 '들어가다'로 번역한 헬라어의 문자적 의미는 '안으로 들어가다'이다. 구체적으로 어디론가 들어가는 행위를 묘사하는 동사이다.
그러나 우리는 우리가 이해하지 못하는 많은 내용을 '상징'으로 처리해 버린다. 그래서 천국에 들어가는 것을 비유로 해석할 뿐 실제 천국에 들어가는 것이라고는 생각하지 않는데, 참으로 안타까운 일이다. 이러한 불신 때문에 우리는 종종 성경을 해석하면서도 비성경적인 결론을 도출하곤 한다.

시각 개발

그리스도를 구세주로 영접하는 순간, 우리는 거듭난다. 성경에 의하면, 거듭난 사람은 하나님 나라(천국) 안에서 살아간다. 이제 성경에 근거해서 묻겠다. "당신은 서로 다른 두 장소에, 그것도 동시에 존재할 수 있는가?" 이 질문에 성경적으로 답하자면 "그렇다"이다. 성경대로라면 당신은 지금 그리스도와 함께 앉아 있다(엡 2:6). 성경은 앞으로 언젠가 저 밝은 천국에서 그리스도와 함께 앉게 될 것이라고 말하지 않는다. 당신은 '이미' 하늘에 앉아 있다. 그러므로 지금 당신은 하늘에 거한다! 물론 이 땅에 두 발을 딛고는 있지만, 당신은 하늘에 앉아 있다. 그러므로 같은 시각에, 서로 다른 두 장소에 존재하는 것이다!

첫 울음을 터뜨리며 태어난 순간, 우리는 다섯 가지 감각(미각, 촉각, 청각, 후각, 시각)을 활용하여 세상을 체험하기 시작한다. 그리고 성장하는 동안 수차례 시행착오를 겪으며 우리의 오감(五感)을 자연계에 적응시켜 간다.

그러나 영적인 영역에서는 이러한 성장 과정이 제대로 이뤄지지 않는 것 같다. 예수를 믿어 거듭나고 하나님의 자녀가 되었음에도 성도 대다수의 영적 감각은 무디다. 왜 그런가? 솔직히 말해서 우리는 영적 감각을 개발할 수 있다는 사실을 배우지 못한다. 아니, 이러한 영적 감각이 있다(실재한다)는 사실조차 배워 본 적이 없다. 따라서 지금껏 우리는 초자연적인 하나님을 인간의 형상으로 빚어 왔다. 우리의 형상대로 하나님을 빚은 것이다. 이것이야말로 우상을 만드는 일이 아니겠는가?

우리는 지금껏 이성으로 납득할 수 없는 것들은 저 멀리 내던져 버렸다. 그렇게 함으로써 성도에게 주어진 생득권(birthright)마저 구석에 처박아 두어 거듭날 때 받았던 영적 능력은 온데간데없다. 그 능력을 발휘하여 성경에 그려진 모습대로 변화되어야 하지만, 안타깝게도 우리는 영적 능력을 잃었다. 만일 그 능력을 온전히 사용했더라면, 우리의 모습은 지금과는 전혀 다를 것이다.

영적인 세계보다 자연계(물질계)를 훨씬 더 가깝고 생생하게 느끼기 때문에 우리는 육안으로 볼 수 있는 것들에 만족하며 안주해 버린다. 하나님께서 예수 그리스도의 보혈의 공로로 사신 권리나 우리에게 값없이 내어 주신 고귀한 선물에는 관심조차 없다.

사실 영적인 세계는 자연계(물질계)보다 훨씬 더 실제적이다. 이 세상은 그리스도 안에 있는 진리의 전조(前兆)이자 영적 실상의 그림자일 뿐이다. 하나님께서 우리를 위해 예비해 두신 곳으로 들어갈 때(즉, 하나님이 우리에게 주신 유업이 무엇인지 깨닫기 시작할 때), 우리 눈앞에서 이 세상의 빛은 퇴색해 버릴 것이다. 언약 백성의 유업이 무엇인지, 또 그 선물이 얼마나 귀한지 깨닫고 나면, 당신의 눈에 비친 이 세상은 보잘것없고 초라하기 그지없을 것이다. 이때, 비로소 우리 삶에 올바른 '시각'이 장착된다.

하나님 나라의 관점

신약 성경에 기록된 예수님의 말씀을 연구해 보라. 예수님은 '하나님 나라', '하늘 왕국'에 대해 끊임없이 설교하셨다. 예수님은 '구원' 교리만을 말씀하지 않으셨다.

사실 예수님은 구원보다는 하나님 나라에 대해 더 많이 말씀하셨다. 구원은 하나님 나라의 '출입구'이다. 우리가 그리스도를 영접한 순간 이전에 알지 못했던 새로운 차원(새로운 존재)으로 이동하게 되는데, 그 문을 열어 주는 것이 '구원'이다.

하나님은 모든 사람이 예수 그리스도를 영접하길 바라신다. 이 세상 그 누구도 멸망하지 않는 것이 하나님의 뜻이다. 하지만 하나님의 갈망은 '구원'에서 멈추지 않는다. 하나님은 우리가 하나님 나라 안으로 들어가기를 바라신다. 우리는 하나님 나라의 문턱을 넘어 그 안으로 들어가야 영광스런 유업을 누릴 수 있다. 그렇게 하나님 나라 안으로 들어가야만 하나님의 자녀로서 이 땅을 통치할 수 있다. 그래서 하나님은 우리가 하나님 나라 안으로 들어가기를 바라시는 것이다.

지금 하나님 나라는 어디에 있는가? 하나님 나라는 우리 안에 있고, 우리 가운데 있다. 물론 이 땅은 하나님 나라 안에 포함된다. 하지만 이 세상이 전부라고 생각하면 오산이다. 하나님 나라는 물질세계보다 훨씬 더 크다.

이 점을 쉽게 설명하기 위해 한 가지 예를 들어 보겠다. 지금 당신이 축구경기장 관중석에 앉아 있다고 하자. 그리고 경기장을 '영원'(eternity)으로 생각해 보자(생각해 보니 썩 좋은 예는 아니다. 하지만 당신은 내가 말하려는 바를 이해하게 될 것이다). '영원'은 우리가 상상할 수 없을 만큼 크고 광대한 영역이다. 하나님은 이러한 '영원'에 거주하신다.

영원의 영역 안에 하나님의 말씀이 선포되자 무언가가 창조되었다. 창조된 그것을 우리는 '우주' 또는 '자연계'(물질계)라 부른다. 규모를 측정할 수 없는 광대한 영원의 영역 안에 측정 가능하고 수치화할 수 있는 무언가가 창조된 것이다(축구경기장 안에 작은 점처럼 보이는 당신이 앉아 있다고 가정할 때 축구경기장이 '영원'이라면, 작은 점과 같은 당신은 우주이다).

영원의 영역 안에 창조된 우주를 '시공간'(time and space)이라 부른다. 반면 하나님 나라는 영원 그 자체이다. 하나님 나라는 상상할 수 없을 만큼 넓고 광대하다. 그러나 시공간은 영원하지도, 광대하지도 않다.

그런데 하나님께서 창조하신 모든 것이 그분의 손바닥 안에 놓여 있다. 하나님께서 직접 이렇게 말씀하셨다. "누가 손바닥으로 바닷물을 헤아렸으며 뼘으로 하늘을 쟀으며 땅의 티끌을 되에 담아 보았으며 접시 저울로 산들을, 막대 저울로 언덕들을 달아 보았으랴"(사 40:12). '손바닥'의 너비는 활짝 편 손의 엄지부터 새끼손가락까지이다. 시편에는 다음과 같이 기록되어 있다(한 구절 정도 소개할 이 시는 예수님에 대해 언급한 '메시아 예언' 시이다). "주의 손으로 만드신 것을 다스리게 하시고 만물을 그의 발아래 두셨으니"(시 8:6).

이 세상 모든 만물을 손바닥 안에 창조해 두신 하나님께서 우리에게 권세를 주셨다. 예수님께서는 우리에게 하늘과 땅의 모든 권세를 주셨다!(마 28:18-19) 그런데 교회는 왜 이토록 무기력한가? 이 놀라운 약속을 받았음에도 교회가 맥없이 주저앉는 이유는 무엇인가?

앞에서 말했듯, 우리가 영적 능력을 인지하지 못하고 개발하지도 못하는 이유는 '무지함' 혹은 '거만함'(우리의 모습대로 하나님의 형상을 빚은 죄) 때문이다. 하나님께서 당신에게 주신 '다스림'의 권세가 얼마나 큰지 알겠는가?

하나님이 사흘 만에 다시 살리사 나타내시되 모든 백성에게 하신 것이 아니요 오직 미리 택하신 증인 곧 죽은 자 가운데서 부활하신 후 그를 모시고 음식을 먹은 우리에게 하신 것이라 (행 10:40-41)

"잠깐! 우리에게 이러한 권세가 주어졌다고?" 당신은 이렇게 반문할 것이다. 왜냐하면 위 구절처럼 부활하신 예수님은 오직 자신과 함께 먹고 마셨던 사람들에게만 모습을 나타내셨기 때문이다.

우리가 아는 대로, 예수님의 죽음과 부활은 2천 년 전의 일이다. 예수님께서 또 다시 죽음과 부활의 과정을 겪으시겠는가? 그럴 리 없다. 그렇다면 2천 년 후의 시대를 살아가는 우리는 예수님과 함께 먹고 마셔 본 적이 없으므로 주님을 만날 수 없을까? 그렇지 않다! 우리도 주님과 함께 먹고 마실 수 있다. 우리도 부활하신 주님을 만날 수 있다. 그분의 말씀을 먹고 그분의 잔을 마시기만 하면 말이다.

지금 당신의 수중에 무언가 놀라운 선물이 주어졌다. 하지만 당신은 그것이 무엇인지 알지 못한다. 또 그것이 자신의 소유인지도 확신하지 못한다.

이제부터 내가 왜 이렇게 말하는지 설명하겠다(부록 A를 보라).

첫 언급의 법칙

하나님의 말씀을 연구할 때 매우 유익한 원칙이 하나 있는데, 나는 그것을 '첫 언급의 법칙'(law of first mention)이라 부른다. 이 법칙은 성경에 맨 처음 언급된 내용이 이후 그와 동일한 주제를 다루는 다른 모든 성경 구절을 해석하는 기반이 되는 것을 말한다. 특정 주제와 관련하여 맨 처음 등장하는 성경 구절을 기반으로 다른 모든 후속 구절들을 해석할 수 있다는 뜻이다.

예를 들어, 창세기 1장 26-31절을 보자. 해당 구절의 내용대로 인간은 여섯째 날 지음 받았다. 이후 우리는 6이라는 숫자를 '인간'과 연관지어 인식할 수 있다. 성경에서 '사람'이라는 단어를 볼 때마다 또는 6이라는 숫자를 볼 때마다 우리는 육체를 가진 존재로서의 사람을 떠올릴 수 있다. 이것이 '첫 언급의 법칙'을 적용한 한 가지 예이다.

첫 언급의 법칙을 염두에 둔 채 창세기를 읽어 보면, 당신의 인생을 송두리째 바꿔 놓을 '첫 번째 언급'이 무엇인지 발견할 수 있다. 일단, 인간과 하나님의 관계가 맨 처음 언급된 곳을 찾아보자. 하나님은 매일매일 사람과 얼굴을 마주하신 채 대화하며 에덴을 거니셨다(창 3:8). 이것이 바로 하나님과 우리의 올바른 관계를 보여 주는 첫 번째 그림이다. 우리의 삶은 그 그림처럼 변화되어야 한다. 부디, 하나님과 얼굴을 마주하길 바란다. 하나님과 친밀하게 대화하며 살아가는 인생이기를 바란다!

어떤 사람은 아담의 타락으로 인해 이와 같은 관계가 더 이상 불가능하다고 주장한다. 그러나 둘째 아담, 예수 그리스도께서 십자가에 달려 죽으신 사실을 간과하지 말라. 그분의 보혈로 인해 우리는 아버지와의 온전한 '관계'를 회복하게 되었다.

'관계'에 대한 하나님의 입장은 단 한 번도 바뀐 적이 없다! 이미 우리는 그리스도의 보혈 덕분에 하나님과의 친밀한 관계 속으로 재진입(再進入)한 상태이다. 더 이상 수건으로 얼굴을 가릴 필요가 없다. 하나님께 나아가기 위해 복잡하고 특정한 절차를 밟을 필요도 없다. 종교적인 전통의 덫에 걸려 넘어질 일도 없다. 하나님께서 그 아들 예수 그리스도의 십자가로 길을 열어 주셨기 때문이다. 이제 우리는 하나님과 얼굴을 마주할 수 있다.

이것이 바로 하나님 '아버지의 마음'이다. 자녀 된 우리는 하나님과의 친밀한 교제를 즐길 수 있다. 이것은 애초부터 하나님께서 고안하신 '관계'의 그림이다.

창세기 28장에는 또 다른 '첫 번째 언급'이 등장한다. 이 본문에서 야곱은 브엘세바를 떠나 하란으로 가는 중이었다.

> 야곱이 브엘세바에서 떠나 하란으로 향하여 가더니 한곳에 이르러는 해가 진지라 거기서 유숙하려고 그곳의 한 돌을 가져다가 베개로 삼고 거기 누워 자더니 꿈에 본즉 사닥다리가 땅 위에 서 있는데 그 꼭대기가 하늘에 닿았고 또 본즉 하나님의 사자들이 그 위에서 오르락내리락하고 또 본즉 여호와께서 그 위에 서서 이르시되 나는 여호와니 너의 조부 아브라함의 하나님이요 이삭의 하나님이라 네가 누워 있는 땅을 내가 너와 네 자손에게 주리니 네 자손이 땅의 티끌같이 되어 네가 서쪽과 동쪽과 북쪽과 남쪽으로 퍼져 나갈지며 땅의 모든 족속이 너와 네 자손으로 말미암아 복을 받으리라 내가 너와 함께 있어 네가 어디로 가든지 너를 지키며 너를 이끌어 이 땅으로 돌아오게 할지라 내가 네게 허락한 것을 다 이루기까

지 너를 떠나지 아니하리라 하신지라 야곱이 잠이 깨어 이르되 여호와께서 과연 여기 계시거늘 내가 알지 못하였도다 이에 두려워하여 이르되 두렵도다 이곳이여 이것은 다름 아닌 하나님의 집이요 이는 하늘의 문이로다 하고 (창 28:10-17)

형을 피해 도망치던 중 몸이 극도로 피곤해진 야곱은 잠을 청하기 위해 돌을 베개 삼아 그 자리에 누웠다. 내가 이 구절을 묵상하는 동안, 주님께서는 휴식 중 통찰을 얻는 방법을 알려 주셨다. 물론 이것은 사람들에게 잘 알려지지 않은 방법이다. 우리는 예수 그리스도가 머릿돌이시라는 사실과 바리새인들이 그 돌을 버린 사실을 잘 알고 있다(벧전 2:6). 주님께서 알려 주신 방법은 이것이다. "네가 잠자리에 들 때, 네 마음과 생각을 머릿돌 되신 그리스도께 집중하라. 그것을 베개 삼아 거기에 네 마음을 올려놓으라. 그러면 네가 잠든 동안 하나님께서 놀라운 사실들을 알려 주실 것이다."

거룩한 잠

여행 중 어느 곳에 머물게 되든지 아내와 나는 그곳에 거룩한 영적 분위기를 조성하려고 노력한다. 먼저는 우리의 마음과 입술에 하나님의 말씀과 그리스도의 보혈을 바른다. 우리의 마음과 입술에서 온전한 생각, 온전한 말만 나오도록 조치하는 것이다.

우리는 다양한 나라와 여러 도시를 여행하면서 수많은 모텔과 호텔에서 여장을 풀었다. 홈스테이를 한 적도 있다. 그렇게 이곳저곳에서 머무는 동안 아내와 나는 괴상한 꿈을 꾸곤 했다. 주로 모텔이나 호텔에서 묵을 때 그런 꿈을 꾸었다. 가끔씩은 홈스테이를 할 때에도 괴상한 꿈을 꾸곤 했다.

주님은 내게 거룩한 분위기를 창조해 낼 권세가 있다고 말씀해 주셨다. 그러므로 어디를 가든 나는 그리스도의 보혈을 발라 '거룩한 분위기'를 조성할 수 있었다. 우리는 모텔 객실에 예수 그리스도의 보혈을 적용하여 그 안에 있던 오염물을 씻어 냈다. 이후 그 빈자리에 천국의 분위기를 채워 넣었다.

나는 이러한 가르침을 차츰차츰 배우기 시작했다. 다들 잘 알고 있듯이, 호텔이나 모텔에는 '성결'에 위배되는 요소들이 수없이 많다! 그러나 그곳에 예수 그리스도의 보혈을 적용하자 더 이상 괴상한 생각이나 악몽과 씨름할 필요가 없었다.

수년 전 피지로 사역 여행을 떠났을 때, 이 원칙을 좀 더 확실하게 각인시켜 준 사건이 있어 소개하려 한다. 당시 나는 한 청년과 함께 그곳의 선교사님 댁에 머물렀다. 전에도 그 선교사님 댁을 수차례 방문했기 때문에 선교사님과는 좋은 관계를 유지하고 있었다. 나는 그 집의 손님용 침실에 누웠고, 그 청년은 거실의 소파에 잠자리를 폈다.

아침이 되면 청년은 자신이 사용한 베개와 이불을 잘 개어 내 침대의 발 언저리에 올려놓았다. 나는 이미 그 방과 침대, 특히 베개에 주의 보혈을 적용한 상태였다. 베개를 특별하게 다룬 이유는 거기에 내 머리가 닿기 때문이다.

그 주간의 어느 날 저녁, 나는 사역 때문에 외부로 나갔고 그 청년은 피곤하다는 이유로 일찍 잠을 청했다. 그는 자기 침구를 가지러 내가 묵던 접대용 침실에 들어갔다. 그런데 그가 들고 나온 것은 내가 베고 자던 베개였다(아마도 자기 베개인 줄 착각하고 내 베개를 가져간 것 같다). 그렇게 그는 소파에 잠자리를 편 후 내 베개를 베고 누웠다.

저녁 사역을 마치고 돌아왔을 때는 꽤 늦은 시간이었다. 청년은 이미 깊이 잠든 상태였고, 나 또한 몹시 피곤했다. 그저 침대에 몸을 파묻고 잘 생각뿐이었던 나는 대충 씻고 내 방으로 들어가 침대에 누웠다.

그런데 이게 웬일인가? 베개가 바뀌어 있었다! 그것을 어떻게 아는지 궁금한가? 그 청년은 헤어젤을 사용해서 그가 사용하는 베갯잇은 축축하고 끈적거렸다! 하지만 매우 피곤했던 나는 그냥 그의 베개를 베고 잠을 청했다. 보혈을 적용해야 한다는 생각은 까맣게 잊은 채 말이다. 이것은 수년간 배운 매우 중요한 교훈이었지만, 몸이 피곤하니 만사가 귀찮았다. 다만 축축함과 끈적거림을 피하기 위해 베갯잇만 새것으로 교체했다. 그렇게 나는 그 청년의 베개를 베고 잤다. 그런데 그 대가는 엄청났다. 나는 그날 밤 내내 악몽에 시달려 제대로 쉬지 못했다.

다음 날 아침, 나는 충혈된 눈에 지친 발걸음으로 모닝커피를 마시기 위해 거실로 들어갔다. 그 청년은 일찌감치 잠에서 깬 모양인데, 생기 가득한 눈빛에 매우 활기찬 얼굴이었다. 그는 간밤에 자신이 꾸었던 놀라운 꿈 이야기를 하였다. "꿈에서 천사를 보았어요. 천국도 보았습니다!"라며 흥분한 채 떠들어댔다.

이것은 실제로 일어났던 일이다. 물론 이 청년에게 어떤 문제가 있었는지 언급할 생각은 추호도 없다. 그는 이제 막 구원의 길에 접어든, 예수님을 믿은 지 1년밖에 안 된 초신자였다. 우리 모두가 초신자 때 그랬던 것처럼 그 청년 역시 그랬다. 어쨌든 나는 그날 밤에 있었던 일을 그에게 말해 주었다. 그리고 수년간 주님께서 내게 가르쳐 주신 원칙들을 그에게 가르쳐 주었다.

다시 창세기 28장으로 돌아가자. 길에서 돌을 베개 삼아 잠든 야곱은 하나님을 보았다! 한밤중 그가 꾼 꿈은 그의 인생을 바꿔 놓았다. 땅에서 하늘 끝까지 사다리가 펼쳐졌고, 그 위로 하나님의 천사들이 오르내리고 있었다.

우리는 이 중요한 꿈의 내용을 깨달아야 한다. 인간은 땅의 먼지로 지음 받았다. 땅의 먼지 위에 사다리가 섰고, 그 끝이 하늘에까지 뻗어 있다. 야곱은 이 사다리와 그 위를 오르내리는 하나님의 천사들을 보았다. 그리고 그 사다리의 꼭대기에 주님이 계신 것을 보았다. 이후 야곱은 주님과 얼굴을 마주한 채 대화할 수 있었다.

다음 날 아침, 야곱은 일어나자마자 하나님 앞에서 서원했는데 여기에서 처음으로 '서원'이 언급되었다. "두렵도다, 이곳이여! 이것은 다름 아닌 하나님의 집이요, 이는 하늘의 문이로다!"(창 28:17) 이 말씀이 우리에게 어떻게 적용되겠는가? 고린도전서 6장을 펴보라. "너희 몸은 너희가 하나님께로부터 받은 바 너희 가운데 계신 성령의 전인 줄을 알지 못하느냐 너희는 너희 자신의 것이 아니라"(고전 6:19).

이 첫 번째 언급에서 우리는 어떤 원칙을 얻을 수 있을까? 야곱의 말대로 하나님의 집은 천국의 문이다. "이것은 다름 아닌 하나님의 집이요, 이는 하늘의 문이로다." 그런데 사도 바울의 말에 의하면, 당신이 바로 그 하나님의 집(성전)이다! 야곱은 천사들이 하나님의 집 위를 오르내리는 것을 보았다. 또한 그는 그 집에서 하나님과 얼굴을 맞대고 대화했다. 천사들이 오르내리는 집, 하나님과 대면하여 대화하는 집, 이것이 바로 당신의 정체이며 당신이 창조된 목적이다! 당신은 하나님의 집이다.

첫 언급의 법칙에 의하면, 하나님의 성전인 우리는 지금 활짝 열린 하늘 아래를 걷고 있다. 어디를 가든 우리 머리 위로 하늘이 열린다는 뜻이다. 그 열린 하늘 문을 통해 우리는 끊임없이 하나님과 대화할 수 있다. 그리고 천사의 활동도 목격할 수 있다!

하지만, 여기서 한 가지 주의해야 할 것이 있다. 절대로 천사의 활동을 경배하지 말라. 천사의 활동을 추구하지도 말고, 거기에 주의를 기울이지도 말라. 당신은 오직 그리스도께만 초점을 맞춰야 한다. 예수님 이외의 나머지 것은 모두 부차적인 요소일 뿐이다.

예수님께서 니고데모에게 말씀하셨다. "사람이 거듭나지 아니하면 하나님의 나라를 볼 수 없느니라"(요 3:3). 이 말씀은, 당신이 거듭난 성도라면 하나님 나라를 볼 수 있다는 뜻이다! 하나님 나라는 당신에게 주어졌다.

예수님께서 말씀하셨다. "내 양은 내 음성을 들으며"(요 10:27). 과연 하나님의 음성은 어떻게 들리는지, 당신에게 하나님의 음성에 대한 새로운 정의를 말해 주고 싶다. 맨 처음 그리스도를 영접하면 성령과의 대화를 촉발하는 자극을 수없이 느낄 것이다. 성경 말씀은 물론, 죄에 대한 책망(찔림), 하나님의 사랑에 대한 인지, 환상, 하나님의 임재, 실제로 귀에 들리는 음성 등 참으로 다양한 형태의 자극을 느끼게 될 것이다. 이것들 모두가 하나님 음성이다. 이처럼 다채로운 채널의 음성들은 우리를 거룩한 대화의 장으로 초청한다.

하지만 신앙생활을 하는 동안 우리는 이 다양한 음성들을 잃어버린다. 하나님은 여전히 우리와 대화하고 싶으셔서 다양한 음성들을 보내신다. 그러나 우리는 그 음성들을 수용하지 못한다. 왜 그런가? 어떤 이유에서인지는 모르지만, 우리는 하나님이 오직 '성경'을 통해서만 말씀하신다고 생각하게 되는 것 같다.

혹시 내가 이런 말을 하더라도 오해하지 않았으면 한다. '글'은 가장 비효율적인 소통 매체이다. 다시 말하지만, 활자는 효율적인 소통 수단이 아니다. 이성은 어떤가? 무엇이 진리이고 아닌지를 판가름하는 우리의 이성 역시 효율적인 소통 수단은 아니다. 기독교가 얼마나 많은 교단과 교파로 나뉘었는지를 보면 이 사실을 잘 알 수 있을 것이다.

환상으로 말하다

천국에서 우리는 '언어'로만 소통하지 않을 것이다. 천국에서 우리는 마음과 생각을 전달한다. 물론 원할 때는 말을 할 수도 있을 것이다. 하지만 천국에서의 대화 대부분은 '그림' 언어로 진행될 것이다. 한 장의 그림은 수천 마디의 말을 대신한다. 주님께서 당신에게 무언가를 말씀하고자 하실 때, 그림을 보여 주실 것이다. 이에 당신은 주님으로부터 그림을 받아 그 뜻을 이해하게 된다. 하나님은 언어에만 갇혀 계시지 않다!

이와 관련하여 개인적인 경험을 이야기하겠다. 그리 오래되지 않은 어느 날 아내와 함께 워싱턴 스포케인에서 컨퍼런스를 인도했는데, 당시 주님의 임재는 피부로 느껴질 만큼 매우 강렬했다. 그리고 사역 기간 내내 나는 계속해서 환상을 보았다(환상 또한 언어임을 기억하라). 하나님은 그림 언어로 진리를 전하셨다.

환상 속에서 나는 한 무리의 사람들에게 말씀을 가르치고 있었다. 그들 중 한 사람은 치유를 간절히 원했다. 성령의 인도하심을 따라 나는 그에게 지식의 말씀을 선포했다. 그런데 치유의 말씀을 선포한 순간, 내 속에서 갑자기 예수님이 튀어나오시는 것 아닌가?(예수님은 말씀이시다) 주님은 그 사람에게 다가가 안수해 주셨고, 그 사람은 치유받았다.

이 환상을 보았기 때문에(더 정확하게는 주님이 주도하신 '소통' 방법 때문에) 회중 속에서 그와 동일한 사람을 발견한 즉시 나는 그에게 치유의 말씀을 선포했다. 그리고 예수님께서 그 사람을 치유해 주셨다!

컨퍼런스 초반, 나는 주님의 음성을 들었다. 그 음성 역시 '환상'으로 전해졌다. 내 앞에 커다란 에메랄드가 놓여 있었는데, 그것은 주님이 내게 건네 주신 것이었다. 보석을 한참 들여다보고 있는데 갑자기 장구한 역사의 순간들이 거꾸로 돌아가는 것 아닌가? 하나님께서 "~이 있으라"고 선포하신 시점까지 시간을 거슬러 올라갔다. 하나님의 입에서 말씀이 나오자 내 눈앞에 하늘과 땅이 나타났다. 하나님이 입술을 여시고, 거기서 그분의 말씀(예수 그리스도)이 나오자 온 세상이 창조되었다. 하나님의 입에서 말씀이 선포되자 그 말씀에 담긴 창조의 능력이 발현되었고, 이에 모든 것이 창조된 것이다. 나는 그 광경을 보며 넋을 잃었다.

이 심오한 계시를 통해 나는 하나님께서 아주 두렵고 놀라운 방식으로 인간을 창조하셨다는 사실을 깨달았다. 그렇게 우리는 하나님의 형상대로, 그리스도를 닮은 모습으로 창조되었다. 우리는 하나님을 닮은 자녀이다. 그러므로 우리가 입을 열어 말할 때, 무슨 일이 일어날지는 아무도 알 수 없다. 우리의 말에 어떤 권세가 담겼는지, 우리는 제대로 이해하지 못한다!

그때의 경험(소통)이 내 삶을 변화시켰다. 그 환상을 통해 하나님께서 내게 전하신 핵심은 이것이다. "아버지이신 하나님의 마음에 무언가가 담겨 있다. 하나님께서 그 마음으로 무언가를 생각하신 것이다. 그런데 하나님께서 입을 열어 그 생각을 말씀하시자 그것은 실체가 되었다. 하나님은 마음의 눈으로 바라보신 것을 갈망하셨고, 그 갈망을 입술로 표현하셨다. 그렇게 말씀하시자 그대로 되었다!"

자, 이제 내 말을 들으라. 만일 당신이 부정적인 생각을 떠올렸다면, 그 자체를 죄라고는 말할 수 없다. 그러나 그 생각들을 붙잡고 오랫동안 묵상한다면, 그것은 죄이다. 그쯤 되면 부정적인 생각이 마음 가득 차오를 것이다. 바로 그 자리에서 죄가 잉태된다. 성경은 이렇게 말한다. "이는 마음에 가득한 것을 입으로 말함이라"(마 12:34).

이 원칙이 하나님께는 어떻게 작용했는지 차근차근 살펴보자. 하나님께서 무언가를 마음에 떠올리신다. 그야말로 '거룩한 상상'이다. 하나님은 마음의 눈으로 그것을 바라보며 묵상하기 시작하신다. 이윽고 그것이 하나님의 마음을 가득 채운다. 이때 하나님의 입에서 말씀(예수 그리스도)이 터져 나온다. 성부께서 말씀하시면, 성자께서 그 말씀을 이루기 위해 전면에 등장하시는 것이다. 그리고 그 발설된 말씀을 성취하시기 위해 성령의 창조 능력이 방출된다. 나는 성부 하나님의 마음에서 예수님이 나오시는 것을 보았다. 이것은 성경이 말한 그대로이다. "이는 마음에 가득한 것을 입으로 말함이라."

"사람이 거듭나지 아니하면 하나님의 나라를 볼 수 없느니라"(요 3:3)는 말씀에서 '보다'로 번역된 헬라어는 참 흥미롭다.[1] 그 의미는 문자적으로나 비유적으로나 '보다'이다.

하나님은 사람을 외모로 판단하지 않으신다. "하나님은 사람의 외모를 보지 아니하시고"(행 10:34). 만일 과거에 하나님께서 겉모습을 판단의 기준으로 삼아 어떤 사람을 판단하셨다면, 앞으로도 하나님은 외모로 사람들을 판단하실 것이다. 그러나 염려하지 말라. 절대로 그럴 일은 없다!

> 그가 또 이르되 우리 조상들의 하나님이 너를 택하여 너로 하여금 자기 뜻을 알게 하시며 그 의인을 보게 하시고 그 입에서 나오는 음성을 듣게 하셨으니 네가 그를 위하여 모든 사람 앞에서 네가 보고 들은 것에 증인이 되리라 (행 22:14-15)

하나님은 외모로 사람을 판단하시는 분이 아니다. 나는 여기서 성경적인 패턴을 발견한다.

우리가 보고 들은 바를 너희에게도 전함은 너희로 우리와 사귐이 있게 하

려 함이니 우리의 사귐은 아버지와 그의 아들 예수 그리스도와 더불어 누림이라 (요일 1:3)

나는 내가 보고, 듣고, 만지고, 맛본 것을 증명하고 싶다. 오래전, 믿음의 족장들(아브라함, 이삭, 야곱 등)은 하나님과 친밀함을 누렸고, 또 그들이 누렸던 친밀함은 오늘 우리가 경험하는 친밀함보다 더욱 깊다. 만일 그 옛날 믿음의 선조들이 그렇게 할 수 있었다면, 지금 우리도 그렇게 할 수 있다. 하나님은 외모로 사람을 판단하지 않으신다.

이제 나는 성경 인물 중 하나님과 얼굴을 마주했던 사람들에 대해 이야기할 것이다.

얼굴을 마주하고

예수께서 다시 크게 소리 지르시고 영혼이 떠나시니라 이에 성소 휘장이 위로부터 아래까지 찢어져 둘이 되고 땅이 진동하며 바위가 터지고 무덤들이 열리며 자던 성도의 몸이 많이 일어나되 예수의 부활 후에 그들이 무덤에서 나와서 거룩한 성에 들어가 많은 사람에게 보이니라 (마 27:50-53)

그러므로 우리는 긍휼하심을 받고 때를 따라 돕는 은혜를 얻기 위하여 은혜의 보좌 앞에 담대히 나아갈 것이니라 (히 4:16)

"은혜의 보좌 앞에 담대히 나아간다니, 무슨 뜻입니까?"

"글쎄요. 담대히 선포하고 기도하면서 하나님이 응답해 주실 것을 믿는다는 뜻이겠죠? 저는 그렇게 생각합니다."

어떤 사람은 위 구절의 말씀을 상징으로 해석하여 '기도 시간에 은혜 받는 것' 정도로 판단한다. 물론 맞다. 하지만 부분적으로만 맞다. 왜냐하면 위 구절에서 '나아가다'에 해당하는 헬라어는 '장소와 관련하여 방문하거나 접근하는 행위'를 묘사하기 때문이다.[2]

우리는 성경을 의역하며 이성적으로 판단하다가 주님께서 의도하신 핵심 메시지를 놓치곤 한다. 이 말씀은 단지 기도 시간에 은혜를 받는다는 뜻이 아니다. 실제로 우리가 은혜의 보좌 앞으로 나아갈 수 있음을 시사한 것이다. 바꿔 말하면, 우리는 하나님의 보좌 가까이 접근하여 주님과 얼굴을 맞대고 대화할 수 있다.

요한복음에서 우리는 매우 흥미로운 구절 하나를 찾을 수 있다. 예수님께서 말씀하셨다. "내가 진실로 진실로 너희에게 이르노니 나를 믿는 자는 내가 하는 일을 그도 할 것이요 또한 그보다 큰 일도 하리니 이는 내가 아버지께로 감이라"(요 14:12).

이 구절에서 예수님은 '내가 했던 일'이라고 말씀하지 않으셨다. 예수님은 '내가 하는 일'이라고 말씀하셨다. 지금 주님께서 행하시는 일을 당신도 할 수 있다는 뜻이다. 그렇다면 지금 주님께서 행하시는 일은 무엇인가?

당신은 수백만의 사람들이 예수님을 직접 만나 구세주로 영접하고 그 자리에서 구원받은 간증을 들어 본 적 있는가? 죽었다가 살아난 사람들의 간증은 어떤가? 바울처럼 삼층천에 끌려올라갔다가(고후 12장) 그리스도의 재림이 가깝다는 말씀을 받고 현실로 되돌아온 사람들의 간증을 들어 본 적 있는가?

지금 하나님께서 행하시는 일을 당신도 할 수 있다. 예수님은 베일을 열고 한 차원에서 다른 차원으로 나아가신다. 앞서 언급했던 축구경기장의 예를 기억하는가? 하나님은 영원의 영역 안에 '시공간'으로 불리는 물리적 구조물을 창조하셨다. 우리가 아는 바, 자연계(물질계) 안에 있는 모든 것은 예수 그리스도를 통해 존재하고 있다.

자연계는 '영원'의 영역(축구경기장) 안에 있다. 그래서 우리가 한 발자국만 밖으로 내딛으면, 언제든 영원의 영역에 닿을 수 있다. 그렇다! 영원은 우리 주변에 있다! 지금 '영원'에 계신 주님께서는 베일을 걷고 자연계(물질계) 안으로 들어오신다. 그래서 수많은 사람들이 예수님과 만났다고 간증하는 것이다. 예수님은 우리에게 모습을 나타내시고 만나 주시며 우리와 대화하신다. 이후 주님은 다시 그 베일을 걷어 영원의 영역으로 되돌아가신다. 이것이 지금 주님께서 행하시는 일이다. 그리고 이 일을 당신도 할 수 있다.

하나님께서 내게 주신 사명은 교회를 일깨우는 것이다. 잠에서 깬 사람은 그리스도 안에서 참 자아를 발견하게 될 것이다. 또한 나는 당신이 행동할 수 있도록 동기를 부여할 것이다. 이것 역시 내 임무이다. 부디 편안함을 느끼는 '상자' 밖으로 나오길 바란다. 그 상자로부터 멀리 떠나라.

나는 유명해지고 싶지도 않고, 논란의 중심이 되고 싶지도 않다. 나는 내가 경험하지도 않은 일을 가르치는 사람이 아니다. 오직 내가 행하고 경험한 것만 가르칠 것이다. 주님께서는 내 눈을 열어 지금 당신에게 말하는 이 일들을 체험하게 하셨다. 또 이 세대와 관련된 일련의 진리들을 보여 주셨다. 이러한 이유로 주님은 내가 경험한 것과 배운 것들을 이 세대의 사람들에게 전하라고 명령하셨다.

수년 전 주님께서 말씀하셨다. "사람들에게 무언가를 가르치기 전, 너는 그것을 네 것으로 소화해야 한다." 바꿔 말하면, 먼저 내가 생생하게 체험해야 한다는 것이다. 그래야만 내 말과 설교를 통해 생명이 전달된다. 수많은 사람이 '보고서'에 질렸다. 이제 그들은 직접 말씀의 실체를 맛보기 원한다. 더 이상 말잔치는 싫다. 손에 잡히는 말씀을 체험하고 싶다.

영광으로 인도하는 열쇠

열정

영광으로 인도하는 첫 번째 열쇠를 말하겠다. 이것은 첫 번째 열쇠이자 마스터키인 '열정'이다. "너희가 온 마음으로 나를 구하면 나를 찾을 것이요 나를 만나리라"(렘 29:13).

지금 우리는 이런 말을 쉽게 내뱉는 문화 속에서 살아간다. "어제는 절실했는데, 오늘은 좀 그렇네." 내가 만난 크리스천 대부분은 주님을 좀 더 친밀하게, 좀 더 열정적으로 알기 원한다고 말한다. 그러나 말뿐이다. 그들에게서 '열정'의 증거는 찾아보기 힘들다.

열정의 증거는 무엇인가? 만일 내게 열정이 있다면, 그 증거는 '끈질김'일 것이다. 자리에 앉아 아무것도 안 하면서 "내게는 열정이 있습니다"라고 말하지 말라. 오늘날 '인스턴트' 세상을 살면서 우리는 끈질기게 추구하는 열정을 잃어버렸다. 하나님을 추구하라. 하나님을 끈질기게 따라가라. 그분은 '말씀'이시다. 그러므로 말씀으로 돌아가라. 하나님을 추구하라!

아내와 내가 약혼했을 때가 생각난다. 그 무렵 그녀는 피지에, 나는 미국에 있었다. 우리가 전화 통화를 그리 많이 하지 않았기 때문에 그녀에게 전화를 걸면 귀에 들리는 목소리가 그녀의 음성인지, 다른 가족의 목소리인지 종종 헷갈리곤 했다. 당시 나는 아내의 음성을 알지 못했다. 그러나 연애 기간이 길어지고 둘의 관계가 깊어짐에 따라 아내의 목소리를 분간하게 되었다. 심지어 수백 명이 운집한 곳에서도 아내의 목소리를 알아챌 정도였다. 물론, 처음부터 그랬던 것은 아니다. 하지만 끊임없이 아내의 목소리에 집중한 결과, 나는 아내의 목소리에 익숙해졌다. 이처럼 내게는 열정이 있다! 나는 우리의 관계에 열정적이었다. 둘의 사랑이 만개할 때까지 계속해서 친밀함을 추구했다. 그리고 그 열정은 '친밀함'의 열매를 맺었다.

성경에서 찾을 수 있는 진리는 '원하는 만큼 하나님을 체험할 수 있다'는 것이다. 당신은 온 마음을 다해 하나님을 추구해야 한다. 부분적으로만 마음을 써서 하나님을 갈망해선 안 된다. 6일간은 세상을 따르다가 주일에만 하나님을 추구해서도 안 된다. 당신은 열정을 다해 매일 매 순간 하나님을 추구해야 한다!

그러므로 너희 죄를 서로 고백하며 병이 낫기를 위하여 서로 기도하라 의인의 간구는 역사하는 힘이 큰이니라 (약 5:16)

역사하는 힘이 큰 의인의 기도가 '절반쯤 열정적인' 기도이겠는가? 그렇지 않다. 그 기도는 열정 가득한 뜨거운 기도이다. 당신은 하나님 나라에 대해 열정을 지녀야 한다. 이것이 하나님께서 당신에게 하신 말씀이다.

지금 나는 당신이 유업으로 받은 '열정'에 대해 설명하고 있다. 열정은 당신의 것이다. 단지 "나는 하나님과의 친밀함을 갈구합니다"라고 말하는 것으로는 충분하지 않다. 하나님을 추구한다면, 당장 무언가를 시작하라. 정말 하나님을 갈망한다면, 당신의 삶에 '배고픔'의 증거들이 나타나야 한다.

"저는 특별히 하나님의 뜻을 구할 때, 며칠간 금식합니다. 또 몇 시간이고 계속 말씀을 공부합니다."

"그렇다면 확연한 증거들이 나타날 것입니다."

바로 이것이 '끈질긴 추구'의 형태로 나타나는 '열정'의 증거이다. 여기서 잠시 누가복음에 기록된 성경적 열정을 소개하겠다.

예수께서 여리고로 들어가 지나가시더라 삭개오라 이름하는 자가 있으니 세리장이요 또한 부자라 그가 예수께서 어떠한 사람인가 하여 보고자 하되 키가 작고 사람이 많아 할 수 없어 (눅 19:1-3)

여기 인생의 최정점에 오른 한 남자가 있다. 그의 이름은 삭개오이며 세관장이었다. 오늘날로 치자면 국세청장인 셈이다. 분명 그는 열정으로 가득한 사람이다. 그렇지 않다면, 그 자리까지 오르지 못했을 것이다.

그런데 무언가가 이 사람의 마음에 불을 댕겼다. 기적을 행하는 예수의 소문을 들었을 때, 그의 심장은 고동치기 시작했다. '내 두 눈으로 예수님을 봐야겠어!' 삭개오의 마음에 열정이 일어났다.

하지만 한 가지 문제가 있었다. 그는 몸집이 작았으므로 발꿈치를 들어도 예수님을 볼 수 없었고, 운집한 사람들을 뚫고 예수님께 나아갈 수도 없었다.

자, 이제 삭개오가 어떻게 하는지 주목하라. 키가 작아 예수님을 볼 수 없던 그는 한 가지 묘책을 떠올린다. 물론 표면적으로 볼 때, 그의 계획은 어리석어 보인다. 여기, 국세청장이 있다. 그는 세무업계 최고의 전문가이다. 그런 그가 군중을 가로질러 달려간다. 그리고는 돌감람나무 위로 엉금엉금 기어 올라간다. 예수님을 보겠다는 일념으로, 그 열정 때문에 나무를 타기 시작한 것이다.

열정이 그로 하여금 비정상적인 일도 서슴지 않게 만들었다. 문화, 체면, 겉치레는 열정 앞에 무릎을 꿇었다. 당신도 알겠지만, 열정적인 사람은 마음의 소원을 이루기 위해 수단과 방법을 가리지 않는다. 그들은 미적지근한 사람이 결코 하지 않을 법한 일을 한다. 세상은 이같이 말한다. "성공한 사람은 실패한 사람들이 하지 않은 일들을 행한다. 그 일을 행하였기 때문에 성공한 사람은 자신의 목적을 이룬다. 반면, 그 일을 하지 않았으므로 실패한 사람은 자신의 목적을 이루지 못한다."

삭개오가 나무 위로 올라간다. 그 현장에 있던 사람들의 면면을 살펴보라. 거기에는 예수님을 따르는 무리들이 있다. 그들은 예수님의 기적 때문에 그곳에 운집해 있다. 또한 예수님을 그리스도로 믿는 제자들도 있고, 이런저런 사람들이 군중을 이루고 있다. 그 가운데 한 사람이 도드라진다. 예수님을 보려는 열망으로 불타오르는 '열정의 사람'이다. 그에게 다른 사람들의 간증은 충분하지 않다. 그는 자신의 눈으로 직접 예수님을 봐야 했다.

예수님께서 그 돌감람나무 근처를 지나시다가 삭개오가 거기 올라앉은 것을 보시고는 이렇게 말씀하셨다. "삭개오야 속히 내려오라! 내가 오늘 네 집에 유하여야 하겠다"(눅 19:5).

삭개오의 열정이 그를 미적지근한 군중 위로 격상시켰다! 그는 자신이 원하는 것을 얻었다. 바라고 기대한 것 이상으로 풍성하게 얻었다. 그의 열정은 예수님을 따르는 다른 모든 무리보다 그를 더욱 돋보이게 만들었다. 열정은 그로 하여금 어느 누구도 하지 못할 일을 기꺼이 하게 만들었다. 이로써 그는 천국의 주목을 받았다!

삭개오의 열정으로 인해 문이 열렸고, 예수님은 그 문으로 들어가 그의 집에 유숙하셨다. 전승에 의하면, 그날 이후 예수님께서 여리고에 들르실 때마다 삭개오의 집을 사역 본부로 사용하셨다고 한다.

장차 성령께서 위대한 부흥을 일으키실 때, 당신의 집이 사역 본부로 사용된다면 어떻겠는가? 기억하라. 열쇠는 '열정'이다.

"급히 내려와 즐거워하며 영접하거늘"(눅 19:6). 삭개오는 급히 내려와 즐거워하며 기쁜 마음으로 주님을 영접했다. 물론 군중은 이 광경을 지켜

보았다. 그런데 그들 모두가 이를 불쾌하게 여겼다. 왜 그런가?

하나님께서 열정 있는 사람을 주목하실 때, 미적지근한 다수는 그에게 질투를 느끼기 마련이다. 박해는 열정 있는 사람들이 맛보는 단골메뉴이다. 그러나 아무리 거센 박해도 그들의 열정을 잠재우지는 못한다. 오히려 그들로 하여금 더욱 열정적으로 주님을 추구하게끔 부추길 뿐이다.

사실 질투는 분노와 증오를 불러일으키는 강력한 자극제이다. 그러므로 질투하는 사람은 다른 사람의 열정을 보며 화를 내고 그들을 미워한다. 이들은 목표를 향해 열정을 품고 정진하기는커녕 쉽게 포기해 버리고 열정 있는 사람들을 미워한다. 반면 그렇게 하지 못하는 자신을 불쌍히 여긴다. 이들은 자기연민에 빠지기 쉽다.

"저는 며칠 동안, 아니 몇 주, 몇 달 동안 주님과 동행했습니다. 하지만 주님께서는 '내가 네 집에 머물러도 되겠느냐?'고 물어보지 않으셨습니다." 물론 이것이 사실일 수도 있다. 그러나 종교적 헌신과 경건의 모양은 하나님의 마음을 움직이지 못한다. 하나님의 마음을 움직이는 것은 열정이다!

정결함

삭개오에 대해 더 이야기해 보자. 그 이름의 뜻은 '깨끗함, 정직함, 부패하지 않음'이다.[3]

두 번째 열쇠는 이것이다. "마음이 청결한 자는 복이 있나니 그들이 하나님을 볼 것이요"(마 5:8). 예수 그리스도의 보혈은 위대한 '평형장치'이다. 예수님께로 돌아오기 전 당신이 무슨 일을 했든, 당신이 어떤 지위를 갖고 있었든 아무 상관없다. 일단 예수님을 영접하고 그분의 보혈로 씻음 받으면, 누구든지 하나님 앞에서 깨끗한 마음을 소유한 사람으로 변화된다. 그리스도의 보혈은 '몇몇' 부정함으로부터 우리를 씻는 것이 아니라 '모든' 부정으로부터 우리를 씻어 준다.

이번에는 마가복음을 펼쳐 읽어 보자.

그들이 여리고에 이르렀더니 예수께서 제자들과 허다한 무리와 함께 여리고에서 나가실 때에 디매오의 아들인 맹인 거지 바디매오가 길 가에 앉았다가 나사렛 예수시란 말을 듣고 소리 질러 이르되 다윗의 자손 예수여 나를 불쌍히 여기소서 하거늘 많은 사람이 꾸짖어 잠잠하라 하되 그가 더욱 크게 소리 질러 이르되 다윗의 자손이여 나를 불쌍히 여기소서 하는지라 예수께서 머물러 서서 그를 부르라 하시니 그들이 그 맹인을 부르며 이르되 안심하고 일어나라 그가 너를 부르신다 하매 맹인이 겉옷을 내버리고 뛰어 일어나 예수께 나아오거늘 예수께서 말씀하여 이르시되 네게 무엇을 하여 주기를 원하느냐 맹인이 이르되 선생님이여 보기를 원하나이다 예수께서 이르시되 가라 네 믿음이 너를 구원하였느니라 하시니 그가 곧 보게 되어 예수를 길에서 따르니라 (막 10:46:52)

바디매오의 이야기에는 우리가 '이삭줍기'할 계시의 면면이 여럿 담겨 있다. 일단, 나는 우리의 주제에 집중하며 이 내용을 살필 것이다.

어쩌면 바디매오는 수년 동안 길가에 앉아 구걸했을지도 모른다. 그렇게 여리고 지역에서 살아가던 어느 날, 그의 마음에 열정의 씨앗이 싹튼다. 수년 동안 큰 길가에 앉아 있었으므로 그는 매일 행인들이 주고받는 이야기를 들을 수 있었다. 특히 나사렛 출신 예수의 이야기는 그의 관심을 끌기에 충분했다. 예수님이 기적을 일으키며 사람들을 치유하신다는 소식에 바디매오의 마음에는 소망이 꿈틀거리기 시작했다.

내 귀에는 바디매오의 마음속 속삭임이 들리는 듯하다. 그는 하루의 대부분을 그 자리에 앉아 예수의 소문을 곱씹으며 이같이 생각했을 것이다. '만일 나사렛 예수가 이 길을 지난다면, 나는 그분의 이름을 목 놓아 부르겠어. 지금껏 예수는 수많은 사람을 고쳐 주었잖아? 만일 내가 그의 이목을 끈다면, 나를 치유해 줄지도 몰라!'

그렇게 열정과 절박함이 바디매오의 마음을 가득 채웠다. 그러던 어느 날 그에게 기회가 찾아왔다. 수많은 사람이 그 길을 지나며 시끌벅적한 소리를 냈다. 엄청난 군중의 발소리가 소란한 분위기를 만들었다. 바디매오는 몹시 궁금해졌다. 그는 지나가는 사람을 붙잡고 물었다. "도대체 무슨 일입니까?"

그렇게 갈망해 왔던 예수가 그 길을 지난다는 소식이었다. 바디매오는 자신도 모르게 그 자리에서 벌떡 일어서고 말았다. 그의 마음은 뜨거워졌다. 바디매오는 큰 소리로 외쳤다. "다윗의 자손 예수여! 다윗의 자손 예수여! 나를 불쌍히 여기소서"(막 10:47).

잠깐! 그런데 바디매오는 '다윗의 자손 예수'라는 타이틀을 어디서 배웠을까? 사건의 흐름에만 신경 쓰느라 우리는 종종 중요한 포인트를 간과하곤 한다. 분명 바디매오는 하나님으로부터 계시를 얻었을 것이다. 그래서 예수님을 향해 '다윗의 자손'이라고 외쳤던 것이다. 우리가 기억해야 할 중요한 포인트는 '열정이 계시의 문을 열어 준다'는 것이다.

그가 예수의 이름을 외치는 동안 주위 사람들은 "입을 다물라"며 그에게 경고했다. 이 상황을 이해하기 쉽게 좀 더 생생하게 묘사해 본다면 다음과 같을 것이다. "여보세요. 조용히 하세요. 지금 우리는 모든 것을 질서 정연하게 진행해야 합니다. 그러니 감정적인 반응은 보이지 마세요. 시끄럽게 소리치지 마세요."

이에 대한 바디매오의 반응은 어떠했는가? 그는 오히려 더 크게 소리 질렀다. "그가 더욱 크게 소리 질러 이르되 다윗의 자손이여 나를 불쌍히 여기소서 하는지라"(막 10:48). 그 순간 예수님께서 그의 열정에 집중하셨다. "그를 부르라."

바디매오가 예수님의 관심을 받은 순간, 게임은 끝났다. 심지어 그에게 "입을 다물라"고 말했던 사람들마저 목소리 톤을 바꾸더니 친절을 베푼다. "안심하고 일어나라 그가 너를 부르신다"(막 10:49). 참으로 이상하지 않은가?

여기서 우리는 미적지근한 다수의 특성을 보게 된다. 그들은 안락한 자리를 박차고 나오라는 도전에 귀를 닫아 버린다. 게다가 열정적인 사람에게 따가운 시선을 보낸다. 정작 자신은 열정적으로 행하지 못하지만, 다른 사람의 열정을 보노라니 마음이 불편한 것이다. 하지만 천국이 그들의 열정에 반응하고 그 사람 위에 하늘이 열리는 것을 보면 곧장 태도를 바꾼다.

"예수님께서 너를 부르신다." 이 말을 듣고 바디매오가 맨 처음 취한 행동은 자신의 겉옷을 벗어던지는 것이었다. 그는 자리에서 일어나 예수님께로 나아갔다. 이 광경은 우리 모두에게 '열정은 이러한 것이다'를 여실히 보여 준다. 앞 못 보는 바디매오가 예수님을 향해 거침없이 나아간다. 그의 모습에서 우리는 심오한 도전을 받는다.

그 당시 유대 출신의 시각장애인이 길가에 앉아 구걸하려면, 먼저 제사장에게 가서 진짜 맹인인지 아닌지를 검진받아야 했다. 완전한 시각장애인이어야만 구걸할 자격을 얻을 수 있기 때문이다. 제사장이 그 사람을 시각장애인으로 확진한 경우, 그에게는 특별한 외투가 주어진다. 그 외투는 그가 모든 검진을 통과하여 시각장애인으로 판명받았음을 알려 주는 표식이다. 아브라함의 후손인 유대인 바디매오 역시 이러한 절차를 거쳐 그 자리에 앉아 구걸하였을 것이다. 그에게 외투는 길가에 앉아 구걸할 수 있는 자격증이자 생계 수단이었다.

그러나 천국의 관심을 받은 순간, 그는 이전의 삶과 연관된 모든 것과 절연하였다. 그의 삶은 정결해졌다. 사실, 바디매오에게는 이 모든 것이 '모 아니면 도'인 상황이다. 과거의 삶 전체를 내주고 새 삶을 얻는 맞교환인 것이다. 그는 생각했다. '더 이상 과거로 되돌아갈 길은 없다.'

이 사건에서 우리는 열정의 사람들이 지닌 태도를 배운다. 열정의 사람은 일단 강을 건너면, 되돌아갈 다리를 불태우는 사람이다. 그의 등 뒤로는 불에 타 끊어진 다리들이 시커먼 연기를 내뿜는다. 그는 간절히 바라는 것을 끝까지 추구하며 전진한다.

마침내 바디매오가 예수님 앞에 섰다. 주님께서 그에게 물으셨다. "네게 무엇을 하여 주기를 원하느냐?" 바디매오는 주저함 없이 대답했다. "보기를 원합니다." 성경이 그를 맹인이라 하였으니 그가 처한 상황에선 '보는 것'이라고 대답하는 것이 당연해 보인다. 다들 그렇게 생각할 것이다.

그러나 당연해 보이는 그의 요청에는 좀 더 깊은 뜻이 담겨 있다.

'맹인'으로 번역된 헬라어는 '튀플로스'이다. 이 단어의 뿌리는 '튀포오'인데 그 뜻은 '연기로 뒤덮다', '자만심으로 한껏 부풀어 오르다', '자기기만', '자만심으로 가득하다', '교만하다'이다.[4)]

마음을 다해 주님을 찾는 사람은 어떤 대가를 치르고라도 자신의 교만을 십자가에 못 박을 것이다. 이것이 바로 영광으로 인도하는 두 번째 열쇠, '정결함'이다. "마음이 청결한 자는 … 하나님을 볼 것이요"(마 5:8). 이제 바디매오는 예수님과 얼굴을 마주하게 될 것이다.

교만을 내려놓는 열정 앞에 주님께서 어떻게 반응하셨는가? "가라 네 믿음이 너를 구원하였느니라." 우리는 주께서 열정의 간구에 응답하심을 확신하고 마음을 다해 주님을 추구해야 한다! 그것이 우리가 해야 할 일이다.

> 우리가 주목하는 것은 보이는 것이 아니요 보이지 않는 것이니 보이는 것은 잠깐이요 보이지 않는 것은 영원함이라 (고후 4:18)

성경은 우리에게 '보이는 것'을 주목하지 말고 '초자연적 세계'를 주목하라고 말한다. 그런데 이 세상에 살면서 어떻게 그럴 수 있겠는가?

성경은 "위의 것을 생각하고 땅의 것을 생각하지 말라"(골 3:2)고 명령한다. 당신의 감정, 시각, 마음을 위의 것에 두라. 당신의 열정을 '위의 것'에 쏟으라. "조금 있으면 세상은 다시 나를 보지 못할 것이로되 너희는 나를 보리니 이는 내가 살아 있고 너희도 살아 있겠음이라"(요 14:19).

거듭난 이후로도 당신은 이 땅에 발붙이고 살아간다. 하지만 더 이상 이 세상에 속해 있지는 않다(요 17:16). 이것은 예수님의 말씀과도 같다. 주님은 자신이 이 세상에 계시지만, 이 세상에 속해 있지는 않다고 하셨다. 하나님의 나라는 이 세상에 속해 있지 않다. (우리가 속해 있는) 하나님의 나라가 이 세상에 속하지 않았다면, 이 세상에서 살아가는 우리는 그 나라를 어떻게 볼 수 있는가?

"조금 있으면 세상은 다시 나를 보지 못할 것이로되 너희는 나를 보리니!" 이 구절에서 '너희'는 예수님의 제자들을 말한다. 왜냐하면 이것은 예수님이 제자들 앞에서 하신 말씀이기 때문이다. 그들은 2천 년 전 예수님의 지상(地上) 사역 중 예수님과 함께했던 사람들이다. 제자들 앞에서 말씀하신 것은 사실이지만, 그렇다고 주님께서 이 말씀을 그들에게만 주셨는가? 아니다! 하나님은 외모로 사람을 취하시는 분이 아니다(엡 6:9). 하나님은 사람을 존경하지도, 사람의 판단과 해석을 존중하지도 않으신다. 그러므로 나는 이 말씀을 '있는 그대로' 믿는다.

오늘 우리가 예수님을 따른다면, 우리 역시 예수님의 제자이며 위 말씀의 '너희'에 해당된다. 예수님은 어제나 오늘이나 영원토록 동일하신 분이다(히 13:8). 그러므로 지금 이 시간, 우리는 예수님을 볼 수 있다.

순종

세 번째 열쇠를 요한복음에서 찾아보자.

나의 계명을 지키는 자라야 나를 사랑하는 자니 나를 사랑하는 자는 내

아버지께 사랑을 받을 것이요 나도 그를 사랑하여 그에게 나를 나타내리
라 (요 14:21)

'나타내다'라는 단어의 문자적 의미는 '사람들이 볼 수 있게 하다', '공개적으로 드러내다'이다.[5] 예수님은 자신을 사랑하고 자신의 계명을 지키는 사람들에게 공개적으로 모습을 드러내셨다. 도덕적으로 완벽한 사람에게 나타나신 것이 아니라 온 마음을 예수님께 쏟았던 사람에게 나타나신 것이다.

"주님, 저는 힘을 다해 이 말씀에 순종하고 싶습니다. 하지만 제게는 순종의 의지가 부족합니다. 저의 연약함을 도와주세요." 만일 당신의 마음이 이와 같다면, 당신이 정말로 주님을 사랑한다면 "나를 사랑하는 자에게 나를 나타내리라"고 말씀하신 주님께서 당신을 만나 주실 것이다. 당신은 얼굴을 마주한 채 주님과 만날 것이다!

그런데 왜 우리는 그동안 이 놀라운 사실을 놓쳤는가? 이 진리를 보지 못하고, 붙잡지 못한 이유는 많다. 첫째, 교회를 다니는 사람들이 경건의 모양은 있으나 능력은 부인해 왔기 때문이다. 우리가 자주 접해 온 것은 하나님과의 관계보다 종교적 열심에 편중된 '능력 없는' 복음이었다.

둘째, 오늘날 교회는 주님과의 만남이 가능하다는 가르침을 받아 본 적이 없다. 예를 들어 설명해 보겠다. 오랫동안 연락이 없던 삼촌이 유산의 상속자로 당신을 지목했다고 해보자. 삼촌은 그러한 내용의 유언장을 작성한 후 당신에게 엄청난 액수의 유산을 물려주었다. 십억 달러가

당신의 이름으로 은행에 예치되었는데, 아무도 당신에게 이 사실을 알려주지 않는다면 이 돈을 어떻게 찾을 수 있겠는가? 유언 집행자가 당신에게 연락하여 당신이 법적 상속자라는 사실과 유산의 내용을 알려 줘야만 가능하다.

하나님께서 우리에게 볼 수 있는 능력을 주셨다. 예수님의 유언, 곧 주께서 선포하신 새 언약에 따라 우리는 볼 수 있는 능력을 받았다. 그 능력은 우리의 것이다! 이제 우리가 해야 할 일은 유언장을 제시하여 약속된 유산을 받는 것이다. 그리고 그 능력을 사용하면 된다.

지금 우리는 카이로스의 시기를 지나고 있다. 카이로스의 때엔 하나님의 충만한 약속이 온전히 계시된다.

> 내가 진실로 진실로 너희에게 이르노니 나를 믿는 자는 내가 하는 일을 그도 할 것이요 또한 그보다 큰 일도 하리니 이는 내가 아버지께로 감이라 너희가 내 이름으로 무엇을 구하든지 내가 행하리니 이는 아버지로 하여금 아들로 말미암아 영광을 받으시게 하려 함이라 (요 14:12-13)

성경에 나오는 '이름'은 매우 흥미로운 연구 주제이다. 《스트롱 성서 원어 사전》(Strong's Exhaustive Concordance of the Bible)의 설명에 의하면 '이름'이라는 단어가 구약 성경에 나올 때, 거의 모든 경우 '성품', '명예', '권세'의 의미를 갖는다. 신약 성경에 등장하는 이름 역시 '성품', '권세'의 의미를 지닌다. 그렇다면 예수님께서 "내 이름으로 구하라"고 말씀하셨을 때, 과연 이 말씀은 어떤 의미일까?

이름이 지닌 뜻을 살려 앞의 구절을 다시 번역해 보면, 다음과 같다. "너희가 그리스도를 닮은 성품으로 아버지께 구하면, 무엇이든 그가 행하실 것이다." 의역이긴 하지만, 그 뜻은 정확할 것이다.

또 다른 예를 들어 보겠다. "두세 사람이 내 이름으로 모인 곳에는 나도 그들 중에 있느니라"(마 18:20). 오늘날 성도들은 이 말씀을 '공식'처럼 여긴다. 그저 두세 사람이 모이기만 하면, 예수님이 자동적으로 그 자리에 내려오신다고 생각하는 것이다. 그러나 이름이 지닌 의미를 생각하면, 위 구절은 "그리스도의 성품이 있는 곳에 예수님께서 그들과 함께 계신다"로 해석할 수 있다. 이름의 의미를 살려 여기에 한 문장을 더 보태면 "그리스도의 성품이 있는 곳에는 그리스도의 권세가 발현되므로 그들 가운데 하나님의 뜻이 이루어질 것이다"라고 할 수 있다.

> 그러므로 예수께서 그들에게 이르시되 내가 진실로 진실로 너희에게 이르노니 아들이 아버지께서 하시는 일을 보지 않고는 아무것도 스스로 할 수 없나니 아버지께서 행하시는 그것을 아들도 그와 같이 행하느니라 (요 5:19)

예수님이 행하시는 그 일을 우리도 할 수 있다(요 14:12). 그런데 이 구절에서 예수님은 오직 아버지께서 행하시는 일을 보시고 그대로 행하신다고 말씀하셨다. 그렇다면 우리 또한 아버지께서 하시는 일을 봐야 할 것이다.

주께서 행하시는 일

워싱턴 주, 우리가 살고 있는 지역에는 '로이'라는 이름의 신사가 살고 있다. 우리는 인근 지역에서 4-5회 정도 집회를 열었는데, 그때마다 그는 기도를 받기 위해 강단 앞으로 나아왔다.

우리는 그에게 이같이 물었다. "로이 씨, 주님께 무엇을 간구하기 원하십니까?" 그러면 그는 이렇게 말하곤 했다. "저는 암에 걸렸는데, 낫기 원합니다." 그가 기도제목을 말할 때, 나는 주님께 이같이 아뢰었다. "이 특별한 상황에서 저는 이분께 뭐라고 말해 줘야 합니까?" 나는 로이에게 치유의 증거가 나타날 때까지 계속해서 믿음을 갖고 기도하라고 권면하였다. 또한 집회에 참석할 때마다 앞으로 나와 기도 받을 것을 독려했다.

수년간 로이를 만날 때마다 우리는 그의 치유를 위해 기도했다. 집회에 참석할 때마다 로이는 "암이 사라지기를 원합니다"라고 말했다. 마지막으로 그를 만났을 때, 암은 4기로 발전한 상태였다.

그가 기도를 받기 위해 앞으로 나왔을 때, 나는 주님께 여쭈었다. "아버지께서 이 사람에게 해주실 말씀이 있습니까?" 그 순간 내 눈이 열려 천사가 예배실 뒷벽을 통과하여 앞으로 나아오는 것을 보았다. 그는 약 180센티미터의 큰 키와 흑갈색 머리, 그리고 빛나는 녹색 눈동자를 갖고 있었다. 흰 예복을 입고 허리에는 금띠를 두른 그에게서는 평화와 능력이 스며나왔다. 그리고 그의 왼손에는 은쟁반처럼 생긴 무언가가 들려 있었다.

앞쪽으로 걸어오던 천사는 로이와 나 사이에서 멈추어 섰다. 이후 그가 로이에게 손을 뻗었다. 그때, 내 귀에 무언가가 찢어지는 듯한 둔탁한 굉음이 들렸다. 가만히 보니 천사가 로이의 몸통에 손을 집어넣는 것 아닌가? 이후 그는 간처럼 생긴 크고 검은 덩어리를 꺼내 들었다(물론 나는 그것이 간이 아니라는 것을 알았다. 하지만 그 물체와 가장 비슷하게 생긴 것이 간이었다. 그것 말고는 달리 묘사할 방법이 없다). 그는 자신이 들고 있던 은쟁반에 그 검은 덩어리를 올려놓았다. 그리고는 다시 뒷벽으로 걸어가더니 그 덩어리를 밖으로 던져 버렸다.

환상 또한 언어라고 말했던 것을 기억하는가? 그 광경은 아버지께서 내게 하신 말씀과 같았다. 그렇게 나는 아버지께서 행하시는 일을 보았다. 그리고 로이에게 내가 본 그대로 말해 주었다. 그리고는 "평안히 돌아가십시오. 당신은 치유 받았습니다"라고 선포했다. 어떻게 암 환자에게 그런 말을 할 수 있었을까? 그렇다. 나 역시 예수님께서 행하신 일을 그대로 행한 것이다.

그 다음 화요일, 로이는 병원에 가서 종합검진을 받았다. 검진 결과 암은 체내 어디에서도 발견되지 않았다! 아버지께서 행하신 일을 보고 그대로 따라하면 사역이 얼마나 쉬워지는지 알겠는가?

당신은 지금 벨파스트, 싱가포르, 말레이시아, 미국 등 세계 곳곳에서 하나님이 어떤 일을 행하시는지 알고 있는가? 나는 하나님께서 사람들을 치유하시는 것을 본다. 그리고 하나님께서 행하시는 일을 보고 그대로 믿는 법을 배웠다. 그래서 어디를 가든 하나님의 일하심에 동의한다. 그 결과 우리는 놀라운 기적들을 수없이 목격했다.

또 다른 경험을 이야기하겠다. 2008년 4월 18일, 나는 북아일랜드 벨파스트에 있는 거룩한 대로 교회에서 글렌 던롭 목사와 함께 사역했다.

컨퍼런스의 첫 번째 오전 예배 시간에 내 눈앞에 환상이 열렸다(눈을 뜨고 있었는데 환상이 보인 것이다). 당시 글렌 목사는 찬양팀과 함께 단상에 있었다. 교회는 리모델링 중이었고, 공사가 진행되는 가운데 집회가 열렸기 때문에 단상은 평소보다 좁았다. 그 좁은 단상 위에 찬양팀과 글렌 목사가 함께 서 있으니 움직이기가 쉽지 않았다. 말 그대로 단상이 꽉 차 있었던 것이다.

나는 앞줄에 앉아 있었는데, 갑자기 글렌 목사의 오른편으로 무언가 범상치 않은 것이 뚝 떨어졌다. 그 순간, 나는 하나님의 보좌가 있는 방을 보았다. 그리고 구원받은 수백만의 성도들이 하나님을 향해 얼굴을 들고 경배하는 모습을 보았다. 교회 앞줄 장의자에 앉아 있던 내 눈앞에 하나님의 보좌가 있는 방과 그곳에서 일어나고 있는 놀라운 광경이 펼쳐진 것이다. 나는 경외감에 사로잡혔다. 그 순간 하나님이 오른팔을 펴시는 모습이 보였다. 그분의 손에는 홀이 들려 있었고, 그 홀의 끝은 글렌 목사를 향해 있었다.

순간 에스더서의 한 장면이 떠올랐다. 에스더는 아하수에로 왕을 만나기 위해 왕좌가 놓인 방 밖에서 기다리고 있었다. 그녀를 본 아하수에로는 손에 쥐고 있던 금홀을 내밀었다. 에스더에게 은혜를 베푼 것이다. 그녀는 어전으로 나아가 금홀을 잡았다. 이때 왕이 그녀에게 말했다. "에스더여, 무엇을 원하는가? 그대가 요구하는 것은 무엇이든 들어주겠소. 나라의 절반이라도 그대에게 내어줄 테니 원하는 것을 말해 보시오"(에 5:1-3).

하나님께서 그와 동일한 은혜를 글렌 목사와 그 교회에 주신 것이다.

그러므로 그 순간만큼은 글렌 목사가 하나님께 무엇을 구하든 하나님께서 그것을 허락하실 것이었다.

그 다음 일어난 일은 참으로 놀라웠다. 글렌 목사는 천국으로부터의 초자연적 폭발에 크게 한 방 얻어맞은 것처럼 보였다. 그는 갑자기 그 좁은 단상에서 술에 취한 사람처럼 춤추기 시작했다. 그는 쇼맨십을 발휘하려고 그렇게 한 것이 아니다. 게다가 두 눈을 감은 채 그 좁은 강단에서 춤을 추다니! 아무리 좋게 봐주더라도 무모한 짓이다. 만일 그가 쇼맨십으로 그렇게 했다면 말이다. 게다가 단상은 지면에서 1미터 20센티미터 정도 솟아 있었다!

그는 두 눈을 감은 채 그 좁은 단상 위에서 찬양팀 주변을 이리저리 돌며 한동안 춤을 추었다. 하지만 찬양팀원 그 누구와도 부딪히지 않았다! 그날 주님께서는 주권적으로 초자연적인 역사를 행하셨다. 우리에게 주어진 옵션은 하나님께서 행하신 일에 동의하든지, 거절하든지 둘 중 하나다. 우리는 동의하기로 결정했다.

그날 주님의 방문으로 인한 열매는 장시간 지속되었다. 고통과 질병으로부터 구원받고 치유된 사람들이 많았다. 어떤 사람은 환상을 보기 시작했다. 초자연적인 꿈을 꾼 사람도 있었다(물론 교회에서가 아니라 집에서). 그날 하나님께서 사람들의 삶을 만지셨고, 그들의 인생은 놀랍게 변화되었다. 이 모든 일이 순식간에 일어났다. 얼마나 기뻤던지, 그날 나는 제대로 사역할 수 없었다.

이후 글렌 목사와 그날의 사건을 되짚어보며 이야기를 나누던 중 심오한 사실을 깨달았다. 하나님께서 은혜의 홀을 글렌 목사에게 건네셨을 때, 즉 무엇을 구하든 하나님께서 응답해 주실 놀라운 '기회'가 글렌 목사에게 주어졌을 때, 그는 오직 하나님만을 간구했다. 그의 마음은 주님을 더 알고 싶은 열정으로 가득했다. 그는 주님 외에 다른 어떤 은혜도 바라지 않았다.

집회가 끝난 다음 날이었다. 함께 점심을 먹는 동안 글렌 목사가 말했다. "다시 교회로 가서 기도해야 할 것 같아요. 오늘 밤 기도합시다. 찬양팀도 불러야겠죠? 물론 오늘 밤 모임을 많은 사람들에게 알리지는 못할 것 같습니다. 사람이 적게 오더라도 기도모임을 진행하고 싶습니다."

그날 밤, 모임 소식을 알리지 않았는데도 많은 사람이 교회에 와 있었다. 그들은 주님의 임재에 굶주렸다. 평일인데도 성도들은 하나님의 임재를 갈급해하며 새벽 한 시가 넘도록 교회를 떠나지 않았다. 만일 당신의 교회 성도들이 이와 같다면, 무언가 특별한 일이 일어나리라 기대하라.

그날 밤, 나는 예배실 뒤편에 앉아 기도했고, 글렌 목사는 강단 앞에서 기도했다. 그때 주님께서 내게 말씀하셨다.

"글렌은 내게 아무것도 요청하지 않았단다."

"그게 무슨 말씀입니까, 주님?"

"나는 그에게 은혜의 홀을 내밀었다. 하지만 아무것도 구하지 않더구나." 주님께서 대답하셨다.

예배실 뒤편에서 주님과 대화하며 그 말씀을 묵상하려는데, 글렌 목사가 내게로 터벅터벅 걸어왔다. "목사님, 참 이상한 일이에요. 주님께서 제게 이 교회 안에 들어와 사역해도 되겠냐며 물어보시는 것 아니겠어요?"

순간 나는 주님께서 내게 하신 말씀의 의미를 깨달았다. 그래서 나는 글렌 목사에게 이같이 대답했다. "왜 그런지 아십니까? 하나님께서는 목사님에게 은혜의 홀을 내미셨습니다. 하지만 목사님은 하나님께 아무것도 구하지 않으셨죠. 하나님은 목사님과 이 교회를 위해 그분의 갈망을 이루고 싶어 하십니다. 하지만 목사님은 하나님께 아무것도 요구하지 않으셨습니다. 그래서 하나님이 그같이 말씀하신 것입니다."

우리는 하나님의 마음을 이해했다. 글렌 목사는 다시 앞쪽으로 걸어가 기도하며 외쳤다. "하나님! 하나님께서 원하시는 것을 우리도 갈망합니다!" 바로 그 순간 하늘이 땅을 침노하였다. 그날 밤 또 다시 천국이 그 예배실 안에 임했다.

chapter 2

얼굴과
얼굴을
마주하다

　어느 곳을 가든 나는 주님께서 성도들에게 이같이 말씀하시는 것을 느낀다. "내가 너희에게 초자연적인 방법으로 역사해도 되겠느냐?"
　물론 그분은 전능하신 하나님이시므로 사람들의 의중을 묻지 않고도 일하실 수 있다. 그러나 인격적인 하나님은 우리의 의지를 무시하지 않으신다. 그러므로 이 시간 우리 스스로에게 던져야 할 질문은 이것이다. "하나님께서 초자연적으로 일하실 때, 이를 잠잠히 받아들일 수 있겠는가? 하나님께서 자신의 참 모습을 드러내시도록 허락해 드릴 수 있겠는가?"

예수님께서 말씀하셨다. "내가 하는 그 일을 너희도 할 수 있다." 예수님이 행하신 일은 무엇인가? 예수님은 아버지께서 하신 일을 '보시고 그대로 따라' 하셨다(요 5:19). "나는 내 아버지에게서 본 것을 말하고"(요 8:38). 이처럼 예수님은 아버지께서 행하신 일을 '본 그대로' 말씀하셨다. 이 사실 하나만으로도 우리는 충분히 동기부여를 받는다. 그래서 "내가 하는 일을 너희 눈으로 본 그대로 행할 수 있다"는 주님의 약속을 믿을 수 있다.

> 또 이르시되 진실로 진실로 너희에게 이르노니 하늘이 열리고 하나님의 사자들이 인자 위에 오르락내리락하는 것을 보리라 하시니라 (요 1:51)

우리는 그리스도의 몸이다(고전 12:27). 예수님께서 이 말씀을 하신 후, 그분의 추종자들(그리스도의 몸)은 천사들이 예수님 위로 오르락내리락하는 것을 볼 수 있었다. 그리고 우리에게도 이러한 특권이 주어졌다!

다시 오심

또 다른 성경 구절을 보자. 이 말씀이 실제로 이뤄진다고 생각하면, 당신은 깜짝 놀랄 것이다.

이르되 갈릴리 사람들아 어찌하여 서서 하늘을 쳐다보느냐 너희 가운데
서 하늘로 올려지신 이 예수는 하늘로 가심을 본 그대로 오시리라 하였
느니라 (행 1:11)

당신은 이렇게 물을 것이다. "글쎄요, 도대체 어느 부분이 우리를 깜짝 놀라게 한다는 말씀입니까? 마지막 때 예수님께서 구름 타고 오신다는 사실은 이미 알고 있습니다. 예수님의 재림은 기초 교리 중에서도 기초 아닙니까?"

그렇다. 하지만 당신이 말한 것은 위 구절에서 주울 수 있는 여러 이삭 중 하나일 뿐이다. 만일 당신이 이 말씀을 좀 더 깊이 들여다본다면, 더 많은 이삭을 주울 수 있을 것이다.

성경을 연구하고 초대교회 역사를 살피는 동안 나는 매우 흥미로운 사실 하나를 발견했다. 예수님은 부활하신 날 아침부터 승천하시기까지 40일 동안 자신의 '부활하신 몸'을 제자들에게 나타내 보이셨다. 당시 '교회' 구성원(교회로 간주할 수 있는 성도들)의 90퍼센트 정도가 부활하신 예수님을 직접 만났다. 이를테면, 예수님은 열두 제자에게 보이시고, 이후 500명의 증인들 앞에 일시에 나타나기도 하셨던 것이다(고전 15:5-6).

예수님은 많은 사람에게 자신의 부활하신 몸을 보이신 후 승천하셨다. 그리고 약속대로 언젠가 다시 오실 것이다. 이 사실이 현대를 살아가는 우리에게 어떤 의미로 다가오는가?

앞에서 언급했듯, 오늘날 세계 곳곳에서 살아 계신 예수님과 (얼굴을

마주하고) 만난 사람의 수는 수백만에 달한다. 단 한 번도 복음을 들어 보지 못한 마을 주민 전체가 일시에 예수님의 방문을 받고 구원의 길에 들어섰다는 간증도 있다.[1]

예수님은 아직 재림하시지 않았다. 하지만 오늘날 수많은 사람이 예수님과 만나고 있다. 우리 또한 예외는 아니다. 지금 당신은 예수님을 만날 수 있다! 놀랍지 않은가?

앞에서 말한 것처럼 예수님의 재림은 여전히 미래의 일이다. 그러나 2천 년 전에 승천하신 예수님은 언젠가 다시 오실 것이다. 지금 우리는 역사 속 그 어느 세대와도 다른 시대를 살고 있다. 나는 참으로 내 생애 중 예수님께서 다시 오실 것을 보게 되리라 믿는다!

교만

> 웃시야 왕이 죽던 해에 내가 본즉 주께서 높이 들린 보좌에 앉으셨는데 그의 옷자락은 성전에 가득하였고 (사 6:1)

하나님의 말씀을 연구하던 중 이와 같은 구절을 만나면, 나는 어리둥절해한다. 하나님은 사랑이 많고 선하신 분인데, 도대체 왜 이사야가 하나님을 만난 그해에 웃시야 왕이 죽어야 했을까? 웃시야 왕의 죽음 그리고 이사야와 하나님의 만남은 어떻게 연관되어 있을까? 말씀을 더 깊이 연구해 보니 여러 가지 흥미로운 사실을 발견할 수 있었다.

웃시야는 16세에 왕이 되었다. 성경은 그의 삶을 평가하며 "그의 행위가 하나님 보시기에 옳았다"고 말한다. 하나님 앞에서 올바르게 행동하는 동안, 하나님은 그의 삶을 윤택하게 하셨다(대하 26:1, 5).

그러나 어느 순간 살펴보니, 그는 교만해져 있었다. 더 정확하게 말하자면, 우쭐해질 만큼 번영해 있었던 것이다. 결국 웃시야는 교만에 이끌리어 성전으로 들어가 향을 태우고 말았다. 분향은 이 일을 위해 위임받고 성별된 제사장만이 할 수 있다. 그런데 제사장이 아닌 웃시야가 성전에 들어가 분향한 것이다. 그렇게 그는 하나님의 금령을 어겼다. 제사장들이 웃시야를 말렸지만 소용없었다. 제사장들의 처사는 옳았다. 그러나 웃시야는 그들에게 버럭 화를 냈다. 바로 그 순간 웃시야에게 나병이 생겼고, 이로 인해 그는 격리된 상태에서 여생을 보내야 했다(대하 26:19).

웃시야의 삶을 되짚어보면서 이사야 6장 1절을 다시 읽되, 이번에는 이렇게 읽어 보자. "웃시야 왕의 '교만'이 죽던 해, 내가 본즉."

만일 우리의 영안이 열려 그리스도 안에 있는 유업이 무엇인지 알 수 있다면, 우리는 가장 먼저 '교만'의 문제부터 해결하고 싶을 것이다.

대부분의 사람들이 시험과 고난을 겪는 동안 성품이 형성된다고 생각한다. 그런데 그렇지 않다. 시험과 고난은 평상시에 꼭꼭 숨겨 왔던 성품을 겉으로 드러내 줄 뿐이다.

웃시야는 어떤 시험을 겪었는가? 또 그 시험을 통해 드러난 그의 성품은 무엇인가? 일단, 그에게 닥친 시험은 번영과 풍성한 복이었다. 그리고 겉으로 드러난 그의 성품은 교만이었다.

하나님께서 우리에게 주신 복은 때때로 오해의 과정을 거쳐 자만 혹은 교만으로 이어지곤 한다. 내가 잘했기 때문에 복 받은 것이 아닌데도, 우리는 복 받은 이유를 '나 자신'에게서 찾는다. 그러나 오해하지 말라.

교만한 웃시야가 죽던 해(또는 웃시야의 교만이 죽던 해), 이사야는 하나님의 얼굴을 보았다. 당신은 자신의 생득권(birthright)이 무엇인지 아는가? '첫 언급의 법칙'에 따르면, 우리의 생득권은 '주님의 얼굴을 보는 것'이다. 그리고 생득권을 거머쥐는 첫 번째 열쇠는 '열정'이다. 이를 방해하는 요소는 교만, 무지, 전통, 사람의 교리 등이다. 그러므로 교만의 문제를 해결해야 주님의 얼굴을 볼 수 있다.

하나님은 애통하는 마음, 회개하는 심령을 외면하지 않으신다. 유업을 얻는 방법은 겸손이다. 겸손은 우리를 유업 얻는 자리로 인도한다!

씨앗을 뿌리는 겸손

참된 겸손은 무엇인가? 우리는 탕자의 비유에서 참된 겸손의 예를 찾을 수 있다.

또 이르시되 어떤 사람에게 두 아들이 있는데 그 둘째가 아버지에게 말하되 아버지여 재산 중에서 내게 돌아올 분깃을 내게 주소서 하는지라 아버지가 그 살림을 각각 나눠 주었더니 그 후 며칠이 안 되어 둘째 아들이 재물을 다 모아 가지고 먼 나라에 가 거기서 허랑방탕하여 그 재산을 낭비하더니 다 없앤 후 그 나라에 크게 흉년이 들어 그가 비로소 궁핍한지라

가서 그 나라 백성 중 한 사람에게 붙여 사니 그가 그를 들로 보내어 돼지를 치게 하였는데 그가 돼지 먹는 쥐엄 열매로 배를 채우고자 하되 주는 자가 없는지라 이에 스스로 돌이켜 이르되 내 아버지에게는 양식이 풍족한 품꾼이 얼마나 많은가 나는 여기서 주려 죽는구나 내가 일어나 아버지께 가서 이르기를 아버지 내가 하늘과 아버지께 죄를 지었사오니 지금부터는 아버지의 아들이라 일컬음을 감당하지 못하겠나이다 나를 품꾼의 하나로 보소서 하리라 하고 이에 일어나서 아버지께로 돌아가니라 아직도 거리가 먼데 아버지가 그를 보고 측은히 여겨 달려가 목을 안고 입을 맞추니 아들이 이르되 아버지 내가 하늘과 아버지께 죄를 지었사오니 지금부터는 아버지의 아들이라 일컬음을 감당하지 못하겠나이다 하나 아버지는 종들에게 이르되 제일 좋은 옷을 내어다가 입히고 손에 가락지를 끼우고 발에 신을 신기라 그리고 살진 송아지를 끌어다가 잡으라 우리가 먹고 즐기자 이 내 아들은 죽었다가 다시 살아났으며 내가 잃었다가 다시 얻었노라 하니 그들이 즐거워하더라 (눅 15:11-24)

성숙하지 못한 둘째 아들의 삶을 한 마디로 요약하면 이기심이다. 아직 아버지가 멀쩡히 살아 있는데도 그는 자기 몫의 유산을 요구하였다. 생득권으로 보장된 유산이므로 기다리기만 하면 될 텐데, 그는 이기심에 눈이 멀었다. 그래서 아버지를 재촉한다.

유언자가 죽어야 상속이 이루어진다. 유언자가 살아 있는 동안, 재산 상속은 어림없다. 그러나 탕자에게는 그 같은 제약이 별 문제가 되지 않았던 것 같다. 그는 겁도 없이 자신의 몫을 요구했다. 아니, 당장 내놓으라며 아버지를 윽박질렀다. "재산 중에서 내게 돌아올 분깃을 내게 주소서."

오늘날 많은 성도들이 이 같은 태도로 하나님을 대하고 있다. 굳이 특정인을 꼽을 필요도 없다. 우리 모두가 둘째 아들처럼 "내게 주소서! 내게 주소서!" 하며 조르는 데 익숙하니 말이다. 그야말로 성숙함과는 거리가 먼 모습이다.

이 장면에서 우리를 놀라게 하는 것은 아버지의 반응이다. 지금 재산을 상속해 주면 둘째 아들에게 어떤 일이 닥칠지 뻔히 알면서도, 아버지는 이같이 말한다. "애야. 여기, 네 몫의 유산이 있다. 가지고 가거라."

이렇게 말하며 아들을 떠나보내는 아버지의 마음은 갈기갈기 찢어졌을 것이다. 아들의 무모한 요구와 뻔뻔한 태도 때문이 아니다. 앞으로 이 아들에게 일어날 일을 훤히 꿰고 있었기 때문이다. 그래서 아버지는 슬퍼했다.

"그걸 어떻게 아십니까?" 당신이 내게 묻는다면, 나는 "20절을 보십시오"라고 대답하겠다. "아직도 거리가 먼데 아버지가 그를 보고 측은히 여겨 달려가." 아버지는 둘째 아들에게 일어날 일을 다 알았기 때문에 매일같이 동구 밖으로 나가 아들이 돌아오기를 기다렸던 것이다. 멀리 희미하게 보이는 형체지만, 아버지는 그가 아들인 줄 알아보고 한걸음에 달려갔다.

누가복음 15장은 하나님 나라에 대한 비유로, 여기 등장하는 아버지는 '하나님'이시다. 둘째는 자기 몫의 유산을 챙겨 먼 나라로 떠난다. 그는 자유분방한 삶을 즐기다가 재산을 모조리 탕진해 버린다. 이것도 문제지만, 더 큰 문제는 그 땅에 기근이 들었다는 것이다(하나님이 '기근'을 보내신 것이다). 빈털터리가 된 그는 돼지를 치며 힘에 부치도록 일했다. 하지만 누구 하나 그에게 변변한 음식을 건네지 않았다. 기근으로 인해 돼지 먹는 열매조차 얻어먹을 수 없었다.

지금도 이 원리는 변하지 않았다. 뿌리지 않으면 거둘 수 없다. 하나님은 당신에게 귀한 선물을 주셨다. 그러나 그것을 흥청망청 쓰라고 주신 줄 아는가? 아니다! 지금은 그것을 추수할 밭에 심어야 할 때이다. 과거 어느 때보다 지금이 씨를 뿌릴 적기(適期)이다.

나는 종종 세계 곳곳의 성도들(그리스도의 몸 된 교회들)에게 이같이 도전한다. "만일 여러분이 더 많은 기름부음을 원하신다면, 지금 여러분이 갖고 계신 기름부음을 심으십시오. '계시'도 마찬가지입니다. 더 많은 계시를 받고 싶다면, 지금 여러분이 갖고 계신 것을 사람들에게 나누어 주십시오." 하나님께서 의도하신 대로 풍성하게 파종하라. 그러면 풍성하게 추수할 것이다. 이것은 단지 돈에만 국한되는 법칙이 아니다!

자, 이제 망나니 같은 둘째 아들의 삶에 '기근'이 어떤 역할을 했는지 하나하나 살펴보자. 기근이 닥치자 그는 유대인으로서의 정체성을 포기한다. 어떻게든 연명하려면 자신을 이방인처럼 여겨야 했기 때문이다. 유대인인 그가 돼지 치는 일을 했으니, 말 다한 것 아닌가? 게다가 그는 이 세상의 찌꺼기를 받아먹었다. 이것 역시 기근으로 인한 결과다.

이러한 일이 비단 탕자에게만 일어나겠는가? 이기적인 태도로 오직 자신만을 위해 하나님이 주신 선물을 허비할 때, 우리 또한 이와 동일한 일을 겪지 않겠는가? 분명 우리는 영적 기근에 처할 것이다. 영적 기근의 때, 우리는 자신의 정체성을 잃어버리지 않겠는가? 이 세상과 타협하고픈 유혹에 넘어가지 않겠는가? 그렇게 세상이 던져 주는 찌꺼기를 날름 날름 받아먹지 않겠는가?

나 또한 그 지점까지 내려가 보았다. 탕자가 겪었던 영적 바닥을 경험해 보았다. 그런데 그때, 내게 이상한 일이 일어났다. 본문의 17절은 당시 내게 그리고 탕자에게 일어났던 그 '이상한' 일을 설명해 준다. "이에 스스로 돌이켜."

불현듯 둘째 아들의 마음에 아버지의 사랑이 찾아온 것이다. 아버지의 선한 성품이 피부에 와 닿는다. 그런데 이것 또한 기근 때문에 일어난 일이다! 탕자는 생각했다. '그래. 내 아버지는 선하신 분이야. 아버지의 집에는 먹을 것이 차고 넘쳤어. 종들도 아버지 곁에선 맘 편히 먹으며 호강했다고!'

그리스도의 유업을 갈망하는 동안 우리는 성숙의 과정을 거치게 된다. 19절은 이 과정을 다음과 같이 간략하게 설명한다. "지금부터는 아버지의 아들이라 일컬음을 감당하지 못하겠나이다 나를 품꾼의 하나로 보소서." 이것이 바로 영적 성숙이다. 참으로 놀라운 변화 아닌가!

상한 마음과 겸손을 견지하는 동안 탕자에게 계시가 임했다. 그의 관심은 자신의 복지나 이기적 욕망에 쏠리지 않는다. 더 이상은 하나님께서 거저 주신 선물에 집중하지 않는다. "주세요! 주세요!"를 반복하는 이기심을 던져 버리고 "저를 빚어 주세요"(나를 품꾼의 하나로 삼으소서)라고 간구하며 성숙해 간다. 참된 성숙의 표식인 겸손이 나타나는 것이다. "저는 아들의 지위로 복권될 수 없습니다. 그렇게 되기를 요구하지도 않겠습니다." 이러한 그의 고백에 겸손이 반영되어 있다. "다만 저를 종으로 여겨 주십시오." 그는 아들이 누릴 모든 유익을 포기하였다.

마침내 이 아들은 성숙했다. 다시 말해, 책임감을 느끼는 사람으로 변화된 것이다. 그가 말했다. "저는 세상을 탓하지 않습니다. 과거에 유산을 건네주신 것에 대해 아버지를 원망하지도 않습니다. 제가 자란 성장 배경도 원망하지 않습니다. 저를 이 돼지우리에 가둔 것은 다른 사람이 아닌, 저 자신입니다." 이처럼 그는 겸손한 마음, 회개하는 심령으로 아버지의 품에 안겼다.

아버지의 열정

이제 아버지의 마음을 들여다보자. 말씀에 그려진 아버지의 모습에 그의 마음이 잘 묘사되어 있다. "아직도 거리가 먼데 아버지가 그를 보고 측은히 여겨 달려가"(눅 15:20).

아버지는 멀리서 아들을 알아보고 달려가 품에 안는다. 그리고 아들을 품에 안은 채 이같이 말한다. "사랑한다, 아들아! 그래, 여기가 네 집이다."

아들은 아버지에게 무언가를 말하려 한다. 오랫동안 신중하게 생각하며 내린 결정을 알리려는 것이다. "더 이상 저를 아버지의 아들로 여기지 말아 주십…" 하지만 아버지는 아들의 말을 중간에서 끊어 버린다. 아니, 들을 생각조차 없는 것 같다. 그리고는 큰 소리로 종들을 불러 말한다. "얘들아, 내 아들에게 최상의 예복을 가져다주어라."

미성숙한 인격, 세상을 향해 뒷걸음친 신앙, 그렇게 어둠에 빠져 있던 아들이 정신을 차렸다. 그는 "제게 주세요"보다 "저를 빚으소서"가 훨씬 중요하다는 사실을 알았다. 이후 그는 자신이 저지른 일에 책임을 지겠노라 다짐하며 아버지께로 돌아간다. 책임을 지려는 태도는 참된 성숙의 표식이다.

그런데 아버지는 누구도 예상치 못한 일을 한다. 그 아들에게 최상의 예복을 입혀 준 것이다! 영적으로 해석하자면, 성숙한 아들에게 새로운 차원의 외투가 주어진 것이라 할 수 있다. 그는 영적 성숙의 단계로 돌입했다.

아버지는 계속해서 말한다. "그의 손에 가락지를 끼우라." 성경에서 '반지'는 중요한 의미를 지닌다. 부, 권세, 명예 등을 대변하는 물건이 반지이다. 그러나 반지가 내포하는 가장 중요한 의미는 '가문의 권세'일 것이다. 반지에는 가문의 명예와 권세가 담겨 있다. 누구든 그 반지를 지닌 사람은 가문의 이름으로 또는 그 반지 주인의 이름으로 모든 계약을 성사시킬 수 있다. 그러므로 충분히 성숙하여 가문을 대변할 아들에게만 반지를 내주는 것이 관례였다. 반지는 가문의 이름을 대변하는 명예의 상징이다.

그뿐만이 아니다. 아버지는 "그의 발에 신을 신겨라"고 명령했다. 영적으로 보자면, 그는 최고의 권세를 부여받았을 뿐만 아니라 평화의 복음을 전할 준비도 되었다.

하나님께서는 우리의 삶을 보실 때, '행함'(doing)에만 초점을 맞추시지 않는다. 하나님의 관심은 오히려 '변화'(becoming, 되는 것)에 쏠려 있다. 그러므로 우리도 '변화'에 더 많은 비중을 두는 것이 옳다. 예수님처럼 변화되는 것은 우리가 지녀야 할 핵심 목표이다. "변화하라." 이것이 하나님의 명령이고, 그분의 말씀에 순종하는 것이 참된 예배이다.

당신은 역사상 유례를 찾을 수 없는 아주 독특한 세대이다. 하나님께서 당신에게 매우 중요한 사명을 주셨기 때문이다. 당신의 부르심이자 생득권이기도 한 그 사명은 '하나님과 얼굴을 마주하는 것'이다.

시력

> 우리가 잠시 받는 환난의 경한 것이 지극히 크고 영원한 영광의 중한 것을 우리에게 이루게 함이니 우리가 주목하는 것은 보이는 것이 아니요 보이지 않는 것이니 보이는 것은 잠깐이요 보이지 않는 것은 영원함이라 (고후 4:17-18)

성경은 우리에게 "보이지 않는 것들을 바라보라"고 힘주어 말한다. 이것은 논리적으로는 말도 안 되는 소리이다. 어떻게 보이지 않는 것을 볼 수 있단 말인가?

여기에는 한 가지 원칙이 있다(아주 흥미로운 원칙이다). 열린 하늘 아래에서 걷고, 느끼고, 살아가길 원하는가? 그렇다면 '시력'부터 개발하라.

죄인은 영광을 보는 데 큰 제약을 받는다. 그러나 구원받은 사람은 예수 그리스도의 보혈을 통해 영광의 영역을 마음껏 들여다볼 수 있다. 그뿐만이 아니다. 구원받은 사람은 하늘의 영광이 자신의 삶에 부여하는 모든 혜택을 누릴 수 있다. 당신은 볼 수 있다.

첫 언급의 법칙을 기억하는가? 성경에 맨 처음 언급된 내용이 '해석의 틀'을 이룬다는 법칙 말이다. 이후 비슷하거나 동일한 내용이 성경에 등장할 때마다 우리는 그 틀을 가지고 해석해야 한다.

첫 언급의 법칙에 따라 성도들은 자신이 하나님의 성전이며 천국의 문임을 깨달아야 한다(창 28장, 고전 6:19). 이러한 계시를 온전히 깨닫기 위해, 또 그 계시에 내포된 가능성을 체험하기 위해, 우리는 영의 세계를 들여다볼 줄 알아야 한다. 그래서 시력을 개발해야 하는 것이다.

진정한 시력

육체의 맹안(盲眼)보다 영적 맹안이 사람을 훨씬 더 무력하게 만든다. 왜 그런가? 이 세상은 그림자일 뿐이고 영계가 실체이기 때문이다. 우리의 몸이 존재하는 자연계(물질계)는 영계를 반영하는 그림자이다. 즉, 지금 우리의 육체는 그림자(실체의 전조) 안에서 살아가고 있다.

성경은 당신과 내가 천국에서 그리스도와 함께 앉아 있다고 말한다(엡 2:6). 그동안 우리는 신체 감각을 과용해 왔다. 그 결과 오감에만 의존하여 이 세상을 이해했다. 이처럼 육체의 감각은 과도하게 활용하면서도 영적 감각 개발에는 무척 게을렀다. 그 결과 우리의 영감은 크게 손상을 입었다. 이러한 상황이 더욱 안타까운 까닭은, 진정 우리가 신경 써야 할 것들이 영계 안에 있기 때문이다.

우리는 자연인으로 거듭난 것이 아니라 영적인 사람으로 거듭났다.

따라서 영적인 영역에서 성장하지 못하고 영적 능력을 제대로 발휘하지 못하면, 우리는 영적인 것들에 미온적인 태도로 반응하게 된다. 만일 우리의 상황이 이렇다면, 본질상 우리는 영적 장애를 안고 태어난 사람과 같은 것이다. 우리는 영적으로 눈멀고 귀먹은 영적 장애인이다.

당신은 예배나 집회 중 기름부음을 느끼거나 감지하는가? 어떻게 감지하는가? 당신의 영적 감각이 기름부음에 연결되기 때문에 기름부음의 임재를 분별하는 것이다. 이를테면 당신은 예배 중 무언가를 감지하고, 그 순간 당신의 감각은 그 무언가에 연결된다. 그래서 기름부음을 느끼는 것이다. 이와 같은 방식으로 우리의 시각, 후각, 청각, 촉각, 미각이 영계에 연결된다.

그런데 영계에 연결되는 또 다른 방법이 있다. 그것에 대해서는 이 장의 후반부에서 보다 자세히 다룰 것이다.

우리는 영적 감각을 활용할 줄 알아야 한다. 이러한 활용법을 배우는 것은 매우 중요한 일이며, 우리의 의무이기도 하다.

예수님께서 말씀하셨다. "진실로 진실로 네게 이르노니 사람이 거듭나지 아니하면 하나님의 나라를 볼 수 없느니라"(요 3:3). 성도들 대부분은 논리적으로 또 이성적으로 이해하지 못하는 말씀을 '상징'이나 '신비'(spiritualization)로 처리해 버리는 경향이 짙다. 말씀에 담긴 참 뜻을 이해하기 위해 성경을 붙들고 진지하게 연구하기보다는 그러한 내용들을 '신화적 모호함'으로 치부하든지, '역사적 과거시제'로 묶어 두는 편이 보다 쉽고 안전하다고 생각하는 것이다. 그러나 이것은 매우 잘못된 일이다.

앞의 구절에서 예수님은 '보다'라는 동사를 사용하셨는데, 그 뜻은 문자 그대로 '보다', '눈으로 본다'이다. 예수님은 육안으로 하나님 나라를 볼 수 있다고 말씀하신 것이다! 그러므로 거듭난 사람은 누구나 하나님 나라를 볼 수 있다.

우리는 이 땅 위에 하나님 나라가 작동한다는 사실을 인정한다. 일례로 예수님을 영접한 사람의 외모가 확연히 달라지는 것을 종종 목격하곤 하는데, 이는 영계와의 교류를 통한 내면의 변화가 외모의 변화로 나타나기 때문이다. 이러한 일들을 목격할 때, 당신은 하나님 나라가 자연계(물질계)에서 '작동'한다는 사실을 깨달을 수 있다.

그렇다! 영계에서 일어난 일은 자연계(물질계)에 영향을 미치기 마련이다. 거듭난 사람은 어둠의 왕국에서 빛의 왕국으로 이동한다. 이러한 영적 변화는 곧 외적(외모) 변화로 이어질 것이다(그러나 여기서 내가 말하려는 핵심은 이것이 아니다).

'보다'라는 뜻의 헬라어는 '에이도'이고, 그 의미는 문자적으로나 비유적으로 '보다'이다.[2] 전반적으로 크리스천들은 비유적 의미로 이 동사를 이해해 왔다. 그렇게 이해해야 받아들이기 쉽고, 마음도 편하기 때문이다. 하지만 이 단어의 의미가 '눈으로 보다'(직접 눈으로 보는 것)임을 간과해선 안 된다.

엠마오

누가복음 24장에서 우리는 예수님의 두 제자가 셋째 날 아침 일찍 엠마오로 걸어가는 모습을 보게 된다.

> 그날에 그들 중 둘이 예루살렘에서 이십오 리 되는 엠마오라 하는 마을로 가면서 (눅 24:13)

*참고로 엠마오는 예루살렘으로부터 7마일 정도 떨어져 있다. 정확히는 예루살렘에서 7.5마일 떨어져 있는데, 7.5라는 숫자가 내게는 흥미롭다. 성경에서 7이라는 숫자는 '안식', '휴식'을 뜻한다. '언약이 성취되고 완료되어 안식한다'는 의미이다.[3] 숫자 7이 완료를 뜻하기 때문에 숫자 8은 자연스레 '새로운 시작'을 상징한다. 그러므로 7과 8 사이에 있는 7.5는 한 시즌에서 다른 시즌으로의 이전을 의미한다고 할 수 있다.

두 제자의 목적지는 엠마오이다. 그들이 이동한 날은 셋째 날이고, 때는 이른 아침이었다. 이것은 예언적인 그림으로, 우리에게 무언가를 확실히 말해 주고 있다. '엠마오'의 뜻은 '일출부터 일몰 때까지 뜨겁다'이다.[4]

우리에게도 목적지가 있다. 하나님은 구체적 장소인 엠마오(뜨거움)로 우리를 부르신다. 우리는 끊임없이, 열정적으로, 뜨겁게 주님을 추구해야 한다. 만일 끊임없는 열정으로 그곳을 향해 나아가리라 다짐한다면, 분명 예수님께서 우리 곁으로 다가와 우리의 눈을 열고 말씀을 보여 주실 것이다. "그들의 눈이 밝아져"(눅 24:31).

이제 28절을 보자. "그들이 가는 마을에 가까이 가매 예수는 더 가려 하는 것같이 하시니." 우리가 목적지인 엠마오에 도착할 경우, 예수님께서는 마치 그곳을 떠나려는 듯 행동하실 것이다. 이것은 열정에 대한 시험이다. 과연 제자들은 예수님을 좀 더 곁에 모시려는 시도도 않고 그냥 보내드릴 것인가?

29절을 보라. 예수님께서 떠나려 하시자 제자들이 예수님을 붙잡는다. "그들이 강권하여 이르되 우리와 함께 유하사이다"(눅 24:29).

'강권하다'라는 동사가 이들의 열정, 뜨거운 마음을 대변해 준다. 이 단어의 문자적 의미는 '타오르는 열정으로 강요하다'이다.[5] 그들은 점잖을 빼며 "시간 되시면, 저희와 함께 식사나 하시지요?"라고 말하지 않았다. 그들은 마음이 불타는 듯 급한 소리로 부르짖으며 강력히 요구했다. "떠나지 마세요!"

예수님께서는 그 제안을 받아들이셔서 집 안으로 들어가 그들과 함께 식탁에 앉으셨다. 이후 떡을 떼어 축복하고 감사기도를 드리셨을 때, 마침내 제자들의 눈이 열렸다. "그들의 눈이 밝아져 그인 줄 알아보더니"(눅 24:31). 그들은 주님을 알아보았다.

그들의 눈이 열린 이유(열쇠)는 무엇인가? 자신들의 목적지인 엠마오(뜨거움)에 도착했기 때문이다. 끊임없이 뜨거운 열정 말이다.

일곱 번째 날

'친밀함'으로 인도하는 첫 번째 열쇠는 '열정'이다. 열정은 친밀함의 문을 열어 주고, 친밀함은 '계시의 말씀'을 열어 주며, 계시의 말씀은 '영안'을 열어 준다. 이처럼 열정의 최종 결과물은 '영적 감각'이 열리는 것이다. 따라서 우리는 예수 그리스도와 얼굴을 맞대고 만나게 된다.

> 또 그들에게 이르시되 내가 진실로 너희에게 이르노니 여기 서 있는 사람 중에는 죽기 전에 하나님의 나라가 권능으로 임하는 것을 볼 자들도 있느니라 하시니라 (막 9:1)

위 구절에도 '에이도'라는 헬라어 동사가 사용되었다. '에이도'는 문자적으로나 비유적으로 '보다'의 의미를 갖고 있다.

그 다음 구절을 보라. "엿새 후에 예수께서 베드로와 야고보와 요한을 데리시고 따로 높은 산에 올라가셨더니 그들 앞에서 변형되사"(막 9:2).

순서상, 숫자 6 다음은 7이다. 엿새 후, 그러니까 제7일째 되던 날 예수님은 베드로와 야고보와 요한을 데리고 높은 산에 올라가셨다. 그리고 거기서 예수님의 모습이 '변화'(변형)되었다.

나는 이전에 쓴 책《일곱째 날의 예언적 약속》(The Prophetic Promise of the Seventh Day)에서 이 주제를 보다 상세하게 다루었는데, 여기에서 그 내용을 간단하게 언급하고자 한다.

> 사랑하는 자들아 주께는 하루가 천 년 같고 천 년이 하루 같다는 이 한 가지를 잊지 말라 (벧후 3:8)

예수님의 시대부터 지난 20세기까지, 2천여 년의 시간이 지났다. 그리고 아담부터 예수님의 시대까지 인류는 4천 년 정도의 시간을 지나왔다. 그러므로 아담부터 지난 세기까지 역산하면, 총 6천여 년이 걸린 셈이다. 하지만 앞의 말씀대로 하나님의 입장에서 보면, 6일이 지난 것이다. 그렇다면 지금 우리가 살아가는 시대는 제7일의 '이른 아침' 정도일 것이다.

6일 후 그러니까 7일째 되던 날, 예수님은 베드로와 야고보와 요한에게 하나님 나라를 계시해 주셨다. 그들은 전에 경험해 보지 못한 방법, 전에는 생각지도 못한 방법으로 하나님 나라를 보았고 체험했다. 그들의 두 눈은 활짝 열렸다. 시간의 장막 너머 '영원'의 영역에서 예수님과 모세 그리고 엘리야가 서로 얼굴을 마주한 채 대화하는 것을 목격한 것이다.

다시 한 번 말하지만, 예수님께서 이들을 그 산으로 데려가신 날은 제7일이었다. 이 사실을 기억하기 바란다. 6일이 지나고 7일째 되던 날, 그들은 그 산에서 특이한 체험을 했다. 우리는 어떤가? 지금 우리 역시 예언적으로 보면, 일곱 번째 날을 살아가고 있지 않은가?

요한복음 14장 12절에서 예수님은 자신이 하시는 일을 우리 또한 하게 될 것이라고 말씀하셨다. 그 여러 가지 일 중 예수님께서 꾸준히 하셨을 법한 한 가지는 군중을 떠나 홀로 산으로 또 광야로 나아가 아버지 하나님과 독대한 것이리라! 예수님이 세 제자를 초청하여 목격하게 하신 '변화산 대화'는 어쩌면 예수님과 하늘 아버지께서 대화하시던 방법이 아니었을까? 이것이 사실이라면, 우리 또한 고립된 장소로 나아가 주님과 독대하며 기도해야 하지 않을까? 예수님처럼 우리도 하나님과 얼굴을 마주하고 대화해야 하지 않을까?

하지만 우리는 안타깝게도 기도를 '종교적 언어의 말잔치'로 만들어

버렸다. 본래 기도 시간은 하늘 아버지와 얼굴을 마주하고 교제하는 시간인데 말이다.

예수님께서 군중을 피해 혼자 계실 곳을 찾아가 기도하신 장면이 성경 곳곳에 나온다. 예수님은 하늘 아버지와 독대하시기 위해 사람들을 떠나 산이나 광야로 나아가곤 하셨다.

이스라엘에는 예수님의 기도에 대한 구전(口傳)이 전해지는데, 여기서 잠시 소개하려 한다. 구전되어 온 이야기이므로 그것의 진실성을 증명할 수도 없고, 그 이야기가 거짓이라 확언할 수도 없다. 하지만, 잠시 살펴보고 넘어가는 것이 좋을 것 같다.

예수님께서는 매일 밤 무리를 떠나 아버지와 독대하셨다고 한다. 자리에 앉아 아버지와 얼굴을 마주한 채, 그날그날 자신이 행한 일을 말씀드리는 것으로 대화의 문을 여셨다. 하루 일과를 마무리하며 그날의 일과를 하늘 아버지와 함께 되짚어보신 것이다.

이렇게 예수님의 '일정보고'가 끝나면, 아버지께서는 다음 날 예수님이 해야 할 일을 말씀해 주시고 또 보여 주셨다고 한다. 어디를 가서 누구를 만나야 할지, 또 그들과의 만남 중 어떤 일이 일어날지 세세하게 알려 주셨다는 것이다. 이것이 구전되는 이야기의 핵심이다.

이 이야기가 사실인지 아니면 그저 각색한 이야기일 뿐인지, 나로서는 알 방법이 없다. 그러나 분명 예수님은 이렇게 말씀하셨다. "나는 오직 아버지께서 하시는 일을 본 그대로 행할 뿐이다." 요한복음 5장 19절을 보라. "내가 진실로 진실로 너희에게 이르노니 아들이 아버지께서 하시는 일을 보지 않고는 아무것도 스스로 할 수 없나니 아버지께서 행하시는 그것을 아들도 그와 같이 행하느니라."

어쨌든 이 이야기는 하나님 나라를 보는 것이 우리의 생득권임을 여실히 알려 준다. 하나님께서 예레미야 선지자에게 말씀하셨다. "너는 내게 부르짖으라 내가 네게 응답하겠고 네가 알지 못하는 크고 은밀한 일을 네게 보이리라"(렘 33:3).

성경의 기록과 같이 성령께서는 모든 진리 가운데로 우리를 인도하시며, 장차 일어날 일을 알려 주실 것이다(요 16:13). 우리는 하나님 나라를 볼 수 있다!

성숙한 아들은 아버지와 동행한다. 만일 예수님이 우리가 따라야 할 '성숙'의 모델이라면, 우리는 '변화산 대화'가 우리에게도 가능할지의 여부를 타진하느라 애쓰며 쓸데없이 고민할 필요가 없다. 예수님이 보여 주신 대로 행하면 되기 때문이다.

주님의 말씀을 신뢰하라. 그분의 말씀은 진리이다.

그분의 얼굴을 보다

예수님에 대해 구전되어 온 이야기를 처음 들었을 때, 나는 주님께 여쭈었다. "주님, 그렇게 기도하는 것이 우리가 따라야 할 기도의 표본입니까? 그렇다면 왜 저는 아버지와 함께 자리에 앉아 얼굴을 마주하며 대화하지 못합니까?"

갑자기 출애굽기 33장 20절이 떠올랐다. "또 이르시되 네가 내 얼굴을 보지 못하리니 나를 보고 살 자가 없음이니라." 나는 이 구절이 수많은 사람에게 걸림돌이 될 것을 직감했다. 그래서 성경공부에 돌입했다. 그러던 중 바울의 글에서 다음의 구절을 찾았다.

> 기약이 이르면 하나님이 그의 나타나심을 보이시리니 하나님은 복되시고 유일하신 주권자이시며 만왕의 왕이시며 만주의 주시요 오직 그에게만 죽지 아니함이 있고 가까이 가지 못할 빛에 거하시고 어떤 '사람'도 보지 못하였고 또 볼 수 없는 이시니 그에게 존귀와 영원한 권능을 돌릴지어다 아멘 (딤전 6:15-16)

위 구절에 쓰인 단어 '사람'은 헬라어 '안트로포스'의 역어(譯語)이다. 그런데 《완성 단어 연구 사전》(Complete Word Study Dictionary)에서 '안트로포스'를 찾아보니 '죄인'(sinful man, 죄성을 지닌 사람)으로 정의되어 있었다. 바꾸어 말하면, 가까이 가지 못할 빛에 거하시는 주님을 보지도 못하고 볼 수도 없었던 사람은 '죄인'인 것이다!

위 구절의 전반적인 문맥과 '사람'이라는 단어의 의미를 종합하여 이해하자면, 모든 죄를 용서받고 구원을 얻은 우리는 더 이상 죄인이 아니므로 하나님의 나타나심을 볼 수 있고, 장차 온전한 눈으로 그분을 보게 될 것이다. 우리는 이미 하늘에서 주와 함께 앉아 있다(엡 2:6). "그런즉 누구든지 그리스도 안에 있으면 새로운 피조물이라 이전 것은 지나갔으니 보라 새 것이 되었도다"(고후 5:17). 그리스도 안에서 새로운 피조물인 우리는 아버지께 나아갈 수 있다.

성경에는 하나님과 얼굴을 마주한 사람들의 이야기가 즐비하다. 그들은 주님과 얼굴을 맞대고 대화하며 친밀함을 누렸다. 예를 들면 다음과 같다.

웃시야 왕이 죽던 해에 내가 본즉 주께서 (사 6:1)

그러므로 야곱이 그곳 이름을 브니엘이라 하였으니 그가 이르기를 내가 하나님과 대면하여 보았으나 내 생명이 보전되었다 함이더라 (창 32:30)

모세와 아론과 나답과 아비후와 이스라엘 장로 칠십 인이 올라가서 이스라엘의 하나님을 보니 그의 발아래에는 청옥을 편 듯하고 하늘같이 청명하더라 하나님이 이스라엘 자손들의 존귀한 자들에게 손을 대지 아니하셨고 그들은 하나님을 뵙고 먹고 마셨더라 (출 24:9-11)

모세도 하나님과 얼굴을 맞대고 대화했다. 이 사실을 잊지 말자. 심지어 하나님은 사람이 친구와 대화하듯 모세를 만나 주셨다(출 33:11).

그렇다면 앞에서 살펴본 출애굽기 33장 20절의 "하나님의 얼굴을 보면 죽는다"는 말씀과 하나님의 얼굴을 보고도 죽지 않았다는 내용의 구절들을 어떻게 받아들여야 할까? 출애굽기 33장 20절의 말씀처럼 하나님의 얼굴을 보면 반드시 죽어야 한다. 그런데 그 '죽어야 할 것'은 우리의 '육체'(죄악된 자아)인 것이다.

빛을 발하다

다시 마가복음 9장 1-7절로 돌아가자. 예수님은 제자들을 데리고 높은 산에 오르셨다. 주께서 기도하시던 중 제자들이 보는 앞에서 그 형체가 변화되셨다. 또한 예수님의 옷도 변하였다. 그것은 이 세상 어떤 사람도 능히 희게 할 수 없을 만큼 눈부시게 희었다. 이후 주님은 모세 그리고 엘리야와 얼굴을 마주한 채 대화하셨다. 시간의 장막 너머 영원의 영역에 거하던 두 사람이 예수님과 얼굴을 마주하고 대화했던 것이다.

한번은 예수님께서 이렇게 말씀하셨다. "여기 서 있는 사람 중에는 죽기 전에 하나님의 나라가 권능으로 임하는 것을 볼 자들도 있느니라"(막 9:1). 예수님께서 제자 셋을 데리고 변화산에 오르신 것은 이 말씀을 하신 직후였다. 그 산에서 '자연'과 '영원'의 가름막이 찢어졌고, 제자들은 전에 없던 모습으로 변화하신 예수님을 보게 되었다.

나는 영적 영역으로 들어가 본 경험이 많다. 이것은 교육적이면서도 매우 놀라운 경험이었다. 나는 성령, 천사, 마귀의 활동을 보았고 또 인간의 영혼도 보았다.

당신은 자신의 영혼이 어떻게 생겼는지 알고 있는가? 쉽게 설명하자면, 당신의 영혼은 '눈부신'(압도하는) 빛과 같다. 예수님께서 자신을 따르는 무리(성도)에게 "너희는 세상의 빛이라"(마 5:14)고 말씀하신 것도 이러한 이유에서일 것이다. 성경을 보면 수많은 경우 예수님께서 우리를 '빛의 존재'로 말씀하신 것을 알 수 있다. 영안이 작동하기 시작하면, 당신은 예수님께서 하신 말씀을 보다 가시적으로, 피부에 와 닿는 느낌으로 이해할 것이다.

그러나 우리 안에 있는 빛은 어두워질 수도 있다. 고백하지 않은 죄, 제대로 처리하지 못한 죄가 남아 있을 경우 그 빛은 약해진다. 그렇기 때문에 우리는 '즉시' 죄를 고백하고 예수님의 보혈 안으로 들어가야 한다(이것은 매우 중요한 사실이다).

또한 우리는 세상에 '섞여' 살아가길 원한다. 이를테면 남의 눈에 띄거나 돌출된 삶을 원하지 않는 것이다. 세상을 비추는 모범이고 싶지 않은 것이 우리의 죄악 된 성향이기에, 우리의 빛이 흐려지는 경우가 많다.

여기서 잠시 내 친구의 경험을 소개하겠다. 한번은 그가 비행기를 탈 일이 있었는데, 기체에 올랐을 때 갑자기 환상이 열렸다. 시야가 닿을 수 있는 최대 공간 안에 수십억에 달하는 사람이 서 있었다. 그런데 이상하게도 그들 모두가 회색빛의 우중충한 옷을 입고 있었다. 어디에도 튀는 색상의 옷은 보이지 않았다. 친구가 내게 말해 주었다. "그 사람들은 우울해 보였어. 다들 고개를 숙인 채로 걸어 다니더군."

주께서 그 환상에 대해 설명해 주셨는데, 그 사람들은 모두 하나님의 백성으로, 한 번 예수님을 믿고 구원받으면 '다 된 것'이라 믿고 착각하며 살아가고 있다고 하셨다. 그리고 계속해서 다음과 같이 말씀하셨다. "사람들이 거듭날 때, 나는 그들에게 흰옷을 입혀 준단다. 깨끗하고 밝고 화사한 흰색 옷이지. 왜냐하면 그들의 죄가 내 보혈에 모두 씻겨 나갔기 때문이란다. 그런데 이 땅에서의 삶을 이어가는 동안 고백하지 않은 죄와 이생의 염려가 그들을 옭아매더구나. 그들은 계속 타협하고 죄를 범하여 거듭난 순간 입었던 흰옷이 회색빛으로 변한 것이지."

환상이 계속되는 동안 예수님께서 그에게 이같이 말씀하셨다. "너희 자신을 성결하게 하라. 그 책임은 너희에게 있다. 하지만 너희는 그동안 이 책임을 외면해 왔다. 두렵고 떨림으로 구원을 이루어야 하는데, 너희는 매우 게으르다."

성령께서 죄를 깨닫게 하시면, 우리는 곧장 십자가로 달려가 고백하고 회개해야 한다. 그리고 죄를 고백하면서 그리스도의 보혈을 적용해야 한다(십자가의 보혈로 죄를 씻어 달라고 간구하라). 이렇게 할 때, 우리는 우리의 의복을 깨끗하게 유지할 수 있다. 이 세상에 거하면서 거룩과 성결을 유지할 수 있다.

그러나 불행히도 대부분의 사람은 자신의 삶과 행위를 책임질 만큼 성숙하지 못하다. 아담처럼 죄를 범하는 데 빠르고, 핑계를 대는 데 바쁘다. 하나님은 아담이 죄를 고백하길 기대하시며 "내가 먹지 말라 했던 선악과를 네가 먹었느냐?"고 물으셨지만, 아담은 손가락으로 하와를 가리키며 "하나님께서 제게 주셔서 저와 함께 있게 하신 저 여자가 선악과를 줬습니다"라고 대답했다. 그는 자신을 제외한 모든 것을 지목하며 책임을 전가했다. 승리할 수 있는 가장 쉬운 길은 자기 죄를 인정하며 "아버지, 제가 범죄했습니다. 저를 용서해 주세요"라고 말하는 것인데 말이다.

장막을 걷다

마가복음 9장에서 우리는 흥미로운 사실을 하나 더 발견하게 된다.

이것은 반드시 짚고 넘어갈 부분이므로, 여기서 언급하고자 한다. 예수님은 죽은 자들, 즉 모세 그리고 엘리야와 대화하셨다(막 9:4). '죽은 사람과의 대화'는 성경이 엄금하는 사령술(死靈術) 또는 '초혼'(招魂)이라고 할 수 있다. 신명기에는 이 같은 행위를 금하시는 하나님의 명령이 기록되어 있다.

> 그의 아들이나 딸을 불 가운데로 지나게 하는 자나 점쟁이나 길흉을 말하는 자나 요술하는 자나 무당이나 진언자나 신접자나 박수나 초혼자를 너희 가운데에 용납하지 말라 이런 일을 행하는 모든 자를 여호와께서 가증히 여기시나니 이런 가증한 일로 말미암아 네 하나님 여호와께서 그들을 네 앞에서 쫓아내시느니라 (신 18:10-12)

분명 예수님께서는 성경의 금령에 반(反)하는 것처럼 보이는 일을 하셨다. 그런데도 어떻게 여전히 죄가 없으신 상태일 수 있는가? 답은 '죽음'에 대한 우리의 '인식'에 있다.

> 그는 허물과 죄로 죽었던 너희를 살리셨도다 (엡 2:1)

> 또 범죄와 육체의 무할례로 죽었던 너희를 하나님이 그와 함께 살리시고 우리의 모든 죄를 사하시고 (골 2:13)

이것에 대해 장황하게 설명하는 대신 신약의 정의를 제시하겠다. 신약 성경은 그리스도를 믿고 그 안에서 '살아 있는' 사람과 그리스도 없이 죄와 허물 안에서 '죽어 있는' 사람을 명확하게 구분한다.

예수님의 사역을 기록한 복음서나 부활 이후의 사건을 언급한 서신서도 마찬가지이다. 구원받은 사람이 죽을 경우, 성경은 그들의 상태를 '잠든'(asleep)으로 표현했다. 이 세상의 기준에 따라 사망 판정을 받았지만, 성경은 그들이 잠들었다고 말한다. 예수님도 그렇게 말씀하셨고, 사도들도 그렇게 말했다. 구원받은 사람은 '죽음'의 순간, 한 생명(life)에서 다른 생명(The Life)으로 이동한다. 즉, 죽어서 없어지는 것이 아닌 '영원한 생명'으로 이동하는 것이다. 자연계(물질계)에서 영원의 영역으로 말이다.

예수님께서 모세 그리고 엘리야와 대화하셨는데, 이것을 죄로 규정할 수 있는가? 아니다. 예수님은 영광 가운데 하나님의 가족이 된 두 사람과 말씀을 나누신 것이다.

오해하지는 말라. 지금 나는 당신에게도 이처럼 죽은 성도들의 영혼과 만나볼 것을 권하는 것이 아니다. 내가 말하고자 하는 바는 엄연히 두 차원의 세계가 존재하고 그 둘 모두 '실제'라는 것이다.

하나님께서 허락하신다면 천국의 환상을 보고 또 영원의 영역으로 앞서간 사람들과 대화하는 일도 가능하겠지만, 이러한 류(類)의 경험을 추구해서는 안 된다! 당신의 마음과 열정은 오직 예수님께만 쏟아야 한다. 당신의 관심과 호기심 역시 오직 예수님께만 두어야 한다.

죽은 자들과 대화하기를 추구하는 사람은 언젠가 반드시 미혹되고 말 것이다. 이 사실을 기억하라. 예수님은 모세와 엘리야가 나타나길 바라지 않으셨다. 예수님은 단지 성령의 인도하심을 따라 아버지께서 자신에게 보여 주신 그대로 행하셨을 뿐이다.

변화산 사건은 누가복음 9장에도 기록되어 있는데, 거기에는 다음과 같은 말씀이 덧붙여 있다.

> 문득 두 사람이 예수와 함께 말하니 이는 모세와 엘리야라 영광중에 나타나서 장차 예수께서 예루살렘에서 별세하실 것을 말할새 (눅 9:30-31)

그 두 사람은 죽은 상태가 아니다. 아니 그 어느 때보다 더욱 생기 있게 살아 있으며, 심지어 영광 중에 나타나기까지 했다. 에덴에서의 타락으로 인해 평균 이하의 상태에 놓인 우리보다 훨씬 더 '자연스러운' 상태로 나타난 것이다.

영적인 영역에 눈 뜨기 시작하면 여러 가지 놀라운 일들이 일어나는데, 그중 으뜸은 소통이 명확해지고 간결해진다는 것이다. 위 구절의 예수님처럼 당신은 앞으로 일어날 일에 대한 지식도 얻게 될 것이다. 예수님은 천국으로부터 계시와 통찰을 얻고 장차 자신에게 일어날 일에 대해 모세 그리고 엘리야와 말씀을 나누셨다. 나는 그 내용이 무척 궁금하다.

> 베드로와 및 함께 있는 자들이 깊이 졸다가 온전히 깨어나 예수의 영광과 및 함께 선 두 사람을 보더니 (눅 9:32)

위 구절은 자연계(물질계)에 있는 사람의 영안이 열릴 경우 어떤 일이 일어나는지 알려 준다. 그들의 눈이 열리자 전에 한 번도 본 적 없던 초자연적 세계가 시야에 들어왔다. 예수님과 모세와 엘리야의 초자연적 만남을 바라보는 동안 그들은 지혜의 말씀으로 전달되는 계시를 받았다. 이에 베드로가 예수님께 아뢴다.

> 주여 우리가 여기 있는 것이 좋사오니 우리가 초막 셋을 짓되 하나는 주를 위하여, 하나는 모세를 위하여, 하나는 엘리야를 위하여 하사이다 (눅 9:33)

베드로는 예수님과 대화하는 두 사람이 누구인지 어떻게 알았을까? 모세와 엘리야가 가슴에 명찰을 달고 있었을까? 그들의 머리 뒤에서 후광이 비치며 각각의 이름이 불꽃처럼 형상화되었겠는가? 아니다. 베드로는 지혜의 말씀을 통해 그들이 누구인지 깨달았다.

다시 한 번 말하지만, 영의 영역과 교류하는 자리에서는 '즉각적인' 지혜가 임한다. 계시와 관련하여 성경 전역에 특정한 패턴이 나타나는데, 그것은 '방문-계시-활성화'이다.

더 깊은 친밀함으로

우리가 알다시피 '방문' 없이도 계시는 임할 수 있다. 그러나 '친밀함' 없이 계시가 임하는 경우는 거의 없다.

성경에는 영계가 자연계에 임하는 초자연적 방문에 대한 기록이 많다. 그리고 그 같은 사건이 일어날 때마다 계시가 방출된다는 사실도 확인해 볼 수 있다. 이후 초자연적 방문을 체험한 사람은 주님과 더 깊은 친밀함을 누리며 살아가게 된다. 이것은 마치 도미노와 같은 패턴이다. 방문은 계시로 이어지고, 계시는 활성화되어 더 깊은 친밀함으로 이어진다.

계시의 활성화가 더 깊은 친밀함으로 이어질 때, 담대함이 증폭되기도 하고 권위가 격상되기도 한다. 왜냐하면 그곳에 더 큰 기름부음이 임하기 때문이다. 이처럼 방문과 계시는 성도의 삶에 지대한 영향을 준다. 초자연적인 방문을 받고 지혜와 통찰의 계시를 얻은 사람은 변화(활성화)를 입어 새로운 차원의 친밀함과 깨달음의 영역으로 들어가게 된다.

앞에서 잠시 아일랜드에서의 경험을 이야기했는데, 당시 하나님께서는 놀라운 방법으로 역사하셨다. 우리는 하나님께서 하신 말씀을 이해하고 싶었을 뿐, 그 외 다른 것은 구하지 않았다.

하나님께서 하신 말씀은 가히 충격적이었다. 하지만 그 말씀 때문에, 우리가 전진하길 원하시는 하나님의 뜻을 더욱 명확히 깨달을 수 있었다. 하나님께서 말씀하셨다. "이것은 산모의 진통과 같다. 지금 나는 이 일을 통해 내 백성을 준비시키고 있다. 그들의 신앙을 굳게 다져 놓아야 그들이 내 영광의 무게를 견딜 수 있지 않겠느냐? 이를 위해 그들은 산고(産苦)를 겪어야 한다."

지금 하나님께서 흘려보내시는 계시의 강물에 (뛰어드는 것은 고사하고) 발가락조차 담그지 못한다면, 어떻게 헤엄치겠으며 또 어떻게 말과 경주할 수 있겠는가? "만일 네가 보행자와 함께 달려도 피곤하면 어찌 능히 말과 경주하겠느냐 네가 평안한 땅에서는 무사하려니와 요단 강 물이 넘칠 때에는 어찌하겠느냐"(렘 12:5).

그동안 우리는 수많은 사람들이 갑자기 기름부음 아래로 들어가는 것을 보았다. 그런데 자연계(물질계)에 속한 사람이 그렇게 갑자기 초자연적 세계와 만나면, 인간의 몸은 '합선'(short circuit, 전기 단락)되어 버린다. 그래서 다들 자리에 드러눕는 것이다(성령의 영향 아래 쓰러지는 현상).

우리는 더 큰 무게의 영광도 거뜬히 견딜 만큼 견고해져야 하며, 이를 위해 훈련받아야 한다. 물이 바다를 덮듯 하나님의 영광이 이 땅을 뒤덮을 텐데, 우리의 반응이 그저 바닥에 쓰러지는 것이라면 어떻게 되겠는가? "물이 바다를 덮는다"는 말씀은 사람들이 모두 땅바닥에 쓰러져야 한다는 뜻인가?

주님께서 말씀하셨다. "지금 나는 너희가 영광을 만질 수 있도록 훈련할 것이다. 이는 장차 내가 모든 육체를 만나는 날, 너희가 능히 설 수 있게 하려는 것이다." 우리는 하나님의 영광 안에서 견고해질 것이다. 하나님께서 우리를 단련시키실 것이기 때문이다. 그런데 언제까지인가? 우리가 천국의 분위기 속에서 능히 '서 있을' 때까지이다. 하나님의 영광은 천국의 분위기이다. 영광의 터치는 우리가 천국의 주인과 만나도록 준비시켜 줄 것이다.

오늘날 교회는 '패배'의 주위를 맴돌며 승리를 모방하고 있는데, 이것은 참으로 우스꽝스러운 일이다. 현재 교회는 우울증과 압박과 질병으로 고개 숙인 채 터벅터벅 걷고 있다. 왜 그런가? 그리스도 안에 거하는 자신의 참 모습을 깨닫지 못하기 때문이다. 내 생각에는 이것이 가장 큰 이유이다.

주님은 지금 우리의 눈을 열어 주시고, 우리를 성숙의 자리로 인도하신다. 영계를 들여다볼 능력이 우리에게 있다는 사실을 알려 주신다. 우리는 주님과 얼굴을 마주한 채 대화하게 될 것이다. 성경에 기록된 우리의 '정체성'대로 변화될 것이다.

'보다'의 의미는 무엇인가? 말 그대로 '보다'이다. 제발 그 뜻을 변개치 말라. 상징으로 처리하여 "실제로 본다는 뜻은 아닐 것입니다"라고 폄하하지 말라. 문자 그대로 '보다'라는 의미이다. 여기에 다른 의미를 덧붙이지 말라.

당신의 생득권은 영계를 명확하게 들여다보는 것, 얼굴을 맞댄 채 하나님을 아는 것이다. 다시 한 번 말하지만, 육체의 맹안(盲眼)보다 영적 맹안이 우리를 훨씬 더 무력하게 만든다. 예수님께서 말씀하셨다. "진실로 진실로 너희에게 이르노니 하늘이 열리고 하나님의 사자들이 인자 위에 오르락내리락하는 것을 보리라"(요 1:51).

하나님의 사자들을 보다

그리스도의 머리 위로 천사들이 오르락내리락한다. 그리고 우리는 그리스도의 몸이다. 그러므로 크리스천이 천사를 보는 것은 결코 기이한 일이 아니다. 그것은 아주 평범한 일이다(평범한 일이어야 한다).

그런데 천사를 만나는 것과 관련하여 주의해야 할 점이 있다. 첫째, 천사를 경배해선 안 된다. 둘째, 천사에게 명령해서도 안 된다. 마지막으로, 천사를 보내 달라고 하나님께 요청해서도 안 된다. 부디 이와 같은 잘못을 범하지 말라.

천사와의 대면은 그리스도를 따르는 삶에 주어지는 보너스일 뿐이다. 우리의 삶을 변화시키는 것은 천사와의 대면이 아니라 '하나님을 아는 지식'이다. 얼굴을 마주하고 하나님을 바라볼 때, 비로소 우리의 삶이 변화된다. 그러므로 우리가 추구해야 할 것은 하나님의 얼굴이지, 천사의 얼굴이 아니다. 하나님의 얼굴 말고는 우리가 집착해야 할 것이 없다.

　나는 수많은 교회에서 천사들을 보았다. 그들은 해당 교회에 배정된 사자(使者)들이었다. 가끔이긴 했지만, 교회 문을 열고 들어서자마자 천사를 본 적도 있었다. 그러면 그 교회의 영적 상태가 어떠한지 즉각 알 수 있었다.

　환상은 '소통' 수단 중 하나다. 또한 주님께서 사용하시는 영적 언어이기도 하다. 이제 나는 주님의 그 언어를 어느 정도 읽어낼 수 있다. 만일 내가 본 천사의 얼굴에 '지루함'이 배어 있다면, 이는 그 교회가 사명을 제대로 감당하지 못한다는 뜻이다.

　지친 모습의 천사를 본 적도 있다. 당시 그의 손에는 검이 들려 있었고, 이마에는 끊임없이 땀이 흐르고 있었다. 나는 이 환상을 다음과 같이 해석했다. "이 교회는 주님께서 주신 임무와 사명을 잘 감당해 내고 있다. 천사가 지친 이유는 둘 중 하나다. 원수의 공격을 막느라 힘들었거나 그 교회가 열정적으로 중보하고 간구하고 선포하여 천사도 덩달아 바삐 움직였을 것이다."

　천사들은 하나님의 뜻을 이루기 위해 바쁘게 움직인다. 그들은 하나님의 뜻이 이뤄지는 것을 기뻐한다. 앞으로 우리는 천사를 자주 보게 될 것이다. 왜냐하면 주님은 우리가 환상(혹은 영적 지식)을 통해 이 시대에 일어나는 일들을 깨닫기 원하시기 때문이다. 영적 거장이나 선지자 같은 사람만이 이 같은 체험을 할 수 있으리라 생각하지 마라. 거듭난 성도라면 누구든지 체험할 수 있다. 이것은 우리의 생득권이자 우리가 받을 유산이다.

아이들도 예외는 아니다. 지난 몇 해 동안 세계 곳곳에서 천국을 방문한 아이들의 소식을 들었다. 나는 그들이 전하는 간증에 깊이 매료되었다. 이 아이들은 세속의 때에 물들지 않았고, 교리에 얽매이지도 않았다. 그저 솔직한 말로 천국의 이야기를 전할 뿐이었다. 말 한 마디 한 마디에 그들의 깨끗한 마음이 배어났다. 경건한 척하지 않는 순수한 아이들의 입술을 통해 우리는 놀라운 '믿음'을 듣게 된다.

몇 해 전, 나는 전혀 예상하지 못한 기회를 통해 이러한 아이들 몇몇과 만날 수 있었다. 그런데 신기하게도 그들 모두가 여덟 살 때 처음으로 놀라운 일을 경험했다고 말했다. "왜 하필 여덟 살인가요?" 나는 너무 궁금한 나머지 주님께 여쭈었다. 주님께서 내 영혼에 이같이 대답해 주시는 것 같았다. "지금이 새로운 시작의 때이니까"(성경적으로 볼 때 8이란 숫자는 '부활', '새로운 시작'을 상징한다). 그 아이들은 하늘로 들려져 가족과 교회와 지역 사회와 전 세계 교회를 향한 하나님의 말씀을 들었다. 어떤 아이는 천국을 방문한 후, 창세기부터 요한계시록의 말씀을 인용해 가며 간증을 전하기도 했다.

이 아이들이 천국을 방문한 경험을 간증하며 전했던 말 중 공통적인 것은 "예수님은 우리가 생각하는 것보다 더 빨리 오실 것"이라는 사실이다.

주님이 오신다!

2009년 10월 18일 '로쉬 하샤나'(유대력으로 7월 1일 나팔절을 '로쉬 하샤나'라고 한다. 그 뜻은 '한 해의 머리'이다. 유대인들은 이날을 한 해의 처음으로 여기므로 '신년절'이라고도 부른다 – 역자 주)에 주님께서 나를 찾아오셨다. 당시 나는 호주 퍼스에서 사역하고 있었다.

"내 백성에게 말하라. 이제 곧 내가 갈 것이다." 이것이 그날 주님께서 내게 하신 말씀이었다. 주님은 진지한 갈망을 담아 이 말씀을 하셨다. 오! 그분의 마음을 도대체 어떤 말로 표현할 수 있을까? 주님은 자신의 유업인 교회가 흠 없는 모습으로 변화되는 것을 보기 원하셨다.

1970년대 말부터 80년대 초까지 나는 기독교 방송국인 TBN(Trinity Broadcasting Network)에서 일했다. 그때는 기독교인으로 살아가는 내 삶에 가장 교육적인 시간이었다. 밤마다 '주님을 찬양하라'는 프로그램의 초대 손님들이 전해 준 간증은 내게 깊은 영감을 주었다. 참으로 그 프로그램은 내 삶에 큰 영향을 미쳤다.

당시 나는 방송국에서 일하면서 성경대학에도 다녔다. 강의실에서 배운 성경지식과 신구약 역사와 교회사와 기독교 교리는 나를 신학도로 빚어 주었다. 두말할 것 없이 학교에서의 공부는 성경을 이해하는 데 큰 도움이 되었다.

이렇게 머리에는 지식이 쌓여갔지만(물론 출발점으로는 손색이 없다), 그것이 그리스도와의 친밀함으로 이어지지는 않았다. 지식을 습득하는 것과 그 지식을 생활에 적용하는 것 사이에는 큰 간격이 있다. 지식이 많아지면, 자동적으로 실천하게 될까? 아니다. 그러한 메커니즘은 존재하지 않는다.

한 번은 '주님을 찬양하라'에서 종말론을 다룬 적이 있는데, 그때가 내게 가장 의미 깊은 시간이 아니었나 싶다. 사회자인 폴과 젠은 할 린지, 힐튼 서튼, 더그 클락과 같은 성경교사들을 초대하였다. 그들은 프로그램 내내 주님의 재림에 대해 열띤 논쟁을 펼쳤다. 각각은 전천년설, 후천년설, 환난 중 휴거 등 다양한 입장을 설명했다.

그들의 이야기에 흠뻑 빠져 있던 나는 한편으로 프로그램 내내 혼란스러웠다. 각각의 견해에 대한 그들의 설명은 완벽했다. 그들이 제시한 근거 역시 논리적으로 타당했다. 그렇게 그들 각 사람은 자신의 신학적 입장에 따라 완벽한 논리를 펼쳤다. 도대체 누가 틀리고, 누가 옳은지 분간할 수 없었다. 그들의 주장이 모두 다 맞는 것 같았기 때문이다.

이제 막 성경대학을 수료한 스무 살 신출내기 신학도인 나는 무엇을 믿어야 할지 몰랐다. 그동안 배운 가르침에 근거하여 성경을 올바르게 이해한다고 자부했는데, 종말에 대한 여러 견해 앞에서 나는 머리를 긁적였다. 도대체 어떤 입장을 취해야 성경적으로 옳은지 알 수 없었다.

지식의 부족을 탓하며 괴로워하던 어느 날, 진리가 무엇인지 알고 싶은 열정 그대로 주님께 말씀드렸다. "주님, 제 마음이 너무나 무거워요. 그들의 주장이 다 옳은 것 같아요. 이 사람 말을 들을 땐 그 말이 옳은 것 같다가도, 저 사람이 반박할 땐 그 말이 옳은 것 같습니다. 결국엔 그들의 주장이 다 옳고, 다 틀린 것처럼 들렸습니다. 무엇이 옳습니까? 전천년설인가요? 환난 중 휴거인가요? 후천년설인가요? 주님, 무엇이 옳습니까?"

주님께서 내게 말씀하셨다. "내가 언제 올지 정말 알기 원하느냐?"

내가 대답했다. "예, 알고 싶어요."

주님께서 대답하셨다. "나는 오늘 올 것이다."

그 말씀에 나는 충격을 받았다. 그래서 떨리는 목소리로 말씀드렸다. "오늘이라고요?"

이후 주님께서는 아주 간단한 진리를 설명해 주셨는데, 지금까지 그 말씀을 잊지 못한다. 그 말씀은 그야말로 종말론의 모든 입장을 아우르는 진리였다. "그래. 오늘이다! 모든 사람에게 주어진 시간은 '오늘'뿐이니까. 너희에게 '내일'은 없다. 만일 네가 나의 재림을 매일 기대한다면, 그걸로 족하다."

환상

앞에서 나는 환상이 '말'과 같은 '언어'(소통 수단)라고 말했다. 이제 2006년 7월 22일 워싱턴 케틀 폴즈에서 체험한 일을 이야기하겠다.

당시 나는 '만남의 처소'라는 집회를 인도했다. 그런데 그날 저녁 예배 때, 내 눈앞에 불의 전차가 나타났다. 병거를 끄는 것은 백마였다. 그런데 그 온몸이 화염에 휩싸여 있었다. 빛나는 두 눈은 깊은 지혜와 계시를 뿜어내는 듯했다. 만약 사람들이 봤다면, 무섭게 여겼을 것이다.

나는 그 말과 소통할 수 있었다. 물론 사람의 언어로 한 것은 아니다.

그 말은 내가 무슨 생각을 하는지 이해했고, 나 또한 같은 방식으로 그 말이 어떤 생각을 하는지 이해했다.

기도하며 집회를 마무리할 즈음, 나는 성령의 인도하심을 따라 성도들을 향해 "앞으로 나오세요"라고 말했다. 약 30여 명 되는 사람들은 영문도 모른 채 앞으로 나왔다. 나는 불 병거가 자리한 곳에 그들을 세웠다. "자, 이제 눈을 감으십시오." 그들이 그 자리에 서서 눈을 감았을 때, 환상이 열렸다. 그들 중 어떤 사람은 하늘로 들려 올라갔다. 어떤 이들은 그 불의 뜨거움을 느꼈다고 했다. 나중에 안 사실이지만, 그중 한 사람은 그 열기에 잇몸이 녹아내리기까지 했다.

나 또한 영 안에서 그 병거를 타고 하늘로 들려 올라갔다. 눈앞에 수많은 별들이 나타났다. 그 순간, 마치 온몸에 전기가 흐르는 듯했다. 병거가 지구 대기권을 떠날 때, 나는 말을 묶은 견인줄이며 고삐 등이 사라지는 것을 보았다. 말이 내게 말했다. "여기서는 이런 것들이 필요 없습니다." 나는 천국에는 오직 상호 신뢰와 사랑만이 존재하기에 서로를 얽어매는 고삐나 견인줄은 필요하지 않다는 사실을 깨닫게 되었다. 천국에서는 누구를 통제할 수도 없고, 조종할 수도 없다. 또 누구에게 통제를 당할 일도 없다.

나는 순식간에 토성으로 이동했다. 내 몸은 토성 고리를 따라 돌고 있었다. 지구로 다시 돌아오기 전, 나는 지구로부터 4만 8천 킬로미터 정도 떨어진 곳(정확한 측정치가 아니라 대략 추측한 것이다. 다만, 그곳에서 지구가 농구공 크기로 보였다)에 잠시 멈춰 있었다. 그곳에서도 지구의 형체는 어느 정도 알아볼 수 있었다.

그렇게 지구를 바라보고 있는데, 버섯구름이 피어오르는 것 아닌가? 핵폭발이었다! 나는 주님께 여쭈었다. "미국인가요? 아니면 중동 지역인가요?" 얼핏 본 것이지만, 버섯구름이 피어오른 곳은 중동 지역 같았다.

버섯구름이 하늘 높이 치솟을 때, 커다란 시계가 거꾸로 돌며 카운트다운을 알렸다. 내가 그 시계를 바라보는데 갑자기 붉은 옷을 입은 수많은 천사들이 나타나 지구 전체를 빙 둘러싼 채, 그것을 노려보는 것 아닌가? 그들은 마치 지구의 마지막 순간이 가까이 왔음을 알리며 언제라도 지옥의 '열기'를 발산하려는 것처럼 보였다.

나는 지구를 유심히 쳐다보았다. 그때였다. 수많은 사람들의 영혼이 천국으로 올라가는 것이 보였다. '휴거인가?' 하지만 내 영혼은 그들이 휴거된 사람이 아니라 고난의 기간에 순교한 이들임을 금방 알아차렸다.

그들 중 한 사람(남자인지 여자인지는 알 수 없었다)이 내 오른편으로 '획' 하고 지나갔다. 나는 그를 따라가 보고 싶었다. 자연계를 떠나 영원을 향해 나아가는 느낌이 어떤지 물어보고 싶었던 것이다.

그러다가 잠시 몸을 돌렸더니, 그곳에 예수님이 서 계신 것 아닌가? 요한계시록에 묘사된 모습 그대로였다. 주님은 백마를 타고 계셨고, 주님의 양 옆과 뒤쪽으로 말을 탄 수많은 천사들이 따르고 있었다. 순간 사방이 고요해졌는데, 적막함 그 자체였다. 내 영혼은 지금이 그리스도께서 재림하시기 직전임을 알아챘다.

아버지! 지금 이 책을 읽는 사람들의 마음을 휘저어 주소서. 주님을 만나고픈 열정을 불일 듯 일으켜 주소서. 우리는 주님과 얼굴을 마주하고 바라보기 원합니다. 자녀가 생선을 달라 할 때, 돌을 줄 아버지는 없다고 말씀하셨습니다. 그 말씀을 의지하여 간구합니다. 지금 이 시간, 우리를 만나 주소서. 주님과 얼굴을 마주하게 하여 주소서. 아버지! 우리의 눈을 열어 주님을 보게 하소서. 예수님의 이름으로 기도합니다. 아멘.

chapter 3

눈을
주님께로
향하다

우리는 영계를 들여다볼 수 있다. 이것은 모든 성도의 권리로, 특별한 소수에게만 허용되는 권한이 아니다. 우리는 앞에서 이러한 사실을 배웠다.

이 장에서는 성경에 기록된, 그러나 거의 모든 사람에게 외면되어 온 어떤 '약속'을 소개할 것이다. 이 약속은 영계를 들여다보는 영안의 능력과 깊이 연관되어 있다. 그러므로 그것은 성도에게 매우 중요한 약속이다. 하지만 우리는 그 약속의 능력을 한 번도 사용해 본 적이 없다. 만일 이 능력의 활용법을 배우면, 우리 삶은 극적으로 변화될 것이다.

우리는 어떻게 해야 하늘 왕국을 볼 수 있는가? 어떻게 해야 영계를 들여다볼 수 있는가? 이와 연관된 중요한 원리 하나가 마태복음에 기록되어 있다. 영계를 들여다보는 방법, 그 첫 단추를 다음의 말씀에서 유추해 볼 수 있다. "나는 너희에게 이르노니 음욕을 품고 여자를 보는 자마다 마음에 이미 간음하였느니라"(마 5:28). 예수님은 '상상'의 실체에 대해 말씀하셨다.

한번은 환상 중 하나님께서 하늘과 땅을 어떻게 창조하셨는지 보여 주셨다. 그 모든 창조 작업은 하나님의 생각 속 이미지에서 시작되었다. 하나님은 생각 속에서 그 모든 피조물을 그려 내셨다. 그렇게 상상해 낸 이미지를 되뇌고 묵상하는 동안, 그 이미지는 하나님의 마음에 깊이 새겨졌다.

이후 하나님께서는 입을 열어 마음속에 있는 그 이미지를 말씀하셨다. 하나님께서 말씀을 발하셨을 때, 말씀이신 예수님은 성령의 능력을 힘입어 그 말씀을 이루어 내셨다. 피조물은 이렇게 만들어졌다.

상상하는 눈

우리는 하나님의 형상대로 지음 받았다. 그러므로 우리 또한 하나님처럼 일한다. 하나님은 생각하고 상상하신 것을 말씀으로 창조해 내셨다. 그리고 우리 또한 마음으로 생각하고 상상한 것을 만들어 낸다.

종종 우리는 성경에 반하거나 부정한 생각을 떠올린다. 그렇다고 해서 그것 자체를 죄라고 말할 수는 없다. 생각 자체를 문제 삼을 수는 없다. 하지만 그러한 생각을 반복하여 묵상한다면, 이야기는 달라진다. 악한 생각을 되뇔 경우, 그것이 우리 마음에 새겨지고 결국엔 악한 태도와 죄악으로 이어지기 때문이다.

당신의 '생각'은 적과의 싸움이 벌어지는 거대한 전쟁터이다. 그곳에서 원수는 당신을 사정없이 때릴 것이다. 하루 종일 말이다. 이 사실을 깨닫지 못하기 때문에 단 한 번도 이 싸움에서 이겨보지 못한 사람도 있을 것이다. 물론 몇 번 승리해 본 사람도 있을 것이다. 하지만 믿음의 선한 싸움을 싸우느라 지쳐 있는지도 모른다. 믿음의 싸움이 항상 외적인 형태로 나타나는 것은 아니다.

> 우리 주 예수 그리스도의 하나님, 영광의 아버지께서 지혜와 계시의 영을 너희에게 주사 하나님을 알게 하시고 너희 마음의 눈을 밝히사 그의 부르심의 소망이 무엇이며 성도 안에서 그 기업의 영광의 풍성함이 무엇이며 그의 힘의 위력으로 역사하심을 따라 믿는 우리에게 베푸신 능력의 지극히 크심이 어떠한 것을 너희로 알게 하시기를 구하노라 (엡 1:17-19)

여기서 말하는 '마음의 눈'은 무엇인가? 우리는 '마음'을 '지식'이나 '생각'으로 표현하곤 한다. 하지만 바울이 말한 것은 '눈'이다. 마음의 눈!(물론 눈 역시 지식, 생각과 연관되어 있다. 눈과 지식의 연관관계를 여기서 언급하지는 않겠다)

신약 성경에 '마음'(mind)으로 번역된 헬라어는 크게 보아 두 가지인데, 그중 하나가 '디아노야'이다. 디아노야의 뜻은 '상상'이다.[1] 아래의 말씀을 보라.

> 예수께서 이르시되 네 마음(디아노야)을 다하고 목숨을 다하고 뜻을 다하여 주 너의 하나님을 사랑하라 하셨으니 (마 22:37)

이제 원어의 의미를 살려 위 구절을 다음과 같이 바꿔 보겠다. "네 디아노야(상상력)를 다하고 목숨을 다하고 뜻을 다하여 주 너의 하나님을 사랑하라." 어떻게 '상상력'으로 하나님을 사랑할 수 있는가?

당신이 누군가와 사랑에 빠져 있다고 가정해 보자. 이제 막 본격적으로 연애를 시작한 것이다. 그때의 기분을 되살릴 수 있는가? 연애 초기, 우리는 사랑하는 사람의 모습을 항상 바라본다. 이것은 지극히 자연스러운 반응이다. 그런데 어떻게 항상, 매 순간 사랑하는 사람의 얼굴을 볼 수 있는가? 그 사람과 꼭 붙어 다닌다는 뜻인가? 아니다. 곁에 없더라도 '상상'으로 그/그녀의 모습을 보는 것이다. 따사로운 햇살에 눈부신 얼굴, 얼굴에 핀 웃음꽃, 슬픔 가득한 얼굴 등 당신이 상상하는 순간 그의 모습이 눈앞에 나타난다. 이와 마찬가지로 우리는 마음의 눈을 열어 주님을 볼 수 있다. 이 방법을 배울 때, 상상력으로 하나님을 사랑하라는 말씀에 순종할 수 있다.

이제 한 번 연습해 보자. 눈을 감아 보라. 그리고 바닷가 모래 위에 서 있는 자신의 모습을 그려 보라. 지금 당신의 손에는 차가운 아이스티 한 잔이 들려 있다. 따뜻한 볕에 노출된 피부는 연갈색으로 변한다. 지금 당신은 수정처럼 맑고 푸른 바다를 바라보고 있다. 어떤가?

바다보다는 장엄하고 아름다운 산, 또는 넓은 평원을 선호하는가? 그렇다면 그 산의 아름다운 모습을 그려 보라. 봄꽃들이 여기저기 화사하게 피어 있고, 하늘 저 높이 독수리가 맴돌고 있으며, 산들바람이 당신의 얼굴에 닿는다. 상상할 수 있는가? 그렇다면, 지금 당신은 상상을 통해 그곳을 바라보고 있는 것이다. 상상력은 매우 강력한 은사이다.

"아니, 상상력이 은사라고요? 그건 사탄이 주는 것 아닙니까?" 종종 사람들은 별 생각 없이 이렇게 말한다. 하지만 사탄은 무언가를 창조해 본 적도, 고안해 낸 적도 없다. 그는 처음부터 속이는 자였고 거짓말쟁이였다. 사탄은 일련의 사실들을 가져다가 자신의 목적에 맞게 비틀어 버린 뒤, 마치 그것이 진리인 양 사람들 앞에 내놓는다. 사실을 왜곡한 후 진리처럼 포장하는 것이다.

상상은 하나님이 우리에게 주신 선물이다. 예수님께서 말씀하셨다. "네 디아노야를 다하고 목숨을 다하고 뜻을 다하여 주 너의 하나님을 사랑하라"(마 22:37).

《새 신학 사전》(New Dictionary of Theology) 제3권에는 헬라어 '디아노야'가 다음과 같이 설명되어 있다. "마음의 의미로 사용될 때, 디아노야는 항상 '상상'을 지칭한다." 《바인 사전》(Vine's Dictionary)은 한 발자국 더 나아가 이 단어를 다음과 같이 설명한다. "디아노야는 성령에 의해 회복된(renewed) 상상력이다." 그렇다. 우리의 상상력은 성령에 의해 거룩해지고 새로워져야 한다. 그런 후에야 우리는 상상력을 영적 무기 삼아 사용할 수 있다. 세상 사람들은 말한다. "상상한 것을 믿으라! 그대로 이루어질 것이다!" 그런데 엄밀히 말하자면, 이것은 하나님의 말씀에 근간한 슬로 건이다.

이성적(논리적) 마음의 눈

한글 성경에서 '마음'으로 번역된 또 다른 헬라어에는 '디아로기스모'가 있다. 이 단어의 문자적 의미는 '총체적으로 판단하다' 또는 '심사숙고하다'이다.³⁾ 즉, 이 단어는 논리적이고 이성적인 생각을 지칭한다고 할 수 있다. 누가는 마리아와 천사 가브리엘의 만남을 설명하며 다음과 같이 기록했다. "처녀가 그 말을 듣고 놀라 이런 인사가 어찌함인가 생각(이성, 논리로 심사숙고)하매"(눅 1:29).

논리적이고 이성적인 생각은 신앙과 배치(背馳)되는가? 하나님의 뜻에 반(反)하는가? 아니면 그 자체로 그른가? 아니다. 하나님은 우리에게 이성과 논리를 주셨다. 그렇다면 상상은 어떤가? 그 자체로 그른가? 아니다. 하나님은 우리에게 상상력을 주셨다.

문제는 우리의 상상력과 이성과 논리적인 사고가 거룩해지지 않을 때이다. 대다수의 크리스천은 그저 흘러가는 대로 생각을 방치해 둔다. 그래서 생각이 여기저기 떠도는데, 이것이 문제다!

우리는 그리스도를 따르는 사람으로서 "하나님 아는 것을 대적하여 높아진 것을 다 무너뜨리고 모든 생각을 사로잡아 그리스도에게 복종하게" 해야 한다(고후 10:5). 방치된 생각은 우리의 영적 성장을 방해한다. 방치된 생각으로 인해 십자가를 통한 계시와 친밀함의 여정은 더뎌진다.

사도행전 18장 4절을 보라. 바울은 안식일마다 회당에서 강론(디아로기스모, 논리적으로 설명하다)하며 유대인과 헬라인을 권면했다. 그는 예수가 메시아라는 사실을 입증하기 위해 수많은 지도자들 앞에서 끊임없이 논증하고 설득했다. 우리 또한 청중을 이해시키기 위해 이성과 논리를 사용해야 한다.

하나님께서 주신 능력을 사용하는 것에는 아무 문제가 없다. 그러나 이성적으로 판단하고 논리적으로 생각하는 능력을 말씀과 성령 앞에 굴복시키지 않으면, 우리는 진리를 오해하거나 왜곡하게 될 것이다. 우리의 이성과 논리적 사고 또한 성령 안에서 거룩해져야 한다.

사탄은 성도들이 거룩한 상상에 대해 오해하기를 바란다. 또 그 능력을 깨닫지 못하기를 원한다. 만일 당신이 '이해하는 마음', '상상하는 눈'의 능력을 깨달으면, 과연 사탄이 좋아하겠는가? 분명히 말해 둔다. 그는 디아노야(상상)의 눈이 회복되는 것을 기뻐하지 않는다.

이 은사를 제대로 이해하고 또 그 능력을 올바로 사용할 경우, 당신은 새로운 차원의 영적 경각심을 갖게 될 것이다. 그리고 당신이 경각심을 갖는 만큼, 마귀가 운신하는 범위도 줄어들 것이다. 그는 더 이상 닳아 빠진 계략으로 당신의 삶을 농락하지 못한다.

다양한 이미지, 그림, 꿈 등을 통제하는 생각(mind)과 당신의 마음(heart)은 긴밀하게 연결되어 있다. 그렇기 때문에 "마음으로 의심한다"는 말과 "상상으로 의심한다"는 말은 일맥상통한다. 이 점을 이해하기 쉽게 한 가지 예를 들겠다. 다음은 사역 중 내가 경험한 일이다.

마음으로부터 '실체'가 솟아나다

집회 중 어떤 여성이 앞으로 나아와 우리에게 치유의 기도를 요청했다. 우리는 그녀의 요청대로 기도했다. 그런데 갑자기 기름부음이 그녀의 몸 안으로 들어가는 것 같았다(그 느낌은 매우 강렬했다). 정확히 말하자면, 그녀의 몸 속 치유를 요하는 부위로 기름부음이 흘러들어간 것이다. 이 여성 또한 동일한 느낌을 받았다고 했다. "병 치유를 위해 수많은 사람들에게 기도를 요청했지만, 전에는 이처럼 강력한 기름부음을 느끼지 못했어요."

그런데 문제가 발생했다. 기도를 마친 후, 그녀에게 물어본 것이 화근이었다. "지금 하나님께서 당신에게 어떤 일을 행하셨습니까?" 기대한 것과 달리 그녀에게서 돌아온 대답은 '푸념'뿐이었다. "글쎄요. 모르겠네요. 아무 일도 일어나지 않은 것 같아요. 기도 말고 다른 방법을 취해야겠어요."

이 여성은 자신의 상상력을 동원하여 기름부음을 외면했다. 분명 그녀도 기름부음을 느꼈고, 우리도 기름부음을 느꼈다. 치유의 기름부음은 실체였다. 하지만 그녀는 자신의 병이 치유되지 않았다고 생각(상상)했다. 기도를 받는 내내, 병에 시달리는 자신의 모습을 머릿속으로 그린 것이다. 그렇게 그녀는 자신의 병이 낫지 않았음을 확신했다. 치유의 기름부음이 넘쳐났던 현장에서 그녀는 의사도 찾아가고 여러 가지 약도 써 볼 계획을 세웠다. 그 결과 하나님의 치유는 그녀의 몸에 아무 영향도 미치지 못했다. 원인은 하나, 그녀가 마음으로 치유 받지 못하는 것을 상상했기 때문이다.

마음으로 의심한다는 말은 상상으로 의심한다는 말과 같다(생각과 마음이 연결될 때, 그 결과물은 항상 상상이다). 일단, 의심하려면 먼저 무언가를 가시적 이미지로 떠올려야 하기 때문이다. 그래야만 그것을 믿거나 의심할 수 있다.

하나님께서 "너는 치유되었다"고 말씀하셨는데 당사자가 상상을 통해 자신의 병든 모습을 떠올린다면, 그는 이 말씀을 (상상으로) 의심한 것이다. 그러나 만일 하나님의 말씀을 듣고 자신의 치유된 모습을 그린다면, 그는 말씀을 (상상으로) 믿은 것이다.

마음은 영적인 세계와 연결되어 있다. 상상 또한 영적인 세계와 연결되어 있다. 그리고 우리는 마음(상상)에 가득한 것을 말하게 되어 있다. 당신은 상상(마음) 속에서 '본 것'을 믿으며 그대로 말할 수 있다. 그렇게 영적 능력을 선포할 수 있다. 이와 반대로 상상 속에서 본 것을 의심하며 그대로 말할 수 있다. 그렇게 영적 능력을 잠재울 수도 있다.

서구 교회의 대다수는 상상보다는 논리와 이성적 사고에 익숙하다. 오! 부디 마음의 눈, 디야노야의 눈, 상상하는 눈이 열리길! 그러나 아직도 우리의 눈은 감겨 있다.

에베소서 1장 18절의 '밝히사'(너희 마음의 눈을 밝히사)를 주목하라. 이에 해당하는 헬라어는 '포티조'인데[3] 거기서 '포토그라프'(사진)라는 영단어가 유래했다. 이해의 눈, 상상하는 눈이 '밝아지면' 우리는 보게 된다. 즉, 우리가 마음으로 또 상상으로 하나님 나라를 사진 찍기 시작할 때, 비로소 '밝은 눈'으로 볼 수 있게 된다는 뜻이다.

내 경우, '위의 것들'(골 3:2)을 사모할 때 '보는' 과정이 시작되었다. 나는 '상상력'을 깨끗이 씻었다. 그리고 상상을 통해 하나님 나라의 사진을 찍어 내 마음을 채워 나갔다. 그러는 동안 내 삶에 초자연적인 일들이 일어나기 시작했다.

당신이 무엇에 집중하든, 그것(관심을 둔 것)에 연결되기 마련이다. 그렇게 '연결 끈'이 생기면, 그것은 삶 속에서 활성화된다. 이것은 성경에 기록된 원리 그대로이다. 만일 우리가 거룩한 상상력으로 하나님 나라를 사진 찍고 마음속에 그 이미지들을 차곡차곡 쌓아간다면(하나님 나라에 집중하면), 우리는 하나님 나라에 연결될 것이다. 그렇게 연결 끈이 생기는 순간, 우리의 삶 속에서 하나님 나라가 활성화된다.

"하나님 나라가 활성화된다고요? 그게 무슨 뜻이죠?" 이것에 대해 간단하게 설명하겠다. 하나님 나라가 활성화되기 전, 우리는 그저 상상을 통해 하나님 나라를 그려 볼 뿐이다. 그러나 하나님 나라가 활성화되면, 우리는 실제로 하나님 나라를 보게 된다. 밝아진 눈으로 영계를 들여다보게 되는 것이다.

나는 이 책 전반에 걸쳐 이 원리를 반복하여 설명할 것이다. 또한 활성화 과정이 어떤 방식으로 일어나는지, 독자들이 이해하기 쉽도록 여러 가지 예화도 소개할 것이다.

지금까지 배운 헬라어 지식을 동원하여 에베소서 1장 18절의 '바울의 기도'를 다시 적어 보자. "너희 상상(마음)의 눈을 밝히사 하나님 나라의 사진을 찍음으로 그 부르심의 소망이 무엇인지 깨닫게 하시기를 원하노라."

'거룩한 상상력'은 우리의 혼과 영을 연결해 주는 다리이다. 예수님은 상상을 '실제'(實際)로 여기셨다. 그렇다면 상상은 자연계와 초자연적 세계를 연결해 주는 다리이기도 하다. 정리하면 혼과 영, 자연계와 초자연적 세계를 연결하는 다리는 '거룩한 상상'이다.

생각을 깨끗이 씻어 '거룩해진 상상'으로 하나님 나라를 사진 찍으라. 그리고 그 사진들을 마음속에 채워 넣으라. 그렇게 할 때, 당신의 삶에 놀라운 일이 일어날 것이다.

과연 어떤 일이 일어날까? 일단, 당신은 새 언어를 습득하여 새로운 차원으로 하나님과 대화하게 될 것이다. 환상이 언어라는 사실을 기억하라. 그림은 수천 마디 말을 대신한다. 생각을 씻고 거룩한 상상력을 동원하여 하나님 나라를 그려 보고, 그 이미지들을 마음속에 채워 넣으라. 이 원칙을 삶에 적용하면 할수록 당신의 언어는 더욱 유창해질 것이다. 그리고 당신의 언어가 유창해질수록 하나님 나라는 더 빠른 속도로 활성화될 것이다.

이와 관련하여 여호수아서에서 한 가지 예를 발견할 수 있다.

> 이 율법책을 네 입에서 떠나지 말게 하며 주야로 그것을 묵상하여 그 안에 기록된 대로 다 지켜 행하라 그리하면 네 길이 평탄하게 될 것이며 네가 형통하리라 (수 1:8)

'묵상'으로 번역된 히브리어는 '하가'인데, 그 뜻은 '웅얼거리다', '깊이 생각하다', '상상하다', '명상하다', '반복하여 읊조리다'이다.[4] 따라서 앞의 구절을 "이 율법책을 네 입에서 떠나지 말게 하며 주야로 그것을 깊이 생각하고 상상하여"로도 바꿀 수 있다. 또는 "주야로 하나님 나라의 이미지를 올바르게 상상하여"로도 바꿀 수 있다.

> 누구든지 네 연소함을 업신여기지 못하게 하고 오직 말과 행실과 사랑과 믿음과 정절에 있어서 믿는 자에게 본이 되어 내가 이를 때까지 읽는 것과 권하는 것과 가르치는 것에 전념하라 네 속에 있는 은사 곧 장로의 회에서 안수 받을 때에 예언을 통하여 받은 것을 가볍게 여기지 말며 이 모든 일에 전심 전력하여 너의 성숙함을 모든 사람에게 나타나게 하라 (딤전 4:12-15)

'전심 전력'으로 번역된 헬라어는 '멜레타오'인데, 그 뜻은 '돌보다', '마음에 품다', '상상하다'이다. 그러므로 15절은 "이 모든 일을 올바른 이미지로 상상하라. 이 일에 최선을 다해 너의 성숙함을 모든 사람에게 나타나게 하라"로도 이해할 수 있다.

'마음', '묵상'에 해당하는 헬라어 '디아노야'는 '상상' 또는 '올바른 이미지를 그리는 행위'이다. 최선을 다해 상상하라.

단 한 분의 청중

나는 어렸을 때부터 줄곧 수줍음을 많이 탔다. 아무리 많은 돈을 줘도 나는 절대 사람들 앞에 서지 않았을 것이다. 그러니 학창 시절, 사람들 앞에서 발표하는 것은 죽기보다 싫은 일이었다. 결국 고등학교에서는 물론 대학교에서도 거의 낙제 수준의 성적을 받아야 했다. 하지만 마음속에서 예수님을 향한 열정이 불타올랐고 나를 향한 하나님의 부르심이 무엇인지 알고 있었기에 사람에 대한 두려움을 떨쳐내고 싶었다.

나의 아버지는 1973년 10월에 예수님을 믿어 구원을 받으셨고, 1978년에 목회를 시작하셨다. 아버지는 선교사와 복음전도자로서 40개국이 넘는 지역을 다니며 복음을 전하셨다. 그렇게 하나님께 크게 쓰임 받으셨다. 아버지는 종종 구소련, '철의 장막'을 넘나들며 그 지역의 지하 교회들을 방문하여 말씀을 전하곤 하셨다. 그곳에서 놀라운 기적과 표적들이 일어나는 것을 목격하셨는데, 어린 시절에는 아버지의 말씀을 들으며 매우 신기해했다. 이야기를 듣는 동안 나는 아버지처럼 그 지역으로 건너가서 놀라운 기적들을 행하는 것을 상상했다. 하지만 여전히 사람들 앞에 서는 것은 두려웠다.

성경대학에 다닐 때였다. 그곳에서 만난 한 친구는 학교에서 경비 아르바이트를 하며 학비를 벌고 있었다. 주로 야간 경비를 서던 그에게 나는 학교 예배실에 들어가게 해 달라고 부탁했다.

매일 밤, 나는 아무도 없는 예배실에 들어가 강단에 올라섰다. 홀로 광고부터 시작하여 설교, 축도에 이르기까지 예배 전체를 인도하며 하나님을 찬양하고 복음을 선포했다. 가끔씩 "구원받기 원하시는 분은 앞으로 나아오십시오"라며 큰 소리로 권면하기도 했다. 물론 회중은 단 한 명도 없었다. 그러나 나는 그 공간이 사람들로 꽉 차 있는 모습을 상상했다. 수개월간 나는 하루도 빠짐없이, 매일 밤 이같이 했다. 왜냐하면 사역으로의 부르심을 확신했고, 또 내 안에 주님을 향한 열정이 가득했기 때문이다.

어느 날 밤 갑자기 영안이 열렸다. 나는 예배실 모든 의자에 천사들이 빼곡히 앉아 있는 것을 보았다. 두려운 감정은 없었다. 다만 그 광경이 놀라울 뿐이었다. 순간 자신감이 생겨났다. 전에 알지 못했던 평안까지 느꼈다. 그런 느낌은 처음이었다.

그날 밤, 나는 오직 한 분의 청중을 기쁘게 해 드리고 싶었다. 그분은 바로 예수님이시다! 나는 천군천사 앞에서 온전한 담대함으로 마음을 다해 말씀을 전했다. 나를 격려하기 위한 "아멘" 소리가 여기저기서 들려 왔다.

이후로도 나는 기회가 되는 대로 이렇게 예배를 인도하는 나의 모습을 '상상' 했다. 이러한 상상 훈련은 내 인격과 성품을 변화시키기 시작했다.

그 사건이 있기 전, 주변 사람들은 이러한 상상에 대해 "옳지 않다"고 말했다. 크리스천으로서 절대 해서는 안 될 일이라며 폄하하는 사람도 있었다. 그들의 부정적인 반응 때문일까? 논리를 담당하는 뇌의 영역은 한동안 내게 이같이 말했다. "그 사람들 말이 맞아. 그건 단지 상상일 뿐이야. 옳지 않아."

결국 내 안에서 싸움이 일기 시작했다. 나는 혼란스러웠다. 그렇게 6개월 동안 나는 상상하는 것은 옳지 않다는 생각을 품은 채, 매일 밤마다 학교 예배실 강단에 올라가 상상을 훈련했다. 그러다가 그날 밤, 그 공간을 가득 메운 천사들을 본 것이다. 지금은 상상의 유익을 자신 있게 이 야기하지만, 당시엔 그렇지 못했다. 나 자신도 상상이 옳은지 확신하지 못했기 때문이다.

마침내 사람들 앞에 설 용기가 생겼다. 그러자 내게 사역의 기회가 주어졌다. 사역하러 가기 전날 밤, 나는 기도했다. 기적이 일어날 것을 상상했고, 사람들이 말씀에 호응하는 것도 상상해 보았다.

그러나 집회는 내가 상상한 대로 진행되지 않았다. 그때, 사탄의 사자가 이렇게 속삭였다. "원하는 것이 있느냐? 네가 그것을 상상하려 한다면, 그 일은 절대 일어나지 않을 것이다. 그러니 시도조차 하지 마라." 당시에는 이것이 사탄의 말인지 알지 못했다.

참, 그럴듯한 거짓말이다. 집회 중 내가 상상했던 일이 일어나지 않았으니, 일면 사탄의 말대로 된 것 아니겠는가? 그 거짓말을 믿는 것이 어찌나 쉬웠던지! 결국 나는 상상하는 일을 멈추고 말았다. 집회 중 나타날 법한 기적들이 멈춰서는 안 되기 때문이다. 이러한 두려움 때문에, 나는 상상을 멈췄다. 그렇게 사탄은 하나님이 주신 유용한 도구를 빼앗아갔다. 꽤나 오랫동안 사탄에게 그 유용한 도구를 내어준 셈이다.

이후 주님께서 '거룩한 상상'의 능력을 가르쳐 주셨을 때, 나는 크게 분노했다. 오랜 시간 원수가 나를 속였고, 내가 원수의 거짓말을 받아들였다니! 이 상황을 묘사한 하나님의 말씀은 정확하다. "내 백성이 지식이 없으므로 망하는도다"(호 4:6).

어떤 사람이 병 치유를 얻고자 기도를 부탁하면, 나는 곧바로 기도하지 않고 이렇게 묻는다. "병이 나으면, 병 나은 사실을 어떻게 확신하시겠습니까?" 이 질문에 사람들은 대부분 쭈뼛거린다. 어떤 사람은 이렇게 대답하기도 한다. "믿음으로 확신해야죠!" 그야말로 최고의 답이다. 하지만 나는 그들에게 그림을 그리라고 권한다. 치유 받은 것을 상상하라는 것이다. 이후 한 번 더 묻는다. "지금 통증이 있습니까?"

만일 그들이 "예"라고 답하면, 나는 "지금은요? 통증이 있습니까?"라며 반복해서 묻는다. 그들의 답이 "통증은 사라질 것입니다"로 바뀔 때까지 이 질문은 계속된다. 통증이나 질병이 떠나가는 그림을 그릴 때까지, 병으로부터 자유롭게 된 자신의 모습을 그릴 때까지, 이 과정은 반복될 것이다.

일단 그들이 치유를 상상하는 데 성공하면, 우리는 그 후에야 기도하기 시작한다. 이렇게 상상하고 기도를 받은 사람 중 이전의 상태 그대로 집회 장소를 떠나는 사람은 거의 없다. 대부분이 놀라운 치유를 체험한다!

거룩한 상상

우리는 그리스도의 보혈로 깨끗이 씻긴 상상력을 동원하여 올바르게 그림을 그릴 줄 알아야 한다. 또한 이와 연관된 하나님의 말씀을 사실 그대로 받아들여야 한다. 하나님은 우리가 그분의 영광을 위해 사용하도록 상상이라는 선물을 주셨다.

이 세상에 등장한 수많은 발명품을 보라. 그 모든 것이 누군가의 상상에서 시작된 것 아닌가? 매일의 삶 속에서 상상력을 활용하는 것은 지극히 자연스러운 일이다. 우리가 해야 할 일은 하나님께서 주신 상상을 초자연적 영역에 활용하는 것이다. 상상은 자연과 초자연의 간격을 메워 줄 것이다.

> 여호와께서 이르시되 이 무리가 한 족속이요 언어도 하나이므로 이같이 시작하였으니 이후로는 그 하고자 하는(상상하는) 일을 막을 수 없으리로다 (창 11:6)

바벨탑을 건축한 사람들을 보시며 하나님께서 깊이 탄식하셨다. 그들은 거룩하지 않은 상상력을 동원하여 하나님을 대적했다.

그런데 위 구절에서 우리가 주목할 점은 사람들이 악한 마음으로 상상하고 계획한 일을 누구도 막지 못한다는 것이다. 이것은 모든 사람에게 적용되는 말씀으로, 굉장히 강력한 성경 구절이다. 만일 내가 무언가를 상상한다면, 그 일이 거침없이 이뤄질 것임을 시사하고 있다. 악한 사람들의 마음속 거룩하지 못한 상상도 이처럼 강력한 힘을 발휘하는데, 만일 그 마음과 생각이 그리스도의 보혈로 깨끗함을 입는다면 어떻게 되겠는가? 거룩해진 상상력을 통해 얼마나 놀라운 일들이 일어나겠는가?

요한복음에서 우리는 흥미로운 구절을 하나 더 발견한다. "너희 조상 아브라함은 나의 때 볼 것을 즐거워하다가 보고 기뻐하였느니라"(요 8:56). 이 구절에서 '볼' 그리고 '보고'로 번역된 헬라어는 '에이도'인데, 그 뜻은 '보다', '주목하다', '주의하다'이다. 미래를 내다보는 것이 성경적으로 가능한가? 그렇다. 아브라함은 '예수님의 때'를 미리 보고 기뻐하였다. 예수님도 말씀하셨다. "진리의 성령이 오시면 … 장래 일을 너희에게 알리시리라"(요 16:13). 심지어 요한은 성령 안에서 천상의 영역으로 들려 올라가 이 세상 끝에 일어날 일들을 보았다.

모세는 어떻게 광야에서 40년의 세월을 보냈는가? "믿음으로 애굽을 떠나 왕의 노함을 무서워하지 아니하고 곧 보이지 아니하는 자를 보는 것같이 하여 참았으며"(히 11:27). 이 구절에서 '보이지'에 사용된 헬라어는 '호라오'이고, 그 뜻은 '응시하다' 또는 '물질적인 것과 정신적인 것을 명확히 분별하다'이다.⁵ 모세는 눈에 보이지 않는 하나님을 보았다. 그것도 얼굴과 얼굴을 마주하고 보았다. 이처럼 그는 '하나님 보는 능력'을 계발함으로써 광야 40년의 힘든 시기를 이겨냈다.

날이 갈수록 모세와 주님의 관계는 더욱 깊어졌다. 그런데 어떻게 그 관계가 깊어질 수 있었는가? 주님과 마주 볼 정도로 그 관계가 발전된 까닭은 무엇인가? 무엇 때문인지 그 이유를 딱 꼬집어 말할 수는 없다. 다만 내 경험을 빗대어 이야기해 보겠다.

지금 나는 하나님과 친밀한 관계를 누리고 있는데, 앞서 말했듯 그 시작은 '열정'이었다. 모든 것을 불사를만한 마음속 열정이 하나님을 향해 있었다. 특별히 나는 하나님을 만나고픈 열정에 사로잡혀 있었다. 이후 거룩해진 상상력이 내 삶 속 자연계와 초자연적 세계 사이를 이어 주었다. 그렇게 하나님과 나의 관계는 깊어졌다.

눈에 보이지 않는 것을 도대체 어떻게 볼 수 있단 말인가? 간단하다. '상상'으로 보면 된다. "주께서 심지가 견고한 자를 평강하고 평강하도록 지키시리니 이는 그가 주를 신뢰함이니이다"(사 26:3). '심지'로 번역된 히브리어는 '예쩨르'인데, 그 뜻은 '상상'이다.[6] 하나님께서는 그 마음으로 오직 주님만을 상상하는, 주님께만 초점 맞추는 사람을 온전한 평강으로 인도하신다. 그렇게 할 때, 비로소 신뢰가 형성되기 시작한다.

이러한 맥락으로 '보다', '생각하다'와 '마음'의 연계성을 이해한다면, 다음의 성경 구절들이 새롭게 다가올 것이다. "믿음의 주요 또 온전하게 하시는 이인 예수를 바라보자"(히 12:2). "위의 것을 생각하고 땅의 것을 생각하지 말라"(골 3:2). "하나님을 가까이하라 그리하면 너희를 가까이하시리라"(약 4:8).

주님께서 자신의 주권으로 이 모든 과정을 시작하실 때가 있다. 주님께서 먼저 말씀하신 후 우리의 마음을 찌르시고 달래신다. 그러면 우리는 꿈을 꾼다. 주님께서 커튼을 걷으시면, 우리는 보게 된다. 이처럼 하나님께서 우리의 삶에 개입하시면, 이는 참으로 감사한 일이다! 나는 하나님께서 더 자주 개입해 주시길 바란다.

그러나 매번 하나님께서 이 과정을 먼저 수행하시는 것은 아니다. 그러므로 우리는 열정을 갖고 인내해야 한다. 받은 유업을 지켜 내기 위해 날마다 주님께 나아가야 한다. 현실적으로 말하자면, 이 과정은 '인내'의 시험이다.

약속의 땅에 들어간 것으로 이스라엘 백성의 여정이 끝났다고 생각하면 오산이다. 요단 강을 건넌 것은 하나님과의 관계가 새로운 국면으로 돌입했음을 의미한다. 그야말로 또 다른 시작인 것이다. 그들 앞에는 전쟁이 기다리고 있었다. 여정은 끝난 것이 아니라 다시 시작되었다. 그들은 유업으로 받고 싸워서 쟁취한 그 땅을 지키기 위해 인내해야 했다.

그리스도를 영접하고 약속의 땅으로 들어간 성도들도 마찬가지이다. 우리는 두려움과 떨림으로 우리의 구원을 이루어야 한다(빌 2:12). '성화'는 과정이다. 약속의 땅을 얻는 것이 '과정'인 것처럼 거룩한 변화 역시 과정이다. 약간의 노력을 기울이거나 특정한 행위를 함으로써 유업을 얻는 것이 아니다.

인스턴트 식품을 먹듯 하나님의 유업을 손쉽게 얻을 수 있으리라 기대하지 말라. 하나님 나라의 유업은 인스턴트 유토피아가 아니다. 예수님은 하나님의 보좌 앞으로 나아갈 길을 열어 주셨다. 우리는 온 마음과 상상력을 주님께 쏟음으로 그 길을 따라 걸어야 한다.

베드로가 물위를 걷기 전, 가장 먼저 해야 했던 일은 배 밖으로 발을 내딛는 것이었다. 그렇게 발을 내디딘 순간, 그는 안락의 자리를 떠나 주님께 몸을 던진 것이다. 우리가 가장 먼저 해야 할 일 또한 '밖으로' 나가는 것이다. 오랫동안 몸담았던 종교적 안식처를 떠나라. 다시는 그리로 돌아가지 말라. 주님을 향해 몸을 던져라. 하나님의 위대한 모험이 이제 곧 시작될 것이다.

chapter 4

거룩해진
상 상 력

성도들은 자신이 하나님 안에서 여행을 한다고 말한다. 하지만 나는 이 표현을 현실에 맞게 바꾸고 싶다. 왜냐하면 내게는 그저 그런 여행이 아니기 때문이다. 여행이 아니라 모험이다! 나는 매일 하나님을 새롭게 깨닫는다. 그러므로 내 삶은 기대감으로 가득하다. 전에는 알지 못했던 사실들을 매일같이 새롭게 깨닫는다. 주님과 얼굴을 마주할 특권이 매일 내게 주어지는 것이다!

내가 열정을 다해 이 책을 쓰는 것은 독자들도 나처럼 이 위대한 여정을 이어가길 바라기 때문이다. 매일의 모험을 통해 놀라운 계시를 얻으라. 나는 최대한 간단하고 이해하기 쉽게 이 여정에 대해 설명할 것이다. 하지만 내가 전한 지침을 따를지, 따르지 말지는 당신의 결정에 달렸다. 만일 당신이 이 책의 원리대로 시행한다면, 당신의 삶은 극적으로 변화될 것이다. 내 삶이 변화된 것처럼 말이다! 나는 이것을 장담할 수 있다.

중요한 원리를 다시 한 번 설명하겠다. 당신이 무엇에 집중하든, 당신의 삶은 그것에 연결될 것이다. 그리고 그것은 당신의 삶 속에서 활성화된다.

1960년대 중후반, 이와 동일한 원리를 깨달은 사람이 있었다. 그는 말씀을 묵상하고 기도하던 중 주님의 음성을 들었다. "애야, 친구와 시간을 보내듯 나와 함께 시간을 보내지 않겠니? 이 세상에는 나를 친구처럼 여기는 사람이 없구나. 나와 함께 시간을 보낼 사람이 보이지 않는다. 모두들 내게 무언가를 간구하거나 누군가를 위해 중보하거나 자신의 소원만 말하기 바쁠 뿐, 나를 원하는 것 같지는 않구나. 친구처럼 나와 함께 시간을 보내려는 사람을 찾아보기가 어렵다."

이 사람은 주중에는 성경대학에서 전임교수로, 주일에는 사역자로 바쁜 나날을 보내고 있었다. 그야말로 스케줄이 꽉 차 있는 상태였다. 그는 지키지 못할 약속은 하지 않는 사람이었다. 그래서 주님이 하신 말씀을 오랫동안 되뇌고 묵상만 할 뿐, 어떤 답도 드리지 않았다.

그러던 어느 날, 그는 결심했다. "주님, 제가 주님께 드릴 수 있는 시간은 새벽 2시부터 3시 30분까지입니다. 힘들겠지만, 주님과 함께 시간을 보내겠습니다."

그렇게 그는 주님과 약속했고, 매일같이 약속을 지켰다. 새벽 1시 50분이 되면 그는 자리에서 일어났다. 거실로 발걸음을 옮겨 그곳에서 주님과 시간을 보냈다. 그는 자신 앞에 예수님이 앉아 계신 모습을 올바르게 상상했다.

우리 같았으면 '과연 이렇게 상상하는 것이 옳을까?' 의심했겠지만, 그는 이러한 생각에 방해받지 않았다. 사실 대다수의 사람들은 한 번 해 보지도 않은 채 그저 옳은가, 그른가를 따질 뿐이다. 기억하라. 시도하지 않으면 탁상공론으로 끝나 버린다는 것을 말이다. 무언가를 시작도 해 본 적 없는 사람이 그 일에 능숙해질 일은 없다.

매일 밤 그는 안락의자에 앉아 친구와 대화하듯 예수님과 대화했다. "예수님, 오늘 하루 어떠셨어요?" "이 일에 대해 예수님은 어떻게 생각하세요?"

예수님께서 그에게 친구처럼 함께 시간을 보내자고 하셨으므로 그는 '기도와 간구' 외에도 주님의 생각과 말씀을 들으려 노력했다. 그렇게 그는 친구처럼 주님과 단 둘이 시간을 보내며 즐겁게 대화했다. 어느덧 그는 매일 주님과 대화하는 새벽 시간을 기대하게 되었다.

그렇게 1년 정도 지난 어느 날 밤이었다. 전처럼 그는 주님과의 만남을 기대하면서 침대에서 일어나 거실의 의자에 앉았다. 그런데 갑자기 집 뒷문이 열렸다가 닫히는 소리가 들렸다. 그때는 새벽 2시였다. '도대체 누가 이 새벽에?' 그는 누군가가 거실 쪽으로 걸어오는 발자국 소리를 들었다. 얼마나 놀랐던지! 발자국 소리는 점점 가까워졌다. 이윽고 누군가가 거실로 들어왔다. 바로 예수님이었다! 주님은 그와 얼굴을 마주한 채 건너편 의자에 앉으셨다.

"그동안 너는 친구처럼 나와 함께 시간을 보냈다. 오늘 이후로 네 생애의 마지막 날까지 너는 나를 만나게 될 것이다. 네가 어디를 가든 그곳에 내가 너와 함께할 것이다. 그때마다 너는 내 얼굴을 명확히 보게 될 것이다." 주님께서 그에게 말씀하셨다.

무엇에 집중하든 우리는 그것에 연결되고, 그렇게 연결되면 우리의 삶에 그것이 활성화되는 원칙이 그의 삶에 그대로 이뤄진 것이다.

모든 생각을 사로잡아

내가 이 이야기를 처음 들은 것은 2004년 캘리포니아에서 열린 컨퍼런스에서였다. 나는 이 이야기에 큰 도전을 받았다. '내 삶에도 그와 같은 일이 일어날 거야!'

나는 내게도 동일한 일이 일어날 가능성을 생각하며 무척 흥분했다. 그래서 그 원칙 그대로 시행해 보았다. 나는 매일 조용한 장소를 찾아 자리에 앉은 후, 내 마음과 생각을 모아 주님께 집중시켰다. 예수님의 모습을 상상했고, 그분과 대화하기 시작했다.

그런데 문제가 생겼다. 이것을 시행해 보면 당신도 느끼겠지만, '인간의 마음'은 훈련하기가 참 어렵다. 대부분, 한 가지 주제에 집중하는 시간이 대략 8-10초밖에 되지 않는다고 한다. 10초가 지나면, 우리의 생각은 전혀 의도하지 않은 곳으로 이동해 버린다. 그렇게 생각과 상상은 이곳저곳을 떠다닌다. 주님께 집중하려 노력하지만, 금방 '딴 생각'이 찾아와 우리의 마음을 앗아간다.

그러한 생각들(잡념)을 사로잡아 주님께 복종시키라. 그리고 다시금 주님께 초점을 맞추라(고후 10:5). 한 가지 당부하는데, 훈련을 시작하면서 낙심하지 말라. 잘 안 된다고 포기할 필요는 없다. 어차피 우리는 살아오는 내내 생각을 훈련해 본 적 없지 않은가? 인생 전반에 걸쳐 해오던 습관을 하루아침에 끊는 것은 거의 불가능하다. 그러니 평생 안 하던 일이 습관으로 자리 잡는 데도 많은 시간이 소요된다. 연습이 필요하다. 포기하지 않고 훈련하면 된다는 사실을 기억하라. 그러면 당신은 자신이 집중한 것에 연결되고, 그렇게 연결된 후 그것은 당신의 삶 속에서 활성화될 것이다.

자연계와 초자연계를 연결하는 다리는 '거룩해진 상상력'이다. 비록 우리는 하나님께서 의도하신 대로 상상력을 제어해 보거나 사용해 본 적이 없지만, 이것은 하나님의 말씀에 명백히 기록된 원리이다.

나는 열네 살 때 처음으로 예수를 믿었다. 이후 나는 성경을 읽어야 한다는 압박감을 느꼈다. 그래서 수시로 성경을 펼쳐 들고 읽었다. 하지만 안타깝게도 5분을 넘겨 본 적이 없다. 늘 깊은 잠에 빠졌기 때문이다. 그렇게나마 읽은 부분도 무슨 내용인지 도통 알 수가 없었다. 내게 성경은 외국어로 된 책 같았다. 물론 성경을 읽는 동안만큼은 '그래도 내 영혼은 영양분을 섭취하고 있어'라고 확신했다. 하지만 내 마음(생각)은 성경으로부터 아무것도 얻지 못했다. 한 마디도 이해할 수 없었던 것이다.

그러다가 열일곱 살의 어느 날, 우연히 멀린 캐로더스의 《감옥 생활에서 찬송 생활로》(Prison to Praise)라는 책을 읽었다. 그런데 그 책의 뒷면에 이런 글귀가 적혀 있었다. "만일 당신이 성령 세례를 원한다면, 이 책 속에 기록된 기도문으로 기도하십시오." 나는 침대로 가서 무릎을 꿇고 그 책에 나온 기도문으로 기도하기 시작했다. 기도를 채 마치기도 전에 갑자기 내 입에서 방언이 튀어나왔다. 하지만 내 이성은 이같이 말했다. "진정해라. 빠른 속도로 말하다 보니 혀가 꼬인 것일 뿐 방언은 아니란다." 나는 이성의 속삭임을 받아들였다. 그래서 그동안 다른 사람들이 방언하는 모습을 지켜본 것을 흉내 내는 것뿐이라고 생각했다.

다음 날 나는 아버지를 따라 오순절 기업경영인들의 오찬 행사에 갔다. 나는 그곳에 모인 사람들에게 "성령 세례를 간절히 원합니다. 성경에 기록된 방언의 은사를 받고 싶습니다"라며 기도를 부탁했다. 그러자 사람들이 내 주위로 모여 내게 손을 얹었다.

그중 한 사람이 이렇게 말했다. "네 심령 깊은 곳에서 나오는 소리를 말해 보렴." 이후 그들은 기도하기 시작했고, 내 입에서 무언가가 터져 나왔다. 그런데 놀랍게도 그것은 그 전날 밤, 내 입에서 터져 나왔던 말과 같았다. 그 말을 그대로, 동일하게 반복하고 있었다. '속았구나!' 전날 밤 침대 곁에서 기도할 때, 이미 방언의 은사를 받았던 것이다.

나는 구원받은 후 매번 성경을 펼쳐 들고 읽을 때마다 쏟아지는 잠을 이기지 못했다. 그렇게 2년의 시간이 지난 후 주님께서 내게 말씀하셨다. "애야. 나는 네가 성경 읽는 것을 무척 기뻐한단다. 그런데 네가 성경 읽는 것을 싫어하는 자가 있다. 네 생각에는 누구일 것 같으냐?"

주님의 질문을 잠시 생각한 후 나는 다시 성경을 집어 들었다. 그리고 큰 소리로 외쳤다. "사탄아! 너는 나를 피곤하게 만들지만, 나는 계속해서 성경을 읽을 것이다. 그러니 그 모든 시도를 포기하라. 만일 네가 포기하지 않고 나를 잠들게 하려 한다면, 나는 앉은 자리에서 성경 66권을 모조리 다 읽을 것이다!" 이후 성경을 읽기 시작했다. 놀랍게도 성경을 읽다가 잠드는 일은 없었다. 그날 이후, 나는 온전히 깬 상태에서 성경을 읽고 공부했다.

이 이야기는 주님께서 가르치시는 방법을 설명해 준다. 내가 배운 것 중 대부분은 이런 방식으로 배웠다.

나는 원합니다!

나는 약속의 땅을 붙잡는 심정으로 주의를 기울여 성경을 읽기 시작했다. 하지만 내 마음은 읽은 내용을 이해하지 못했다(물론 성경을 읽는 동안 내 영혼은 영양분을 섭취하고 있었다). 그런데 성령께서 충만하게 임하시자, 갑자기 한 줄기 빛이 내려왔다! 이후 나는 성경을 이해하기 시작했다. 성경은 생명과 계시로 가득해졌다.

그즈음, 주님께서는 나를 예레미야서로 인도하셨다. 그리고 다음의 구절을 보게 하셨다. "내가 너를 모태에 짓기 전에 너를 알았고 네가 배에서 나오기 전에 너를 성별하였고 너를 여러 나라의 선지자로 세웠노라"(렘 1:5).

나는 목사님을 찾아가 이 구절의 의미가 무엇인지 여쭈었다. 목사님 말고도 여러 사람을 찾아가 물어보았다. 내가 이 말씀을 받았다고 말하자 어떤 사람은 "너는 목사가 될 거야"라고 했고, "너는 선교사가 될 거야", "너는 복음을 전하는 사람이 될 거야"라고 말하는 사람도 있었다. 1970년대에는 '선지자'가 된다는 개념 자체가 없었다.

당시 나는 매우 혼란스러웠다. 누구도 이 말씀의 정확한 의미를 설명해 주지 못했기 때문이다. 어쩔 수 없이 나는 그 성경 구절을 계속 묵상했다. 그랬더니 무언가가 내 속에서 꿈틀대기 시작했다. 내 마음은 불처럼 뜨거워졌다. 분명한 하나님의 역사였다. 이후 나는 성경 말씀 그대로를 믿기 시작했다. "성경이 그렇다고 하면, 무엇이든 가능하다!" 만일 성경이 그렇다고 하면, 나는 "그 말씀 그대로 믿겠노라"고 다짐했다.

성경을 읽어 나가는 동안, 여러 가지 이야기가 내 열정과 상상력에 불을 지폈다. 예를 들어, 에녹의 이야기가 그랬다. 그는 평생 하나님과 동행했다. 하나님께서 그를 얼마나 기뻐하셨던지 심지어 데려가 버리셨다(창 5:24). 이 이야기를 읽으며 나는 이렇게 생각했다. '하나님은 사람을 외모로 판단하지 않으시죠? 다음 차례는 접니다!'

이외에도 나는 성경에서 다양한 이야기들을 접했다. 그때마다 "하나님, 저도요!"라고 외쳤다. 말씀을 '있는 그대로' 믿을 때까지 나의 외침은 멈추지 않았다. 오래전 족장들(아브라함, 이삭, 야곱 등)이 초자연적 발걸음을 이어간 것처럼 나 또한 초자연적인 분위기 속에서 하루하루 살아갈 것을 다짐했다. 그러던 어느 날, 나는 아래에 발췌한 고린도후서의 말씀을 읽었다.

무익하나마 내가 부득불 자랑하노니 주의 환상과 계시를 말하리라 내가 그리스도 안에 있는 한 사람을 아노니 그는 십사 년 전에 셋째 하늘에 이끌려 간 자라 (그가 몸 안에 있었는지 몸 밖에 있었는지 나는 모르거니와 하나님은 아시느니라) 내가 이런 사람을 아노니 (그가 몸 안에 있었는지 몸 밖에 있었는지 나는 모르거니와 하나님은 아시느니라) 그가 낙원으로 이끌려 가서 말로 표현할 수 없는 말을 들었으니 사람이 가히 이르지 못할 말이로다 (고후 12:1-4)

바울이 자신의 경험을 말한 이 구절을 읽었을 때, 나는 기쁨을 주체할 수 없었다! 그래서 큰 소리로 외쳤다. "하나님은 사람을 외모로 판단하지 않으시죠? 저도 그와 같은 경험을 원합니다. 다음은 제 차례에요!" 이후로 오랜 시간이 지나면서 하나님을 체험하고픈 열정은 갈망으로 바뀌었다. 단지 하나님의 음성을 듣는 것으로는 내 갈급함이 채워지지 않았다. 나는 이 모든 것을 '상상'으로 그려 보기 시작했다. 그리고 어느 날, 무언가가 변했다.

방문

1989년 4월, 내 인생은 바닥을 쳤다. 낙심과 비탄으로 하루하루를 보내던 그때, 나는 텍사스 샌앤젤로에 있는 친구의 집에 머물고 있었다. 나는 매일 저녁마다 친구 부부가 사역하는 교회에 가서 기도하며 주님과 둘만의 시간을 보냈다.

그러던 어느 토요일 새벽, 나는 처음으로 예수님을 보았다(환상이 열렸다). 예수님께서 그곳을 방문해 주신 것이다. 처음엔 그분이 예수님이신지 알지 못했다. 그러나 얼마 안 되어 그분이 주님이심을 확신했다.

예수님은 향유가 가득한 옥합을 들고 내게로 다가오셨다. 그리고 내 머리 위로 그것을 기울이셨다. 내 몸은 머리부터 발끝까지 향유로 덮였다. 꿀 같은 향 기름은 상처 입은 내 영혼을 달래 주었다. 어느새 내 마음에 평안이 찾아들었다. 예수님의 사랑은 문자 그대로 나를 따듯하게 감싸 안았다. 마치 아버지가 꼭 안아 주는 느낌이었다.

그날 밤, 나는 하나님 안에서 새로운 모험을 시작했다. 영안이 열렸고, 주님을 보았다! 주님과 얼굴을 마주했던 그 밤의 경험은 매우 강렬했다. 나는 속으로 이렇게 생각했다. '이보다 더 강한 체험이 아니면 나는 절대 만족할 수 없을 거야.' 그렇게 나는 주님과의 친밀한 만남을 더욱 소망하게 되었다.

그토록 오랜 시간 내가 선포해 왔던 그 일이 내게 이루어졌다. 내 눈이 열렸고, 보기 시작한 것이다. 물론 당시에는 그 원리를 이해한 것이 아니므로 이 같은 일이 꾸준하게 일어나지는 않았다. 하지만 나는 계속해서 하나님을 갈망했다.

일단 한 번 주님의 선하심을 맛보면, 당신은 영원한 배고픔을 느끼게 된다. 하나님의 선하심을 좀 더 체험하고 싶어 안달이 난다. 맛볼수록 더 배고파진다. 그날 밤, 나는 이 진리를 깨달았다. 더 많이 배울수록 내 '앎'은 더 적어진다. 더 많이 먹을수록 나는 더 배고파진다. 초자연적 체험의 빈도가 높아질수록 거기 머물고 싶은 열망은 더욱 강렬해진다.

이렇게 하나님을 갈망하는 동안 내가 체득했던 원리들을 이 책에 소개한다. "한 번 이해한 원리는 절대 놓치지 않는다!" 나는 이러한 신념으로 그 원리들을 시행했다. 매번 시행할 때마다 열정이 더욱 뜨겁게 타올랐다. 그 결과, 내가 보고 경험한 것들의 '실상'이 더욱 생생해졌다.

주님께 집중하며 주님과 함께 시간을 보내는 동안, 나는 처음 만났던 그 현장을 다시 방문하곤 했다. 주님이 옥합을 기울여 내 머리에 향유를 부어 주신 그때, 그곳으로 되돌아가는 것이다. 그렇다. 내게 하나의 영적 '거점'(據點)이 생긴 것이다. 그 현장을 기록한 그림 한 장을 마음에 새긴 후, 상상 속에서 그 그림을 여러 번 소환해 내어 보고 또 보았다.

그렇게 한 지 얼마 안 된 어느 날, 주님께서 또 다시 나를 찾아와 주셨다. 이전에는 주님과의 만남이 '예외'적인 일이었지만, 그 후로는 일상적인 일이 되었다.

어떤 사람들은 어려서부터 환상을 잘 보았다고 한다. 어쩌면 그들은 환상 보는 자질을 갖고 태어났는지도 모른다. 내가 아는 목회자 친구 중에는 누군가를 위해 기도하거나 예언의 말씀을 전할 때, 눈앞에 총천연색 사진이나 3D 영화 같은 환상이 펼쳐지는 이가 있다. 그는 이렇게 말한다. "모든 크리스천이 다 똑같지 않나?"

그렇지 않다. 내 경우는 달랐다. 내게 환상은 시간과 열정과 노력의 결실이었다. 환상을 보기까지 나는 엄청난 노력을 기울여야 했다. 참으로 오랜 시간 수없이 넘어지고 좌절했지만, 그 모든 것이 하나님의 은혜였다. 그 길 끝에서 하나님은 말씀을 통해 이 사실을 명확히 깨우쳐 주셨다.

얼마 안 있어 두 번째 영적 거점이 생겼다. 이후 세 번째, 네 번째 거점이 만들어졌다. 언제든 되돌아갈 거점의 이미지들이 내 마음에 켜켜이 쌓여 갔다. 그렇게 짧은 기간 안에 '시각 자료 카탈로그'가 완성되었다.

나는 매일 예수님의 모습을 되새기곤 했다. 이전의 거점들을 되짚어 찾아가 거기서 만난 예수님의 이미지를 바라보았다. 매일같이 최소 10분 동안은 그렇게 예수님의 얼굴을 떠올렸다. 그리고 무언가가 변했다. 내가 이 원리를 명확하게 이해할 즈음, 변화가 찾아온 것이다. 그러다가 3년 전 그날, 놀라운 사건이 일어났다.

환상

한번은 친구인 안드레이 애쉬비와 나의 아버지 에드 알렌 그리고 나, 이렇게 세 사람이 시애틀에서 컨퍼런스를 열었다. 그중 하루는 내가 집회를 인도했고, 안드레이와 아버지는 앞줄에 앉아 있었다.

집회가 끝난 후, 안드레이가 내게 말했다. "자네 뒤쪽 벽에 보랏빛의 둥근 공 같은 것이 있었는데, 그 물체가 보랏빛을 발산하더군." 그는 내가 설교하는 동안 그 둥근 공이 내 옆으로 이동했다고 말해 주었다.

그런데 사실 그가 그 공을 보는 동안 내게도 이상한 일이 일어났다. 물론 그는 내게 어떤 일이 일어났는지 알 리 없었다. 설교하던 중 내 오른쪽에서 무언가가 살짝 움직이는 것이 보였다. 무엇인지 확인하려고 그쪽으로 몸을 돌리는 순간, 거기 예수님이 서 계신 것을 보았다. 예수님은 대략 185센티미터가량 되어 보였고, 하얀색 긴 옷 위에 보라색 천을 두르고 계셨다.

이 환상은 너무나 생생했다. 너무나 생생한 나머지 '왜 다른 사람들은 못 보는 걸까?' 의아해하기까지 했다. 눈앞에 나타난 예수님의 모습은 실재였다. 손대면 만질 수 있을 것만 같았다. 그 상황은 어떤 말로도 표현할 수 없다. 전에는 한 번도 이같이 생생하게 본 적이 없었기 때문이다. 나는 이사야의 외침을 이해할 수 있었다. "화로다 나여, 망하게 되었도다!"

사역훈련센터에서 내가 학생들에게 항상 강조하는 원칙이 있다. "환상을 보든, 꿈을 꾸든, 천사의 방문을 받든, 매번 그 모든 영을 분별하라!" 눈앞에 나타난 것이 무엇이든, 누구이든 상관없다. 설사 예수님처럼 생긴 누군가가 나타났더라도 분별하고 검증해 보아야 한다. 분별 방법은 요한일서에 나와 있다.

> 이로써 너희가 하나님의 영을 알지니 곧 예수 그리스도께서 육체로 오신 것을 시인하는 영마다 하나님께 속한 것이요 예수를 시인하지 아니하는 영마다 하나님께 속한 것이 아니니 이것이 곧 적그리스도의 영이니라 오리라 한 말을 너희가 들었거니와 지금 벌써 세상에 있느니라 (요일 4:2-3)

그러나 내가 미처 질문을 던지기 전, 예수님께서 내게 말씀하셨다. 주님은 자신의 손을 내밀어 못 자국을 보여 주셨다. 그리고 나를 향해 미소를 지어 보이셨다. 나는 어떤 말로도 그 상황을 설명할 수 없다. 지금까지도 제대로 설명할 수 없다. 수백만 개의 태양이 동시에 빛을 발한 느낌이랄까? 있는 대로 힘을 뽐내는 빛들이 내게 와서 닿았다. 그분의 눈에서는 측량할 수 없는 사랑이 뿜어졌다. 그 위엄과 영광과 지혜는 이루 다 말할 수 없고, 도대체 어떤 단어로 형용해야 할지 모르겠다. 그 후로 내 삶은 송두리째 바뀌었다

그분의 임재

그날 이후 지금까지 나는 예수님의 모습을 명확하게, 그리고 자주 볼 수 있었다. 사례 하나만 소개하겠다.

2008년 펜실베이니아 허쉬에서 사역할 때였다. 그날 저녁 집회는 매우 특별했다. 왜냐하면 시애틀에서의 경험 이후 처음으로 주님께서 집회 장소에 들어오신 것을 보았기 때문이다. 나는 그분이 주님이신지, 아니면 '속이는 영'인지 확인하기 위해 즉각 '분별' 작업을 시작했다.

분별 결과, 나는 내 눈앞에 나타나신 분이 예수님이심을 확신했다. 그래서 예수님께 여쭈었다. "주님께서는 무엇을 하고 싶으신가요?" 그러자 주님은 이렇게 답하셨다. "오늘 밤, 이 모든 사람이 내 임재 속으로 들어오기를 원한다. 내가 직접 이들에게 사역하고 싶다. 그러니 너는 이 사람들을 위해 기도하지 마라. 다만 그들을 내 임재 안으로 초청하기만 해라."

주님께서는 그들 모두가 주의 임재 안으로 들어가길 바라셨다. 즉, 각 사람이 강단 앞으로 나아와 그분의 임재 속으로 들어가기를 바라신 것이다. 나는 사람들에게 이 사실을 알렸다. 그러자 그들은 자리에서 일어나 한 줄로 길게 늘어섰다. 각 사람은 예수님이 서 계신 곳까지 걸어 나

왔다. 그렇게 주의 임재 안으로 들어갔을 때, 내 사역 경험상 가장 기이한 일이 벌어졌다.

어떤 사람은 그 임재의 강력한 힘에 휩쓸려 자신이 원래 앉았던 자리까지 떠내려 갔다. 마치 거센 파도가 그를 휩쓸어 가는 듯했다. 그렇게 자리에 앉혀진 몇몇 사람들에게는 주님께서 다가가 머리에 손을 얹고 기도해 주셨다(주님께서 그렇게 기도해 주시는 모습을 보았다). 어떤 사람은 임재의 자리까지 자석에 끌리듯 이끌려 나왔다. 그 힘이 그 사람을 그곳까지 잡아당긴 것이다. 어떤 사람은 임재의 현장에서 병 고침을 받았다. 그들 모두 그곳에 잠잠히 머물러 하나님을 경배했다. 또 주님의 음성을 들은 사람도 있었다.

마지막으로 그 교회의 여자 목사가 임재의 자리로 나아왔다. 집회가 끝나기까지 그녀는 사람들이 강단 앞으로 나아갈 수 있도록 안내해 주었는데, 이제 그녀가 앞으로 나아왔다. "저만 빠질 순 없잖아요? 저도 체험하고 싶어요!"

나는 그녀에게 예수님이 서 계신 곳을 가리켜 보여 주었다. 그녀는 주님의 임재 속으로 천천히 걸어 들어갔다. 그리고 그 임재의 능력에 압도되어 그 자리에 쓰러져 버렸다. 나는 예수님께서 그 곁에 앉아 그녀에게 안수하시며 기도하시는 것을 보았다. 시간이 한참 지난 후, 그녀는 자리에서 벌떡 일어났다. 그리고 자신의 몸을 이리저리 둘러보더니 깜짝 놀란 표정으로 내게 다가와서 말했다. "보세요! 제 허리가 4인치나 줄었어요!"

예수님께서 나타나 회중을 임재의 영광 안으로 들여보내신 일은 이후 몇몇 집회에서도 동일하게 일어났다.

천국에 주파수를 맞추다

당신과 나는 이리저리 다이얼을 돌려 주파수를 맞추는 사람들이다. 보통은 자연계에 주파수를 맞추고 있다. 그래서인지 이 세상과 교류할 때 마음이 편하다. 그러나 우리는 구원받은 사람으로서 더 높은 곳에 채널을 맞출 수 있다. 즉, 영적인 세계에 주파수를 맞출 수 있다.

몇 해 전, 주님께서 내게 주파수에 대해 말씀하셨다. 당시 나는 텔레비전의 작동 원리를 알고 있었으므로 주님의 말씀을 곧바로 이해할 수 있었다. 어느 채널에 주파수를 맞출지는 내가 결정한다. 나는 아래쪽 주파수역으로 다이얼을 돌려 자연계와 소통할 수 있다. 또한 수신 다이얼을 상향 조정하여 영적인 세계에 주파수를 맞출 수도 있다. 그리스도 안에서 나는 천국에 주파수를 맞출 수 있다.

이러한 원리를 이해한 나는 영계에 주파수 맞추는 법을 배웠다. 그래서 전 세계를 돌아다니며 사역할 때, 나는 자연계와 영계 두 영역을 동시에 보곤 한다. 순간순간 내게 전달되는 하나님의 말씀에 따라 천사를 보기도 한다. 또 내 곁에 예수님이 서 계신 것과 그분이 내게 말씀하시는 것을 보기도 한다. 때때로 집회 장소에 모인 회중들의 영적 상태를 보기도 한다.

이처럼 더 높은 곳에 주파수를 맞추는 훈련이 내 삶에 큰 영향을 미쳤다. 당신은 하나님의 천사들이 어떻게 활동하는지 아는가? 이것에 대해 알려 주겠다.

워싱턴 주 스포케인 시의 동쪽 텀텀에서 일주일간 사역학교를 인도한 적이 있다. 그 한 주 동안 학생들에게 전한 가르침이 훗날 이 책의 내용이 되었다. 일주일 안에 수많은 영적 가르침을 전해야 했으므로, 내 영혼은 극도로 긴장했다. 주님께서 원하시는 것만 가르치려면, 미세하게 다이얼을 돌려 주님께 주파수를 맞추어야 했다.

첫째 날 저녁, 찬양을 마친 후 나는 강단에 서서 강의를 시작했다. 그런데 갑자기 내 눈이 열렸다. 사방에서 천사들이 나타나 예배실을 가득 메운 것이 보였다. 나는 그처럼 많은 수의 천사를 본 적이 없었다. "아버지, 도대체 무슨 일입니까? 무슨 말씀을 하시려는 겁니까? 일일이 분별하고 검증하기엔 천사의 수가 너무 많습니다." 나는 즉각 이렇게 기도드렸다. 그러자 주님께서 대답하셨다. "내 천사들이다."

학생들 앞에 서 있던 나는 무언가에 홀린 듯 창문 너머를 주시하고 있었다. 그 순간 매우 강하고 위엄 있게 생긴 천사 하나가 예배실에 도착했다. 그는 다른 여느 천사와 확연히 구분되었다. 나는 주님께 여쭈었다. "주님, 저 천사는 누구인가요?" 주님께서 대답하셨다. "미가엘이란다." 나는 깜짝 놀랐다. 그리고 생각했다. '이번 주에 엄청난 영적 전쟁이 일어나겠군!'

나는 계속해서 창밖을 내다보았다. 얼마 후 더 많은 수의 천사들이 모여들었다. 그리고 거기 위엄 있게 생긴 천사 하나가 나타났는데, 그의 머리칼은 타오르는 불처럼 빛나고 있었다. 푸른 두 눈은 사물을 꿰뚫어 보는 것 같았다. "주님, 저 천사는 누구인가요?" 나는 또 다시 주님께 여쭈었다. "가브리엘이란다." 주님께서 대답해주셨다.

나는 그저 멍하니 쳐다보기만 할 뿐 더 이상 할 말이 없었다. 하늘의 처소 말고는 그 두 천사가 동시에 나타났다는 말을 어디에서도 들어본 적 없다. "내가 대천사(Archangel)를 보다니!" 이런 일은 꿈조차 꿔 보지 못했다. 그가 가브리엘이라는 말씀을 듣자마자 나는 생각했다. '이번 주에 엄청난 예언이 선포되겠군!'

하나님의 사자들이 서로를 맞이하는 모습은 참으로 멋있었다. 그야말로 장관이었다. 한동안 못 보던 옛 동료를 맞듯이 그들은 친밀하게 서로를 감싸안았다. 이 땅 어디에도 그들처럼 친밀하고 자유로운 관계는 찾아볼 수 없을 것만 같았다. 자신을 보호하기 위해 담을 쌓거나 거짓된 친밀함을 조장하는 우리네 모습과는 확연히 달랐다. 그들이 누리는 자유와 친밀함이 부럽기까지 했다. 그들에게는 기쁨이 있었다. 우리의 예배실을 바라보는 그들의 얼굴엔 기대감이 넘쳐났다.

나는 강의를 이어갔다. 당시엔 천사를 본 사람이 나 말고는 아무도 없었다. 그날 저녁 내내 나는 생각했다. '도대체 무슨 일이 일어날까? 예수님의 계획은 무엇일까?' 강의를 마치고 잠자리에 들 때에도 여전히 내 눈에는 천사들의 모습이 보였다. 그들은 오랜만에 만난 친구를 대하듯 서로 기뻐하며 즐겁게 대화하였다. '예수님, 도대체 무슨 일을 하시려는 건가요?' 나는 계속 주님께 여쭈었다.

다음 날 아침, 나는 그날의 강의 일정을 확인했다. 그런데 그날 저녁 집회의 초청 강사는 《천사의 활동을 활성화하기》(Activating the Angelic)의 저자인 플로 엘리스 박사였다. 그녀는 컨퍼런스의 남은 기간 저녁 집회마다 천사들에 대해 강의하기로 예정되어 있었다. 오! 나는 안테나를 더욱 높이 올렸다.

그 주 내내 나는 매일같이 천사들의 움직임을 보았다. 특히 찬양을 하는 동안 천사들은 하나님의 임재를 불러들였다. 마지막 날 저녁, 엘러스 박사는 회중에게 함께 기도할 것을 제안했다. "여기 다섯 개의 기도제목이 있습니다." 그녀는 기도제목을 하나하나 읽어 주었고, 우리는 각각의 기도제목에 대해 방언으로 기도했다.

우리가 방언으로 기도한 이유는 천사가 오직 하나님의 목소리에만 귀를 기울이고 사람의 말소리를 듣지 않기 때문이다. 그래서 우리는 하늘의 언어(방언)로 기도했다. 방언은 성령께서 우리를 통해 기도하시는 하늘의 언어이기 때문이다. 방언으로 기도할 때, 주님은 그분의 뜻을 이루기 위해 천사들을 보내곤 하신다.

엘러스 박사가 첫 번째 기도제목을 읽는 동안, 나는 성령 안에서 방언으로 기도했다. 그런데 그날의 방언기도는 여느 날과 달랐다. 주님께서 내게 새 방언을 주셨기 때문이다.

기도를 시작하자마자 열두 명쯤 되는 천사가 내가 앉은 곳까지 내려왔다. 기도 중 눈을 떠 보니, 내 앞에 지도 한 장이 펼쳐져 있었다. 나는 그 지도가 무엇을 의미하는지 천사들에게 물어보았다. 그들은 지도에 표시된 여러 지역에서 왔는데, 자신의 임지에서 어떻게 싸우고 승리를 거두는지 그 전략을 내게 말해 주었다. 나는 성령 안에서 새 방언으로 천사들과 함께 이러한 주제에 대해 이야기했다.

신기하게도 그날 내 입에서 나오는 방언을 전부 이해할 수 있었다. 천사들과 영적 전쟁과 관련된 전략을 논한 후, 나는 방언으로 그들에게 "가라!"고 말했다. 물론 엘러스 박사는 내게 무슨 일이 일어났는지 알 리 없었다. 그런데 내가 방언으로 천사들에게 "가라!"고 말했을 때, 엘러스 박사는 이렇게 말했다. "자, 첫 번째 기도는 마무리하겠습니다. 이제 다음 기도제목으로 넘어가겠습니다."

각각의 기도제목으로 기도할 때마다 나는 새로운 언어를 받았다. 그리고 내가 하는 방언을 모두 이해할 수 있었다. 기도제목이 바뀔 때마다 일단의 천사들과 영적 전쟁에 대한 계획을 논했다. 그리고 내가 천사들에게 "가라!"고 명령할 즈음, 엘러스 박사는 마음의 평안을 느꼈는지 그 다음 기도제목을 알려 주었다.

그날의 경험은 천사들의 사역과 기능을 새롭게 이해하는 계기가 되었다. 또한 천사들과 성도들 모두 이 땅 위에 하나님의 뜻을 이루도록 부름 받았다는 사실도 깨닫게 되었다. 천사들이 우리와 함께, 우리를 위해 사역한다는 사실이 내게 얼마나 큰 위안과 자신감을 주었는지 모른다.

앞에서도 말했듯, 우리는 하나님과 아버지와 자녀로서의 관계를 맺었고, 그 관계의 영향력은 천사들의 사역을 통해 자연계로 흘러들어온다. 기억하라. 우리는 천사에게 관심을 기울여서는 안 된다. 우리의 관심은 오직 하나님께만 집중되어야 한다.

악한 상상력

여호와께서 미워하시는 것 곧 그의 마음에 싫어하시는 것이 예닐곱 가지이니 곧 교만한 눈과 거짓된 혀와 무죄한 자의 피를 흘리는 손과 악한 계교(악한 상상)를 꾀하는 마음과 빨리 악으로 달려가는 발과 거짓을 말하는 망령된

증인과 및 형제 사이를 이간하는 자이니라 (잠 6:16-19)

우리의 생각을 거룩하게 씻지 않으면, 하나님의 말씀과 그분의 뜻에 위배되는 생각을 처리하지 않으면, 우리의 상상은 문자 그대로 악하다. 하나님은 '악한 상상'을 미워하신다. 왜 그런가? 하나님께서 우리에게 창조의 능력을 주셨기 때문이다. 우리는 상상한 것을 창조해 내곤 한다. 주변에 널린 수많은 발명품을 보라. 인간의 상상력과 창조력의 산물 아닌가?

우리 안에는 상상력이라는 도구가 장착되어 있다. 이것은 날 때부터 하나님이 우리에게 주신 능력이다. 상상력에 고삐를 물리고 거룩하게 씻은 후 하나님의 뜻대로 사용하면, 우리의 주변 환경과 삶의 모든 것을 아름답게 변화시킬 수 있다. 그뿐 아니라 우리가 사는 마을과 도시와 나라까지도 변화시킬 수 있다.

앞에서 나는 다음의 원칙을 여러 차례 이야기했다. "무엇에 집중하든 우리는 그것에 연결되고, 그렇게 연결된 그것은 우리 삶 속에서 활성화된다." 이제 이 원칙의 어두운 측면을 살펴보려고 한다.

다음은 호주에서 사역하는 어떤 목사가 전해 준 이야기이다. 그가 시무하는 교회에 한 젊은 부부가 있었는데, 그 집 아들은 지극히 평범한 십 대였다. 적어도 고등학교에 들어갈 때까지는 그랬다. 하지만 고등학생이 되자 아이에게 어떤 변화가 생겼다. 그 변화는 심히 우려할 만했다.

역사 수업 시간에 이 아이는 제2차 세계대전과 독일 정부, 그리고 제3제국에 대해 배웠다. 그러다가 아돌프 히틀러라는 인물에게 푹 빠져 버렸다. 히틀러를 너무 좋아했던 탓일까? 아이는 그의 초상화가 그려진 포스터를 사서 침실에 걸어 두기까지 했다.

하지만 이것을 십대 청소년의 치기 어린 행동이나 특정인에 대한 단순 애착으로 볼 순 없었다. 히틀러에 대한 그의 동경은 우상숭배의 수준으로까지 발전했다. 아이는 히틀러의 얼굴을 바라보며 몇 시간이고 멍하니 앉아 있었다고 한다. 이제 그의 상상력(마음)은 히틀러로 가득 찼다.

어느 주일 아침, 그가 교회에 왔을 때 모든 사람이 아이의 변화를 알아볼 수 있었다. 일단, 아이의 태도가 변해 있었다. 옷차림도 바뀌었다. 게다가 헤어스타일이 크게 달라졌다. 아이는 머리를 완전히 밀어 버렸다.

목사가 설교를 시작하자 아이는 자리에서 벌떡 일어나 터벅터벅 강대상을 향해 걸어갔다. 그리고는 유창한 독일어로 저주를 퍼붓기 시작했다. 재밌는 사실은, 이 아이가 단 한 번도 독일어를 배워 본 적이 없었다는 것이다.

목사는 침착한 어투로 말했다. "이 아이 안에 들어간 영에게 명한다. 예수 그리스도의 이름으로 너를 묶노니 영어로 답하라. 너는 누구냐?" 그러자 마귀가 대답했다. "나는 아돌프 히틀러 속에 들어갔던 6천 마리 마귀 중 하나다." 이에 그 목사는 아이에게 축사사역을 했고, 마귀는 아이에게서 쫓겨났다. 이제 그는 다시 자유를 얻었다.

도대체 무슨 일이 있었기에 이 아이의 영혼 속으로 마귀가 침투했던 것일까? 아이는 역사 속의 악인인 히틀러를 오랫동안 묵상하며 흠모하다가 그만 그 영혼이 히틀러에게 고착되어 버리고 말았다. 혹시, 이 원리가 떠오르는가? "무엇에 집중하든 우리는 그것에 연결되고, 그렇게 연결되면 우리의 삶에 그것이 활성화된다." 아이는 히틀러에게 집중하다가 히틀러에 연결되었고, 결국 히틀러의 악령에 사로잡혀 버렸다.

무엇에 집중하든, 당신은 그것에 연결될 것이다. 이 원리를 마음에 새겨라. 당신이 집중한 그것이 당신의 삶을 파고들 것이다. 그리고 그것은 당신의 삶 속에서 활성화될 것이다.

답은 간단하다. 주님께 집중해야 하지 않겠는가? 위의 것을 사랑하라. 위의 것에 집중하라!

chapter 5

말한 대로
살다

한때 나는 기독교인으로서 어떻게 살아야 할지 혼란스러워 어리둥절하였다. 하나님 말씀에 기록된 대로 내 삶이 변화되기를 바라는 마음에 끊임없이 이렇게 기도했다. "주님, 그리스도인의 삶이 무엇인지 말씀해 주십시오."

사실 주님은 우리가 무엇을 생각해야 할지, 또 무엇을 생각하면 안 되는지, 무엇을 말해야 할지, 해선 안 되는 말은 무엇인지 말씀해 주신다. 또한 무엇을 위해 기도해야 하는지, 또 어떤 기도를 해서는 안 되는지도 말씀해 주신다. 당신이 성경을 연구해 보면, 이 사실을 알 수 있다. 이처럼 주님은 인간의 삶 전반을 다루시며 성경을 통해 삶의 각 영역에 대한 지침을 주신다. 그럼에도 우리는 여전히 혼란스럽다. 그래서 기독교인으로서 어떻게 살아야 할지 끊임없이 묻는다.

성경을 읽으라. 성경이 당신에게 답해 줄 것이다. "무엇에든지 참되며 무엇에든지 경건하며 무엇에든지 옳으며 무엇에든지 정결하며 무엇에든지 사랑 받을 만하며 무엇에든지 칭찬 받을 만하며 무슨 덕이 있든지 무슨 기림이 있든지 이것들을 생각하라"(빌 4:8).

말씀은 우리의 원천

지금 우리는 하지 말아야 할 일들에 너무나 많은 관심을 쏟고 있다. 반면, 관심을 기울여야 할 일들에는 무관심하다. 이를테면, 수많은 성도들의 경우 초자연적인 세계의 일들에 대해 아무 관심이 없다.

자연계와 초자연적인 세계를 잇는 다리는 '거룩한 상상력'이다. 만일 내가 하나님 나라를 올바르게 상상하면(생각으로 올바른 그림을 그리면), 나는 하나님 나라에 연결될 것이다. 그리고 내 영안도 열릴 것이다.

나는 끊임없이 하나님 나라를 상상하며 하나님 나라의 모습을 그렸다. 내 눈이 열려 하나님 나라를 볼 때까지, 또 하나님 나라가 내 삶 속에서 활성화될 때까지 나는 그림 그리는 작업을 반복했다. 그 결과, 나는 주님을 볼 수 있었다. 주변의 사물이나 사람들을 볼 때 아무 의심하지 않고 '있는 모습' 그대로를 보듯, 그렇게 주님을 보았다.

우리는 하나님의 말씀을 기준으로 삼아야 한다. 우리가 돌아가야 할 지점은 언제나 '성경'이다. 언제나 말이다.

초자연적인 세계가 어떻게 작동하는지, 어떻게 그것에 연결될 수 있는지, 또 그것이 우리 삶 속에서 어떻게 활성화되는지와 관련된 모든 것은 성경에 기록되어 있다. 그러므로 성경 말씀을 삶에 적용하고 시행할 때, 무언가가 변화될 것이다. 당신은 새로운 차원의 친밀함을 체험할 것이고, 하나님이 주시는 새로운 계시를 깨닫게 될 것이다.

우리는 언제나 말씀으로 시작하고, 말씀으로 마쳐야 한다. 또한 시작과 끝 사이에도 말씀을 삶에 적용하고 시행해야 한다. 하나님은 우리를 풍성한 유업과 부르심의 자리로 인도하신다. 그것은 우리에게 주어진 생득권이다.

우리가 이러한 권리를 얻은 것은 오직 예수 그리스도의 희생 덕분이다. 당신이 거듭났다면, 당신에게는 영계를 들여다볼 능력과 권한이 주어졌다. 영안이 열릴 것이므로 마치 물질세계를 보듯 영적인 세계를 볼 것이다. 이는 하나님의 말씀에 기록된 약속 그대로이다.

지금 내가 당신에게 설명하는 것들은 하나님께서 내게 알려 주신 바, 영적 모험에 꼭 필요한 여러 가지 도구들이다. 내가 이 내용들을 명료하게 이해하기까지는 참으로 오랜 시간이 걸렸다. 여러 해에 걸쳐 하나님께서 계시해 주신 것들이 한 겹 한 겹 쌓였다. 또한 나는 여기저기 흩어진 개념의 조각들을 한데 모아 정리해야 했다.

한 가지 기쁜 소식이 있다. 그것은 모든 사람이 나처럼 고생하지 않아도 된다는 것이다. 이 책을 읽는 동안 독자들은 '가속페달'을 밟게 될 것이다. 수년의 시간이 걸렸던 일도 단 며칠이면 마무리될 것이다. 마지막 때에 가까울수록 그 속도는 더욱 빨라질 것이다.

> 이는 젖을 먹는 자마다 어린아이니 의의 말씀을 경험하지 못한 자요 단단한 음식은 장성한 자의 것이니 그들은 지각을 사용함으로 연단을 받아 선악을 분별하는 자들이니라 (히 5:13-14)

이 구절에서 '연단'으로 번역된 단어의 문자적 의미는 '연습하다'이다. 이 말씀을 다시 번역하면 "그들은 선악을 올바르게 분별할 수 있을 때까지 영적 감각 사용법을 꾸준히 연습했다"이다.

우리의 감각에는 어떤 것들이 있는가? 촉각, 미각, 후각, 시각, 청각, 그리고 거룩해진 상상력과 이성과 논리적 사고 등이 있다. 우리는 어떻게 이러한 감각을 연습하고 시행할 수 있는가?

전에도 물어본 것이지만, 기름부음을 느껴 본 적이 있는가? 기억하라. 당신의 자연 감각(natural senses)은 초자연적 현상과 깊이 연계되어 있다.

예를 들어 설명해 보겠다. 지금 당신이 어떤 방 안으로 들어간다고 하자. 그런데 당신이 그 방으로 들어가기 전, 그 안에 있던 몇몇 사람들이 열띤 논쟁을 벌였다. 논쟁은 결국 말싸움으로 번졌고, 당신이 그 방으로 들어가기 바로 전에 끝났다. 사람들은 마음에 상처를 입은 채, 침묵하고 있다. 그 상황에서 당신이 문을 열고 방 안으로 들어간다. 사람들은 아무 말도 하지 않는다. 만일 당신이 청각만 활용한다면, 그 방 안의 분위기는 고요하고 평온하기 그지없다. 하지만 당신은 모든 자연 감각을 활용하여 사태를 파악하기 시작한다. 그리고 다음과 같이 결론을 내린다. '이 사람들, 엄청 심하게 다퉜군!' 다들 이러한 경험이 있지 않은가?

영적인 영역에서도 마찬가지이다. 사람들이 모인 곳에는 '영적 분위기'가 형성되기 마련이다. 그리고 당신은 자연 감각을 활용하여 그 장소의 영적 분위기를 감지한다. 혹은 눈에 보이지 않는 영적 현상들을 감지한다. 영적으로 유별난 사람만 이렇게 할 수 있을까? 아니다! 이것은 모든 기독교인에게 '표준'이고 '일상'이어야 한다.

어떤 모임에 참석했는데, 그곳에서 달콤한 장미꽃 향기가 나는 것을 감지한 적 있는가? 참석한 사람 중 아무도 향수를 뿌리지 않았는데도 말이다. 만일 당신에게 영적 향기를 감지할 능력이 있다면, 기분이 어떻겠는가? 물론 이것은 초자연적 현상이다. 그러나 당신은 자연 감각을 활용하여 초자연적인 세계를 감지할 수 있다.

천사를 만지다

내가 크게 존경해 마지않는 사람이 있다. 사실 처음에는 존경하지 않았지만, 차차 알아가면서 존경하게 되었다. 내가 처음 그 사람에 대해 들었을 땐, 그를 뉴에이지 운동가로 의심했다. 그의 이름은 폴이다.

미국 침례교 소속 목사인 폴은 1989년, 자신의 신학 기조에 따라 "이 세상에 신유 같은 것은 없습니다. 마귀나 지옥 같은 것도 존재하지 않습니다"라고 선포했다. 그는 초자연적 현상이나 영적 존재를 믿지 않았다.

그러던 어느 날, 그가 시무하는 교회에 귀신 들린 사람 하나가 찾아왔다. 그를 마주한 폴 목사는 '어, 이럴 수는 없는데'라며 의아해했다. 전혀 예상하지 못했던 상황과 맞닥뜨리게 된 것이다.

주님께서는 그에게 영적 세계의 실체를 알려 주셨고, 그는 그동안 부인해 왔던 것들을 하나하나 조사하기 시작했다. 귀신 들린 사람을 어떻게 다뤄야 할지 알고 싶어 성경을 깊이 연구하기도 했다. 하나님께서는 그에게 영적인 일과 연관된 많은 것들을 계시해 주셨다.

폴 목사가 영계를 지각한 방법은 보는 것도 아니고, 냄새 맡는 것도 아니며, 듣는 것도 아니었다. 그는 '촉각'으로 영계를 감지했다. 하나님께서 그의 촉각을 미세하게 조정해 주심으로 그는 기름부음과 천사는 물론, 마귀와 영적 저주까지도 만질 수 있었다. 정말로 그는 '손을 내밀어 만짐으로써'(문자 그대로 만졌다) 초자연적 세계와 교류했던 것이다.

내가 처음 폴 목사를 만난 것은 그와 함께 미니애폴리스에서 컨퍼런스를 인도할 때였다. 컨퍼런스 기간 중 나는 그가 어떤 주제를 가르치는지 알고 싶어 그의 오전 강의에 참석했다. 강의 시간 내내 주님께서 그를 얼마나 놀라운 방법으로 사용하셨는지 듣게 되었다.

당시 나는 그저 참관만 하려 했을 뿐이다. 그래서 사람들이 알아보지 못하게끔 맨 뒷자리에 앉아 있었다. 그런데 그가 이렇게 물었다. "여기 앉아 계신 분 중 천사를 느껴 보신 분 있으십니까?" 그의 물음에 아무도 대답하지 못했다. 그가 말을 이었다. "지금 아무나 앞으로 나와 주셨으면 좋겠습니다." 그러자 한 젊은 여성이 손을 들었다. 그는 "자매님, 앞으로 나오십시오"라고 말했고, 그녀는 앞으로 걸어 나갔다. 이후 폴 목사는 "자매님, 손을 앞으로 쭉 내밀어 보세요" 하고 말했다. 그리고는 "오른손잡이이면 왼손을, 왼손잡이이면 오른손을 내밀어 주세요"라고 말했다. 이후 그는 왜 그렇게 하는지 설명했다. 그가 설명한 원칙은 '우리의 약함 가운데 하나님의 능력이 완벽해진다'는 것이었다.

"자매님, 지금 오른쪽에 천사가 있습니다. 한 번 손을 내밀어 보세요." 이렇게 말하면서 그는 천사의 등을 툭툭 두드리는 손동작을 했다. 바로 그 순간, 내 눈에 그 천사가 보였다. 그리고 그 천사는 나를 쳐다보았다. 이후 내 귀에 하나님의 말씀이 들려왔다. "애야, 폴 목사가 말한 촉각은 시각만큼이나 확실한 은사란다."

폴 목사는 자신의 손에 '어떤 느낌'이 닿는지 계속 설명했다. 그러는 동안 나는 천사의 움직임을 보았다. 그의 설명은 조금도 틀리지 않았다. 그는 세미나실 안에 있는 천사들을 일일이 지목했고, 그들의 몸을 툭툭 건드렸다. 그가 그렇게 하는 동안 내 눈에는 그가 만진 천사들이 보였다. 참으로 놀라운 체험이었다. 그렇게 나는 새로운 차원으로 들어갈 수 있었다. 이후 나는 내 눈에 보이는 것들을 만져 보기 위해 촉각을 연습했다. 보는 능력과 함께 만지는 능력을 계발하기 위해서였다.

그날 저녁, 폴 목사와 함께 식사를 했다. 그는 자신의 촉각 능력에 대해 이야기해 주었다. 그러던 중 갑자기 그가 이렇게 말했다. "방금, 느끼셨나요?" 나는 주위를 둘러보았다. 내 눈에 보이는 것도 없었고, 또 내가 감지한 것도 없었다. "아니요." 내 대답에 그는 놀란 표정을 지었다. 그때 주님의 말씀이 들려왔다. "시계를 봐라." 당시 우리는 컨퍼런스 장소로부터

8킬로미터 정도 떨어진 곳에서 식사를 하고 있었는데, 바로 그 시간 컨퍼런스 장소에서 예배가 시작되었다. 폴 목사의 영혼은 예배의 진동을 감지한 것이다. 나는 깜짝 놀랐다.

우리는 항상 영계에 초점을 맞춰야 한다. 그래서 이러한 일들이 '표준' 혹은 '일상'이 되어야 한다. 우리는 영계를 보고 듣고 맛볼 뿐 아니라 만질 수도 있다.

하나님께서는 우리에게 영적 감각을 주셨다. 따라서 우리는 영적 감각을 연습해야 한다. 그러나 대다수는 자신에게 영적 감각이 있는지도 모르고, 이를 계발하기 위해 연습하지도 않는다.

우리의 감각이 하나님의 손에 들려지면, 매우 강력한 도구로 쓰임 받을 수 있다. 영적 감각은 영계로 안내하는 문지기와 같다.

불가능한 것은 없다

전에 악한 행실로 멀리 떠나 마음으로(상상으로) 원수가 되었던 너희를 이제는 그의 육체의 죽음으로 말미암아 화목하게 하사 (골 1:21-22)

우리는 이 말씀을 "마음으로 원수가 되었던"이라 읽지만, 아니다. 원래의 의미는 '마음'이 아니라 '상상'이다. 당신은 상상 속에서 하나님의 원수가 될 수 있다. 만일 당신이 상상력을 통제하지 않으면, 하나님의 뜻대로 상상력을 사용하지 않으면, 당신은 하나님의 원수가 된다.

반면, 당신의 상상력이 하나님의 손에 들려지면 매우 강력한 도구가 될 것이다. 그러므로 하나님께 상상력을 올려 드려라. 주님의 보혈로 상상력을 씻으라. 그러면 전에 없던 새로운 가능성의 문이 활짝 열릴 것이다.

하나님께서는 지금, 이 시대를 살아가는 성도들에게 수많은 창조적 아이디어를 주신다. 왜 그렇게 하신다고 생각하는가? 답은 간단하다. 바로 말씀의 진리를 깨닫게 하시기 위해서이다.

상상력을 거룩하게 씻을 때, 주님께서는 놀라운 '계시'들을 우리 안에 심어 주신다(오직 상상력을 거룩하게 씻을 때에만 가능하다). 이후 우리는 보좌에서 나오는 계시들을 삶에 적용해 본다. 주님이 주신 계시는 우리의 삶을 송두리째 바꿔 놓는다. 이를테면, 우리가 생각하고 말하고 보는 방법들에 변화가 생기는 것이다. 이것은 하나님께서 우리 각 사람을 향해 열어 두신 가능성의 문이기도 하다.

내용을 이해하지도 못한 채 그저 성경 말씀을 읊는 것은 우습기도 하지만, 슬픈 일이기도 하다. 많은 사람이 이같이 말한다. "저는 그리스도의 마음을 가졌습니다." 물론 성경적으로는 맞는 표현이다. 하지만 나는 그들에게 이같이 물어보고 싶다. "정말요? 그럼 그리스도의 마음을 사용해 보세요!" 또 어떤 사람은 이같이 말한다. "제게 능력 주시는 그리스도를 통해 저는 모든 일을 할 수 있습니다." 그러면 나는 이렇게 대답하고 싶다. "그 같은 복된 확신을 갖고 무언가를 해보세요!"

우리는 성경을 인용할 때, 종종 위선적인 모습을 보인다. 말씀을 외우면서 마치 무언가 위대한 일을 완수한 것처럼 가슴에 한껏 바람을 불어넣는 것이다. 그러나 말씀대로 사는 삶과 말씀을 주문처럼 외우는 것은 다르다. 몇 차례 읊조린다고 해서 마술처럼 자신이 원하는 결과를 얻을 수 있겠는가? 기억하라. 행함 없는 믿음은 죽은 믿음이다. 우리는 하루 종일 성경을 읊조릴 수 있다. 그러나 말씀대로 시행하지 않으면, 아무런 변화도 일어나지 않는다.

물론 나는 성경 암송의 유익을 믿는다. 또한 하나님의 말씀을 인용할 때 능력이 발현된다는 사실을 믿는다. 그리고 나 또한 성경 말씀을 암송하고 인용한다. 나는 그러한 유익을 폄하하고 싶지 않다. 하지만 성경을 인용하는 것에서 멈춰서는 안 된다. 나는 사람들이 이 사실을 이해하길 바랄 뿐이다. 우리는 언어 습관과 생각의 패턴과 일상의 행동에 하나님의 말씀을 적용해야 한다. 그렇게 할 때, 말씀이 우리 안에서 강력하게 역사할 것이다. 우리의 삶 속에서 '현실'이 될 것이다.

만일 내게 그리스도의 마음이 있다면, 내게 불가능한 일은 없다. 하나님께서 당신을 창조하셨을 때, '마음'(mind)을 주신 데는 나름의 이유가 있다. 때때로 하나님은 우리 마음에 성령의 일들을 계시해 주신다(이러한 계시는 자연스럽게 주어진다). 그리고 성령의 일들이 계시될 때, 우리 안에 영적 '배고픔'이 생긴다. 우리에게 마음을 주시고, 그 마음에 성령의 일들을 계시하여 영적 배고픔을 일으키시는 하나님께 감사드린다.

> 예수께서 이르시되 네 마음을 다하고 목숨을 다하고 뜻을 다하여 주 너의 하나님을 사랑하라 하셨으니 (마 22:37)

여기서 언급된 "네 마음(디아노야, 상상)을 다하고"는 성경의 가장 큰 계명이다. 즉, 으뜸이 되는 계명이 "네 상상을 다하여 하나님을 사랑하라"인 것이다. 우리는 어떻게 상상을 다해 하나님을 사랑할 수 있는가? 상상력을 깨끗이 씻어 본연의 목적대로 사용하면 된다.

누가복음 12장 29절을 보라. "너희는 무엇을 먹을까 무엇을 마실까 하여 구하지 말며 근심(염려하는 마음, 염려하는 상상)하지도 말라." 당신은 '염려하는 상상'을 어떻게 정의 내리겠는가? 만일 내가 승리 대신 패배를 예상한다면, 풍성함 대신 부족함만 바라본다면, 건강과 치유 대신 질병만 떠올린다면, 나는 '염려하는 상상'의 소유자이다.

우리가 (픽션이든 논픽션이든) 신문이나 책을 읽을 때, 우리 마음(상상력)에는 어떤 그림이 그려진다. 마찬가지로 성경을 펼쳐 읽을 때, 우리는 자동반사적으로 그 말씀의 내용에 따라 마음 판에 그림을 그리기 시작한다. 그러므로 우리는 항상 상상 속에서 올바르게 그림 그리는 법을 배워야 한다.

> 그는 허물과 죄로 죽었던 너희를 살리셨도다 그때에 너희는 그 가운데서 행하여 이 세상 풍조를 따르고 공중의 권세 잡은 자를 따랐으니 곧 지금 불순종의 아들들 가운데서 역사하는 영이라 전에는 우리도 다 그 가운데서 우리 육체의 욕심을 따라 지내며 육체와 마음(상상)의 원하는 것을 하여 다른 이들과 같이 본질상 진노의 자녀이었더니 (엡 2:1-3)

구원받은 후에도 우리가 상상력을 동원하여 더러운 곳을 방문하거나 성경에 위배되는 습관을 행한다면, 또 다시 '육체와 상상의 정욕'대로 살게 된다. 그러한 사람들은 진노의 자녀로서 저주 아래로 들어가게 된다. 상상력을 씻지 않으면, 우리의 거룩하지 않은 상상은 정욕에 이끌려 이곳저곳 걷잡을 수 없이 떠다닐 것이다. 바꿔 말하면, 당신은 '과연 내가 진노의 자녀일까, 아닐까' 고민하는 사람이 될 것이다.

그러므로 거룩함과 정결함을 따르는 것은 차치하고라도, 일단 더러운 곳에 상상의 발을 들이지 않도록 주의하라. 당신은 거룩한 상상력의 원칙을 붙잡아야 한다. 상상에 고삐를 매라. 그래야만 하나님 말씀의 약속을 온전하게 맛볼 수 있다.

> 그러므로 너희 마음(상상)의 허리를 동이고 근신하여 예수 그리스도께서 나타나실 때에 너희에게 가져다주실 은혜를 온전히 바랄지어다 (벧전 1:13)

상상의 허리를 동이라. 상상력을 거룩하게 하라. 하나님께서 의도하신 방법대로 상상력을 사용하라. 그래야만, 당신을 향한 하나님의 은혜가 예수 그리스도 안에서 더욱 풍성해질 것이다. 당신은 그 풍성한 은혜를 소망할 수 있다!

어떻게 해야 계시를 얻을 수 있는가? 상상력을 거룩하게 하라. 하나님께서 "내게 오라"고 말씀하실 때, 은혜의 보좌 앞으로 나아가 그 임재를 맛보라. 만일 당신이 상상의 눈(이해의 눈)을 떠 주님께 가까이 나아가기를 연습한다면, 자연스레 일어나는(spontaneity) 초자연적 역사는 점점 더 많아질 것이다.

연습

혹시 로렌스 형제가 쓴 《하나님의 임재 연습》(Practicing the Presence of God) 이란 책을 아는가? 그렇다면 그가 말한 '임재 연습'이 내가 설명한 것과 같다는 사실을 알 것이다.

로렌스 형제는 하루 종일 가장 높으신 하나님께 마음과 생각을 집중하였다. 무슨 일을 하든지 그의 마음과 생각은 예수님께로 향해 있었다.

그가 말했다. "처음 임재 연습을 할 때, 당신의 생각이 여기저기 떠돌아다닌다고 해도 낙담하지 마십시오. 원래 우리의 생각은 제멋대로 구니까요." 그 또한 연습 과정 중 자신의 생각이 제멋대로 떠돌아다니는 것을 경험했다. "하지만 저는 낙담하지도, 좌절하지도 않았습니다. 그럴 때마다 생각을 다잡아 다시금 주님께 집중했지요."

임재 연습을 시행하던 초기 몇 년 동안, 그는 고전을 면치 못했다. 임재 연습에 들어갈 때마다 그의 생각은 매번 15-20분씩 떠돌아다녔다고 한다. "저도 모르게 딴 생각을 했습니다. 그러다가 '아, 이러면 안 되지' 깨닫고는 다시 주님께 집중했습니다. 생각을 훈련하는 과정 내내 끊임없이 은혜를 베풀어 주신 하나님께 감사드립니다."

주님께 집중하는 것이 어려운가? 자꾸 생각이 떠돌아다니는가? 낙담하지 말라. 반복하여 연습하면 나아진다. 당신의 예상보다 빠른 시일 내에 상상하는 능력이 크게 변화될 것이다.

어느 정도 시간이 흘렀을 무렵, 로렌스 형제는 심오한 계시를 얻고 주님과 친밀한 대화를 나누기 시작했다. 당대의 지도자들도 그에게 와서 조언을 구할 정도였다. 하나님의 말씀을 듣기 위해 그를 찾는 사람도 많았다. 하나님과의 관계가 점점 더 깊어지자 그의 소문은 세간에 널리 퍼졌다. "모세가 그랬듯, 로렌스 형제도 하나님과 얼굴을 맞대고 친구처럼 대화한다네!"

당신이 사는 지역에서 사람들이 당신에 대해 "저 사람은 하나님과 얼굴을 맞대고 대화하는 사람이야"라고 말한다면 기분이 어떻겠는가? 앞으로 '교회'는 하나님을 친밀하게 아는 사람들의 공동체로 인식될 것이다.

임재 연습을 반복하면 문자 그대로, 그분의 보좌 앞에 서는 경지에 이를 것이다. 어떻게 이것이 가능한가? 거룩해진 이성을 활용하여 당신의 감각을 훈련하면 된다!

하나님의 말씀과 연관된 속담 하나가 있다. "일단 한 번 가 보면, 또 다시 찾아갈 수 있다." 이 과정을 가르칠 때마다 관찰한 사실인데, 자신이 배운 원리를 그 자리에서 곧바로 적용하는 사람들이 있다. 그들은 마음과 생각과 상상을 하나님께 집중함으로써 영적인 일들을 체험하기 시작했다. 그들에게 환상이 열렸다. 심지어 삼층천 체험을 한 사람도 있었다. 하지만 그럴 때마다 나는 의도적으로 개입하여 중단시켰다. "멈추세요. 자, 이제 눈을 떠 보십시오."

이에 대한 사람들의 반응은 한결같이 짜증을 낸다. 그토록 갈망해 온 초자연적 세계를 마침내 경험하게 되었는데, 내가 중단시켰으니 짜증 내는 것이 당연하다. 하지만 내가 이렇게 하는 데는 나름의 이유가 있다. 일단 한 번 가 보면 또 다시 찾아갈 수 있기 때문이다. 제대로 연습만 하면, 언제든 초자연적 영역에 '또 다시' 들어갈 수 있다는 사실을 알려 주고 싶었던 것이다.

영원의 영역에는 '시간' 개념이 없다. 언제든 들어갈 수 있고, 또 다시 찾아가도 아무 문제없다. 며칠 동안 집중적으로 특정한 계시를 받는 경우도 있고, 일생에 걸쳐 드문드문 그러한 체험을 하는 경우도 있다.

여기서 '이성의 활용'이라는 개념을 이해하는 것이 중요하다. 그동안 우리는 이성을 활용하여 자연 감각을 연단해 왔다. 하지만 거듭난 사람은 이 땅에서 '하나님 나라의 실재'를 체험하며 살아간다. 즉 그들의 삶 속, 초자연과 자연 사이에 다리가 생긴 것이다. 만일 당신이 성령님과 꾸준히 교제한다면, 어느 시점에선가 보기 시작할 것이다.

어쩌면 사람들은 이같이 말할지도 모른다. "잠깐만요, 저는 기도와 설교를 통해 성령님과 꾸준히 교제해 왔는데요? 꼭 무언가를 봐야 한다고요?" 지금 나는 또 다른 차원의 신앙 여정에 대해 말하고 있다. 물론 매일의 경건생활은 그 자체로 소중하다. 그러나 지금 나는 어떻게 해야 '부르심' 안으로 들어갈 수 있는지를 말하고 있다.

과거 그 어떤 세대도 경험해 보지 못한 '깊은 친밀함'의 문이 열려 있다. 지금 우리는 성령과 친밀한 교제를 나눌 수 있다. 기독교 역사 속에는 엄청난 대가를 치르고 하나님과 교제를 나눈 사람들이 있다. 그러나 한 세대 전체가 이러한 계시를 깨닫고 하나님과 친밀한 교제를 나눈 적은 단 한 번도 없다.

하나님의 백성들이 이 계시를 온전히 깨닫고 이 땅 위에서 천국의 삶을 살아가기 시작한다면, 과연 이 세상에는 어떤 일이 일어나겠는가? 자연계와 초자연계를 넘나들며 이 땅에서 하나님의 자녀로 성숙해간다면,

이 세상은 어떻게 되겠는가? 분명 세상은 확연히 달라질 것이다.

그리스도의 대사

미국에는 주미(駐美) 외국 대사들이 많이 있다. 이들에게 지불되는 국가지원금이 상당하므로 그 부담은 적지 않다. 각 국가의 대사관에서 요청하는 주거비, 의료비, 치과보험료, 교통비, 보좌관 활동비 등 지출해야 할 영역도 많고, 지원하는 금액도 무시하지 못한다. 그렇다면 이 모든 비용을 미국이 부담해야 할까? 아니다.

각 국가의 대사들이 거주하는 곳은 재외공관으로, 비록 그들이 미국 영토 안에 살고는 있지만 대사관은 미국령이 아닌 자국령이다. 즉 그들은 자국의 주권이 미치는 영역에 거주하는 것이다. 그뿐 아니라 주재국(이 경우 미국)은 대사들에게 어떤 지원도 해주지 않는다. 대사관의 제경비와 유지비는 자국 정부가 부담한다. 대사들을 파견한 국가의 정부가 그들의 생활에 필요한 비용 전액을 부담하는 것이다. 어느 나라에 파견하든 대사들의 비용 부담은 자국 정부의 몫이다.

종종 대사들이 휴가차 고국으로 돌아와 가족이나 친구들을 만나는 경우가 있다. 그런데 그들이 소지한 여권은 '외교관 여권'이므로 공항에서 일반 여권 소지자들이 거치는 검문검색 과정을 거치지 않는다.

우리는 메시아이신 예수 그리스도의 대사이다! 그러므로 우리의 제반 비용을 부담하는 주체는 이 세상이 아니다. 우리가 대표하는 하나님 나라와 그 나라의 주권자께서 우리에게 필요한 모든 것을 공급해 주신다. 하나님께서는 영광 가운데 그 풍성함대로 우리에게 필요한 모든 쓸 것을 채워 주신다(빌 4:19).

또한 우리는 하나님 나라의 대사이므로 우리에게는 천국 외교관 여권이 있다. 하나님은 우리가 가야 할 길의 모든 문을 열어 주신다. 또한 우리가 가지 말아야 할 길의 모든 문을 닫아 주신다.

이 땅에서 한 나라의 대사로 지내는 외교관이 가끔씩 휴가를 얻어 본향으로 돌아가듯, 예수 그리스도를 믿어 천국의 시민권을 얻고 천국의 대사로서 살아가는 우리 또한 종종 본향으로 휴가를 떠날 수 있다.

그런데 이러한 내용이 성경 어디에 기록되어 있는가?

> 내가 그리스도 안에 있는 한 사람을 아노니 그는 십사 년 전에 셋째 하늘에 이끌려 간 자라 (그가 몸 안에 있었는지 몸 밖에 있었는지 나는 모르거니와 하나님은 아시느니라) … 그가 낙원으로 이끌려 가서 말로 표현할 수 없는 말을 들었으니 사람이 가히 이르지 못할 말이로다 (고후 12:2, 4)

예수님께서 말씀하셨다. "내가 하는 일을 그도 할 것이요 또한 그보다 큰 일도 하리니 이는 내가 아버지께로 감이라"(요 14:12). 게다가 지금 우리는 예수님과 함께 하늘에 앉아 있다. "주께서 그러하심과 같이 우리도 이 세상에서 그러하니라"(요일 4:17).

이외에도 우리가 어떤 사람인지 또 우리에게 어떤 권세가 있는지를 말해 주는 성경 구절은 많다. 하지만 내가 소개한 구절만으로도 충분할 것이다. 지금 예수님은 어디에 계시는가? 그분은 '거기'에 계신다. 그러므로 '거기'에서 주님이 행하시는 그 일(우리를 위해 중보하시고 처소를 마련하시고 하나님과 교제하시는 일)을 우리도 할 수 있다는 뜻이다. 성경이 그렇게 말해 주고 있다.

이러한 말을 한 번도 들어 본 적 없는가? 괜찮다. 지금 들었으니 말이다. 이제 당신에게 도전한다. 지금 즉시 당신 스스로 빚은 종교와 전통의 상자 밖으로 나오라. 그리고 말씀 속으로 들어가라. 하나님께서 당신의 코에 '생명'을 불어넣으시도록 허락해 드리라.

앞으로 밀고 나가라

극복하기 힘든 주요 장애물은 사람들 대부분이 한 가지 주제에 집중하는 시간이 기껏해야 8-9초밖에 되지 않는다는 것이다. 아무리 길어 봤자 12-13초 정도이다. 이후 그들의 생각은 여기저기 떠돌아다닌다.

믿지 못하겠는가? 그렇다면 한 번 시험해 보라. 자, 눈을 감고 예수님의 모습을 떠올려 보라. 그리고 그분의 얼굴에 집중하라. 얼마나 오랫동안 주님의 얼굴에 집중하는지 시간을 재어 보기 바란다.

우리에게는 훈련이 필요하다. 끊임없이 연습하며 '집중하기'를 훈련해야 한다. 하지만 얼마 지나지 않아 우리의 '생각'은 이같이 푸념할 것이다. '집중하려고 애쓰는 것은 정말 힘든 일이군. 그냥 내버려 두자.' 하지만 기억하라. 집중하는 것이 관건이다.

혹시 이런 말을 들어 본 적 있는가? "우리의 '생각'(상상)이 성령의 역사를 돕는다." 이 개념을 이해하는 것이 매우 중요하다. 예배를 드리거나 기도할 때, 당신은 마음과 생각을 주님께 집중해야 한다. 예배 중 당신은 성령께서 하시는 일들에 초점을 맞춰야 한다. 일단 집중하는 것이 자연스러워지면(집중하는 것을 충분히 연습하여 당신의 삶에 장착되면), 당신은 '영감의 흐름' 속으로 들어가게 된다. 이런 식으로 '생각'(상상)은 우리가 성령의 영역에 연결되는 것을 돕는다. 생각(상상)이 다리를 놓는 것이다.

친한 친구 하나가 플로리다에 살고 있는데, 예언 사역자들이 그의 집을 자주 방문한다. 친구가 말했다. "글쎄, 사역자들이 우리 집에 와서는 마치 무언가에 끌려가듯 거실 한쪽 귀퉁이로 가서 그곳에 털썩 주저앉는다네. 다들 그 귀퉁이를 좋아하는 것 같아. 그런데, 그들 모두가 똑같은 말을 하더군. '여기, 통로가 활짝 열려 있네.'라고 말이지." 그렇게 그들은 거기 앉아 주님을 묵상했다. 그리고 그 자리에서 환상도 보고, 하나님의 말씀도 들었다.

"나도 가서 체험하고 싶어." 내가 친구에게 부탁했다. "그래. 그렇게 하게." 그가 허락했을 때, 나는 곧장 그의 집으로 가서 여러 예언 사역자들이 했던 것처럼 동일한 장소, 동일한 의자에 앉았다.

하지만 처음에는 마음과 생각을 집중하는 것이 쉽지 않았다. 잠잠히 머물며 하나님을 생각하는 데 어려움을 느꼈던 것이다. 그래도 끈질기게 노력했다. '예언 사역자들이 여기에 뭔가가 있다고 말했으니, 분명 뭔가가 있을 거야. 주님을 만날 때까지 이 자리를 떠나지 않겠어.'

친구는 내가 끙끙거리는 것을 보고 껄껄 웃으며 말했다. "계속 해 봐.

자네 혼자 있도록 나는 잠시 나갔다 올게." 나는 한 시간 넘게 그 자리에 앉아 집중하려고 노력했다. '제발 좀 집중해라! 제발!' 스스로에게 명령하기도 했다.

그러던 중 갑자기 한 줄기 빛이 보였다. 그 빛은 범상치 않았다. 혹 '내가 상상해 낸 빛은 아닌가?' 싶어 이를 확인하고자 눈을 뜨고 감기를 반복했다. 내가 만들어 낸 빛줄기는 아니었다. 다시 눈을 감았지만, 빛은 여전히 그 모습 그대로였다. '좋아. 무언가가 시작되는구나! 계속 밀고 나가는 거야!' 주님께 내 마음과 생각을 집중시켰을 때, 그 빛은 점점 더 밝아졌다. 그러더니 베일처럼 생긴 무언가가 한꺼풀 벗겨지기 시작했다.

결국 나는 무언가를 보게 되었다. 마치 깊은 숲 한가운데 서 있는 느낌이었다. 울창한 나뭇가지 너머로 언뜻언뜻 푸른 초원이 보였다. 햇살이 초원을 강하게 내리쬐고 있었다.

나는 숲을 헤치고 나와 초원 위에 섰다. 확 트인 시야 저 끝에 하나님의 도성이 있었다. 어찌나 경이로운 광경이던지! 그야말로 일생일대의 충격이었다. 단순히 내 눈에 들어온 그 도시의 모습이 찬란하고 아름다웠기 때문이 아니다. 사실 내 눈이 열린 과정 때문에 놀랐던 것이다.

나는 의자에서 일어나 그 집 안을 돌아다녔다. '내가 본 것이 가짜이면 어쩌지?' 주님과 만나길 너무나 갈망했기 때문에 내 눈 앞에 펼쳐진 광경이 상상의 산물은 아닌지 의심할 수밖에 없었다. 어느 정도 시간이 흐른 후 나는 다시 그 자리에 앉았다. 혹시 앞에서 내가 언급했던 속담을 기억하는가? "일단 한 번 가 보면, 또 다시 찾아갈 수 있다!" 나는 앉은 채로 다시 시도해 보았다. 그런데 이번에는 채 한 시간도 걸리지 않았다. 나는 동일한 환상을 또 다시 보게 되었다.

'이 땅에 이같이 넓은 공간에 있다면, 아마도 나는 한 바퀴 돌며 앞뒤 좌우를 모두 살펴보았을 것이다.' 이렇게 생각하니 환상 속에서도 한 바퀴 도는 것이 가능할 것만 같았다. 나는 제자리에서 한 바퀴 돌아보았다. 그런데 영계에서는 앞뒤좌우뿐 아니라 그 이상의 차원도 내다볼 수 있었다. 어찌나 놀랐는지!

다시 의자에서 일어나 집 안 여기저기를 걸어보았다. 방금 내가 체험한 것이 '말이 되는 일'인지 생각하면서 말이다. '이것이 나만의 상상은 아닐까? 아니면 하나님께서 실제로 내게 보여 주신 환상일까?' 나는 한 번 더 확인해 보기로 했다. 그래서 이번엔 일주일 동안 그 동일한 과정을 반복해 보았다. 그런데 매번 의자에 앉을 때마다 나는 연거푸 그 광활한 초원 위에 서 있었다. 거기서 나는 하나님의 도성을 바라보았다.

"주님, 제가 무언가를 경험하고 있습니다. 하지만 여기가 어디인지 성경으로 확인해 주셔야 합니다." 성경에 근간하지 않은 경험(성경이 지지해 주지 않는 경험)은 영적 속임일 가능성이 높다. 오늘날 많은 사람들이 하나님의 말씀에 근간하지 않은 영적 체험에 깊이 빠져 있는데, 우리는 이러한 체험들에 주의해야 한다. 또한 영적으로 잘 분별해야 한다. 부디 성경을 읽으며 그러한 체험을 분별하기 바란다. 그러면 자신의 체험이 진짜인지, 영적 모조품인지 알 수 있을 것이다. 이런 것이 '지혜' 아니겠는가?

이 말도 덧붙여야겠다. 경험 많은 사람은 신학 지식이 많은 사람에게 휘둘리지 않는다. "당신이 경험한 삼층천 체험이나 초자연적인 일들은 성경적이지 않습니다. 오늘날 그러한 일은 가당치도 않습니다." 누군가 내게 이같이 말할 수 있다. 이에 대한 내 대답은 간단하다. "글쎄요. 이 같은 일은 성경적일 뿐만 아니라 오늘날에도 일어납니다. 성경에는 내 경험과 비슷한 체험에 관한 이야기가 가득한 걸요! 나는 실제로 '거기'에 가 보았고, 또 그렇게 해보았습니다. 성경 말씀도 이를 증명해 주고 있습니다!"

이 일과 관련하여 성경은 어떻게 말씀하는지 알기 위해 나는 계속해서 성경을 찾아 읽고 또 기도했다. 그리고 환상을 보는 연습도 계속 이어갔다.

그러던 어느 날, 하나님께서는 내게 창세기 28장을 보이시며 '첫 언급의 법칙'을 알려 주셨다. 우리 안에 하나님이 거하시므로 우리는 '하나님의 집'이고 '하늘의 문'이다(창 28:17). 그러므로 우리는 하나님의 사자들(천사들)이 오르락내리락하는 것을 볼 수 있고, 또 주님과 얼굴을 맞대고 대화할 수도 있다. 내 눈앞에 펼쳐졌던 환상은 영적 모조품이 아니다!

그렇다면 내 시야를 가리던 나뭇가지들은 무엇인가? 육신, 교만, 종교의 영, 불신 등등. 이에 대한 목록은 끝이 없다.

하나님과 소통하다

우리 눈에 보이는 것이 다른 사람의 눈에는 보이지 않을 때가 있다. 그러한 것들은 하나님께서 우리에게 개인적으로 보여 주신 것이다. 그렇다면 이 같은 환상은 남에게 말해선 안 된다. 이와는 반대로 우리 자신은 물론, 다른 사람의 유익을 위해 하나님께서 무언가를 보여 주실 때도 있다.

미국의 한 사역자는 아주 독특한 방법으로 하나님과 소통한다. 사실 그는 이 방법 때문에 유명해졌다. 만일 당신이 그에게 기도를 요청하면, 그는 당신의 은사가 무엇인지 분별하여 알려 줄 것이다. 그런데 그 분별 방법이 꽤나 독특하다. 당신이 사도적 은사를 받았다면, 그의 엄지손가락이 흔들릴 것이다. 당신이 선지자적 은사를 받았다면, 그의 검지가락이 흔들릴 것이다. 그 외 나머지 손가락들도 각각 다른 은사를 대변한다.

한 번 생각해 보라. 당신이 어떤 사역자에게 기도를 요청했는데, 그가 말하길 "제 검지가 떨리는 것을 보니 당신은 선지자적 은사를 받았군요"라고 한다면, 어떻게 반응하겠는가? 대번 '저 사람 뭐야?' 생각하지 않겠는가? 내 여동생은 이 이야기를 듣고는 "그 사람 뉴에이지 운동가 아니야?" 하고 의심했다. 하지만 나는 아니라고 말해 줬다. 그는 단지 말주변(전달 기술)이 부족했을 뿐이다.

그가 하나님과 소통하는 방법에는 문제가 없다. 그것은 분명 하나님께 속한 방법이다. 하나님께서 그에게 말씀하셨다. "누구든 네 앞에 설 때, 내가 그들에게 어떤 소명을 주었는지 네게 말해 주겠다. 내가 네게 말할 때, 네 손가락이 떨릴 것이다. 이 방법은 너와 나의 소통 체계이다."

앞에서도 말했지만, 하나님께서 주신 것이기 때문에 '손 떨림' 현상으로 메시지를 듣는 것에는 아무 문제가 없다. 하지만 하나님께 들은 메시지를 다른 사람에게 전할 때에는 방법을 달리해야 한다. 그는 "제 손가락이 떨리네요. 그러니까 당신의 은사는 이것입니다"라고 말하는 대신 "하나님께서 말씀하셨습니다. 당신이 평생 따를 부르심은 이것입니다"라고 말해야 했다.

'손 떨림'은 하나님께서 그에게 허락하신 언어이다. 하지만 그 내용을 다른 사람에게 전할 땐, 그들이 당황하거나 메시지를 거부하지 않도록 신중을 기해야 한다. 나 또한 당신에게 "지금 천사가 당신의 등 뒤에 있습니다. 천사는 하나님의 뜻에 따라 이런저런 일을 하고 있습니다"라고 말할 수 있다. 하지만 나는 그렇게 하지 않는다.

왜 하나님께서 보여 주시는 것을 '있는 그대로' 말하지 않는가? 답은 간단하다. 사람들이 그 메시지를 이해하고 받아들이는 것이 훨씬 더 중요하기 때문이다.

물론 "있는 그대로 전해야 진실한 것 아니냐?"고 반문한다면, 더 이상 할 말이 없다. 하지만 상대방이 납득하게끔 전한다 해도 메시지의 진실성에는 변함이 없다. 있는 그대로 전했는데 "아이고 섬뜩해라" 하며 당신이 전한 메시지를 영적 속임으로 간주하고 거절한다면, 그것이야말로 엄청난 문제 아닌가?

환상 역시 언어이다. 언어 자체보다는 언어를 통해 전달되는 메시지가 중요한 것처럼, 환상 자체보다는 환상을 통해 전달되는 진리와 계시가 더욱 중요하다. 그렇다면 내가 본 환상과 거기 담긴 메시지를 다른 사람에게 전할 때, 그들 또한 나처럼 그것을 이해하고 받아들여 복을 누릴 수 있도록 잘 전해야 하지 않겠는가? 그게 아니라면 내가 본 환상은 그저 '나만 좋은 일'일 뿐이다.

성령님께 예수님의 모습을 잘 그릴 수 있도록 도와 달라고 기도하라. 거기서 출발하는 것이다. 반복적으로 연습하여 그리면, 영안의 은사는 더욱 활성화될 것이다. 결국 당신의 눈은 점점 더 명확한 그림을 보게 된다.

우리 각 사람은 저마다 독특한 방법(언어)으로 주님과 소통한다. 그래서 각 사람의 출발점도 다르다. 시작 단계에서 그리는 그림 또한 저마다 다를 것이다. 이것은 잘못된 것이 아니다. 처음부터 완벽한 이미지를 그리려고 노력하지 말라(가능하지도 않다). 기억해야 할 것은 "집중하면 연결되고, 연결되면 활성화된다는 것"이다.

거울을 보다

이 모든 것은 예수님의 보혈을 적용하는 것으로 시작한다. 하나님 아버지의 말씀과 생각과 뜻에 위배되지 않는 모든 것은 보혈 안으로 들일 수 있다. 이때, 하나님의 음성이 아닌 다른 모든 목소리는 잠잠해질 것이다.

하늘에 계신 아버지께서 말씀하셨다. "이것은 네가 받을 유산이다. 이것은 네 소명이다. 나는 네게 복을 줄 것이다." 나는 그분의 말씀을 믿는다. 왜냐하면 성경의 기록대로 생선을 달라 하는 자식에게 뱀을 집어 줄 아버지는 없기 때문이다. 내 하늘 아버지는 가장 큰 사랑으로 자녀에게 복 주시는 분이다. 나는 이러한 하나님을 믿을 수밖에 없다.

하늘 아버지께서 자녀들에게 하늘 왕국을 유업으로 주고자 하신다. 당신은 하나님의 자녀로서 그 유업을 요청할 수 있고, 또 그것들을 사용할 수도 있다. 성경에는 하늘 왕국을 포함하여 하나님께서 우리에게 주신 수많은 유업이 나와 있다.

아빠가 주는 선물을 받고 자녀들이 기뻐할 때, 아빠는 그 모습을 보며 흐뭇해한다. 마찬가지로 우리가 하나님의 유업을 누리며 기뻐할 때, 하늘 아버지 역시 행복해하신다.

관건은 집중이다. 생각이 영혼을 돕는다는 사실을 이해하기 바란다. 예배하며 기도할 때마다, 당신은 마음과 생각을 하나님께 그리고 성령께서 행하시는 일에 집중시켜야 한다. 생각이 영혼을 돕는다!

여호수아 3장 5절을 보라. "너희는 자신을 성결하게 하라 여호와께서 내일 너희 가운데에 기이한 일들을 행하시리라." 과연 누가 스스로를 성결하게 해야 하는가? 바로 당신이다! 그렇다면 어떻게 스스로를 성결하게 할 수 있는가? 생각을 씻음으로 성결하게 할 수 있다! 마음과 뜻과 감정을 거룩하게 씻어야 한다.

> 그러므로 형제들아 내가 하나님의 모든 자비하심으로 너희를 권하노니 (모든 감각을 포함하여) 너희 몸을 하나님이 기뻐하시는 거룩한 산 제물로 드리라 이는 너희가 드릴 영적 예배니라 너희는 이 세대를 본받지 말고 오직 마음을 새롭게 함으로 변화를 받아 하나님의 선하시고 기뻐하시고 온전하신 뜻이 무엇인지 분별하도록 하라 (롬 12:1-2)

이 구절에 사용된 '변화'는 마가복음 9장 2절에 나오는 '변화'와 같은 단어이다. 마가복음 9장 2절을 보면, 제자들의 눈앞에서 예수님의 모습이 변화된 것을 알 수 있다. 거기 사용된 헬라어 '메타모르포'의 뜻은 '변화되다', '한 가지 형체에서 다른 형체로 바뀌다'이다.[1]

거룩해진 상상력을 통해 하나님 나라의 그림을 올바로 그릴 때, 우리는 '내 안에 계신 그리스도'를, 그리고 '그리스도 안에 있는 나' 자신의 모습을 보게 된다. 마치 거울을 보듯 그렇게 그리스도를 선명하게 바라볼 때, 우리의 모습이 변화되기 시작한다. 그리스도의 형상으로 점점 변화되어 가는 것이다. 우리를 향한 하나님의 최종 부르심은 '그리스도의 형상을 닮는 것'이다. 완전히 닮을 때까지 우리의 여정은 계속된다.

하나님은 당신에게 "그리스도의 형상으로 변화되라"고 말씀하신다. 이것은 당신의 삶을 향한 하나님의 부르심이다. 변화산에서 제자들이 보는 앞에서 예수님의 모습이 변화되었듯, 당신도 변화되어야 한다.

하나님께서는 "얘야, 나는 너를 여기까지만 데려오려고 했어. 참 안됐구나. 미안하다"고 말씀하지 않으신다. 주님은 끝까지 동행하시며 우리를 그리스도의 형상으로 변화시키실 것이다. 이것은 하나님께서 우리에게 주신 아주 위대하고 값진 약속이다. 단지 '하나님의 선하심을 맛보아 아는 것'에서 멈추지 않는 위대한 약속 말이다. 하나님은 우리에게서 그리스도의 형상이 온전하게 나타날 때까지 우리와 동행하실 것이다. 이를 위해 하나님은 우리의 '거룩해진 상상'을 도구로 사용하실 것이다. 오직 마음을 새롭게 함으로 변화를 받으라!

chapter 6

살아 있는 그리스도의 몸

몇 년 동안 기도한 제목이 있었다. "주여, 저는 예수님을 닮고 싶습니다. 제 안에 오직 주님만 계시고 제 모습은 나타나지 않게 하소서." 나는 수년간 이 기도제목으로 기도했다. 이것은 내 마음의 열정적인 외침이기도 했다. 지금도 그 열정은 동일하다.

그러던 어느 날, 나는 몬타나 주 리비에서 사역을 하게 되었다. 컨퍼런스 기간 중 나는 어느 부부의 집에 머물렀는데(그 뒤로 나는 그들과 절친한 친구가 되었다), 그 아내에게서 예언의 은사가 강하게 나타났다. 그녀의 말에 의하면, 주님께서 말씀하실 때 눈앞에 항상 총천연색 3D 영화가 펼쳐진다고 한다.

내가 그 부부를 만난 날 밤, 주님께서 내게 그 아내에 대한 예언의 말씀을 주셨다. 내가 그녀에게 손을 얹고 기도하는데, 주님께서 내 마음에 이같이 말씀하신 것이다. "내일 아침, 이 여인이 너를 위해 예언할 것이다." 기도를 마치자 그녀는 나를 쳐다보며 "목사님, 하나님께서 뭐라고 말씀하시던가요?"라고 물었다. 나는 내가 들은 말씀을 그녀에게 전했다.

다음 날 아침이었다. 그녀가 다짜고짜 "목사님, 커피잔 들고 여기 앉으세요"라고 말하는 것 아닌가? 사실, 나는 전날 밤 주님께서 주신 말씀을 까맣게 잊고 있었다. 그래서 그녀의 태도에 적잖이 놀랐다. 하지만 손님이 집주인의 말을 거역할 수 있겠는가? 나는 커피잔을 들고 그녀의 곁에 앉았다. 내 마음이 어느 정도 진정되자, 그녀는 밤 사이 주님께서 자신에게 보여 주신 환상을 이야기하기 시작했다. 그것은 내 삶에 관한 것이었다.

환상 중 그녀는 내가 주님과 나란히 걷는 모습을 보았다. "그것은 목사님의 인생 여정을 말해 주는 장면 같았습니다." 그런데 갑자기 내가 주님의 몸속으로 빨려 들어갔다고 했다. "그 후로 주님께서는 몇 발자국 더 걸어가셨습니다. 그리고는 저를 향해 돌아서서 빙긋 미소를 지어 보이셨습니다." 그녀의 눈에 비친 것은 분명 예수님의 얼굴이었다. "그런데, 이상하게도 그 눈은 목사님의 눈이었어요." 그렇게 예수님의 얼굴에 아직 내 인상이 남아 있었다고 했다.

이후 주님은 그 길을 따라 계속 걸어가셨다. 그리고 얼마 후 다시 돌아보며 미소를 지으셨는데, 이번에는 예수님의 얼굴에서 내 이미지가 발견되지 않았다. "더 이상 목사님의 눈은 보이지 않았습니다. 예수님의 눈이었습니다." 바꿔 말하면, 오직 주님만 계시고 내 모습은 나타나지 않았다는 것이다.

"혹시 이 환상이 목사님께 어떤 의미가 있는지요?" 그녀가 물었다. 나는 수년에 걸쳐 매일 밤 잠들기 전, 어떤 기도를 드렸는지 그녀에게 말해 주었다. "주여, 저는 예수님을 닮고 싶습니다. 제 안에 오직 주님만 계시고, 제 모습은 나타나지 않게 하소서"라고 말이다.

그녀의 예언을 통해 주님께서 내게 복을 주셨다. 이 사실에 나는 한없이 기쁘고 행복했다. 주님은 내 기도를 들으시고, 내 마음의 소원을 이루어 주셨다. 이제 나는 또 다른 거점 하나를 얻었다. 거룩해진 상상을 통해 집중할 그림 하나를 더 얻은 것이다! 주님을 향해 마음을 정하고 상상할 때마다, 나는 그녀가 말한 환상을 떠올린다. 나도 그 환상을 보게 된 것이다.

내 모습은 나타나지 않고 오직 주님만

몇 년 전, 아내와 나는 북아일랜드 벨파스트에서 컨퍼런스를 인도했다. 그런데 공교롭게도 그날은 유대인의 새해인 '로쉬 하샤나'(유대력 7월 1일, 나팔절 – 역자 주) 절기였다. 양력으로 로쉬 하샤나는 보통 9-10월 즈음이다. 지난 9년 넘도록 내가 경험한 초자연적 영역에서 로쉬 하샤나는 아주 심오한 의미로 다가왔다. 왜냐하면 매년 로쉬 하샤나 즈음, 하나님께서 나를 찾아와 특별하게 만나 주셨기 때문이다. 물론 그때만 환상을 보거나 하나님의 방문을 받았던 것은 아니다. 연중 내내 여러 가지 환상을 보았고, 하나님의 방문을 받기도 했다. 그러나 유대인의 신년(로쉬 하샤나)에 나를 찾아주실 때는 항상 교회와 관련된 말씀, 교회 안에 어떤 일을 행하실지 말씀해 주셨다.

벨파스트에서 컨퍼런스를 인도하던 날, 집회 중 나는 키가 3.5미터나 되는 천사가 강단 위에 서 있는 것을 보았다. 그는 길고 번쩍이는 금나팔을 불었다. '도대체 무슨 일이 일어날까?' 나는 매우 궁금했다. 그래서 주님께 여쭈었다. "주님, 오늘은 제게 무슨 말씀을 하려 하십니까?"

"오늘은 로쉬 하샤나이다." 주님께서 대답해 주셨다. 그 말씀을 하신 순간, 강단 위에 하늘이 열리고 하나님의 영광이 찬란하게 내리비쳤다. 그 빛이 눈부셔서 나는 얼굴을 돌렸다. 심지어 내 육안이 멀 지경이었다(두 눈에 아무 손상을 입지 않은 채 하나님의 영광을 바라볼 수는 없다).

그런데 얼굴을 돌린 순간, 나는 하늘의 보좌가 있는 방 안에 예수님께서 서 계신 것을 보았다. 주님께서 말씀하셨다. "이리로 오라."

상상할 수 없을 만큼 엄청난 주파의 파동을 맞았기에 온몸이 사시나무처럼 떨리기 시작했다. 마치 내 몸이 산산이 분해되어 소립자처럼 흩어지는 느낌이었다. 나는 매우 흥분했고, 긴장감은 최고조에 이르렀다. 나는 하나님의 보좌 앞에 엎드려 경배하고 있었다.

그러다가 어느 시점에선가 나는 자리에서 일어섰다. 그리고 주위를 둘러보았다. 하나님의 보좌, 그리고 그 앞에 펼쳐진 유리 바다는 상상한 것 이상으로 크고 광대했다. 유리 바다는 정말 유리와 같은 재질이었던지, 투명해 보였다. 그리고 끝없이 펼쳐진 것처럼 보였다.

하나님의 보좌는 도대체 어떤 말로 설명할 수 있을까? 그 보좌는 견고한 물질로 만들어진 것 같았다. 하지만 겉모습은 영광의 구름 같아 보였다. 유형(有形)인 듯하면서 무형(無形)인 듯 보였다. 당신의 귀에 이 말이 이상하게 들릴지도 모르겠다. 하지만 내가 본 그대로 말하자면, 그 보좌는 하나님을 경배하며 찬양했다. 보좌를 이루는 모든 원소들이 그 위에 앉으신 분을 찬양하고 있었다.

모든 것이 빛이었다고 말할 수는 있지만, 그렇게 말한다면 내가 본 것을 제대로 설명하지 못한 것이다. 내가 본 것을 가장 적절하게 설명하자면, "그곳엔 어둠이 없었다"는 정도일 것이다. 그곳에는 어둠을 암시하는 어떤 것도 보이지 않았다. 그림자도 없고, 그늘도 없었다. 이생의 염려처럼 분위기를 무겁게 만드는 요소도 없었다. 어쩌면 그곳은 사람이 생각해 낼 수 있는 가장 이상적인 장소일 것이다. 빛과 생명과 영광으로 가득한 곳이니 말이다. 그러나 주님께서는 그 찬란한 빛과 생명과 영광으로부터 나를 보호해 주셔야 했다. 왜냐하면 지금의 육체로는 그 같은 거룩과 정결과 능력을 견뎌내지 못하기 때문이다.

나는 자리에서 일어섰다. 그리고 주위를 둘러보니 보좌 앞에는 대략 400명 정도 되는 사람들이 서 있었다. 그들은 온 인류를 대변하는 바, 각 족속과 방언과 나라에서 온 사람들이었다.

이후 나는 보좌 위에 계신 하나님을 향해 눈을 돌렸다. 그러나 그분의 형상을 볼 수 없었다(하나님의 형상을 볼 수 없다는 사실만 확인했을 뿐이다). 주님은 영광의 구름에 둘러싸여 계셨다. '그렇지. 우리를 보호하기 위해 구름을 두르고 계신 것이구나.' 나는 그렇게 이해했다.

보좌를 바라보며 서 있는 동안, 하나님께서 오른손을 들어 보좌 앞의 군중을 향해 홀을 내미셨다. 그리고 그분의 임재(내가 경험한 것을 '임재'로 밖에는 설명할 수 없다)로부터 우렁찬 목소리가 흘러 나왔다. "너희의 간구를 들어주겠다. 내 나라의 절반이라도 너희에게 내어 주겠다."

살아가는 동안 주님께 많은 질문을 드렸지만 아무 대답도 듣지 못한 경우가 많았다. 여러 기도제목으로 기도했지만, 응답 받지 못한 경우도 많았다. 그날 저녁, 나는 주님께 통찰력과 지혜를 구하며 은혜의 보좌 앞에 몇 가지 기도제목을 올려 드렸다. 내 간구와 요청을 하나님께 올려 드린 것이다. 그렇게 나는 하늘의 보좌가 있는 방 안에서 하나님께 간구했고, 하나님께서는 내 간구를 들어주겠노라 말씀하셨다. 심지어 그 나라의 절반까지도 내어 주겠노라 약속하셨다.

그 순간 이상한 일이 발생했다. 하나님께서 그렇게 말씀하시자 갑자기 내 기도제목이 작게 느껴졌다. 그동안 중요하게 생각해 온 것들, 간구, 요청, 기도제목, 그 모든 것이 사라져 버린 것이다.

하나님께서 홀을 내밀며 어떤 요구에도 응답하겠노라 약속하셨을 때, 내 속사람이 한 말은 이것이다. "저는 오직 주님만을 원합니다. 제게서 제 모습은 나타나지 않게 하소서. 저는 예수님을 닮고 싶습니다." 나는 조금도 주저하지 않았다. 그동안 간구해 왔던 다른 기도제목들은 아예 떠오르지도 않았다.

하나님은 세 번이나 홀을 내미셨다. 그리고 내 대답 역시 세 번 모두 동일하게 반복되었다. 나는 뜸 들이지 않고 말했다. "오직 주님만을 원합니다. 저는 나타나지 않게 하소서. 저는 예수님을 닮고 싶습니다."

그렇게 세 번 하나님께 대답한 후 주변을 둘러보니 나는 여전히 벨파스트의 컨퍼런스 장소에 서 있었다.

만일 주님의 약속을 들은 후 그동안 내가 마음 깊이 품어 왔던 기도제목을 아뢰었다면, 아마 그 모든 일은 다 이뤄졌을 것이다. 하지만 하나님과 마주한 순간, 그토록 중요하게 여겨 왔던 기도제목들은 하나도 생각나지 않았다.

영적 전쟁의 무기

그때의 경험을 통해 나는 '지혜'를 '이삭줍기'했다. 내가 깨달은 것은 하나님께서 지금 이때(시대), 오직 예수 닮기를 갈망하는 세대를 일으키신다는 것이다. 그들은 예수님이 행하셨던 일들을 그대로 따라하고, 그분의 성품을 그대로 닮아갈 것이다. 이처럼 성숙한 세대가 이제 곧 일어날 것이다.

또 깨달은 것이 있는데, 우리가 중요하게 여기는 일들 대부분은 하나님 아버지께서 별로 중요하게 여기지 않으신다는 것이다. 우리의 야망에 대해 하나님은 별 관심이 없으시다. 그러므로 내 야망을 하나님께 아뢰기보다는 하나님의 소망을 분별하고 그대로 따르는 법을 배워야 한다. 만일 당신이 성령의 인도하심을 따른다면, 하나님께서는 당신을 향한 소망과 부르심을 온전히 이뤄 주실 것이다.

물론, 무언가를 얻고자 하나님께 간구하고 기도하고 응답을 요하는 것에는 아무 문제가 없다. 그러나 내 야망과 소원을 하나님의 뜻보다 앞세워서는 안 된다. 부디 하나님께서 소망하시는 바가 우리의 우선순위이길 바란다. 내 야망과 소원은 하나님의 뜻 다음으로 제쳐 두어야 옳다.

"내가 아닌, 오직 당신으로만 채워 주소서!" 이것이 내 마음속 유일한 소원이다. 그렇다고 해서 내 인격 자체가 사라지는 것은 아니다. 인격은 나를 독특하게 만드는 요소이기 때문이다. 내 삶에 예수님이 '가득' 채워질 때, 내게서 사라지는 것은 '내 인격'이 아니라 '내 죄악'이다. 마침내 우리는 그리스도처럼 변화될 것이고, 하나님 나라의 권세를 거머쥘 것이다. 성령과 교제하다 보면, 하나님이 바라시는 대로 우리에게서 예수님의 모습이 나타날 것이다.

나는 두 손을 들고 하나님을 예배했다. 예배하면서 하나님이 주신 말씀을 곱씹었다. 그런데 갑자기 오른손 약지가 뜨겁게 불타오르는 것 같았다. 잠시 눈을 떠 오른손을 보았더니, 하나님께서 내 오른손 약지에 인장 반지를 끼워 주시는 것 아닌가?

다시 한 번 말한다. 그날의 내 경험은 나만을 위한 메시지가 아니라 온 교회에 주신 메시지였다. 인장 반지는 당신이 속한 가문(교회)의 권세를 상징한다. 일단 인장 반지를 끼면, 당신이 무엇을 하든 그 가문의 권세가 당신의 행위를 보증해 주고 책임져 줄 것이다. 이것이 인장 반지의 권세이다.

또한 인장 반지는 '성숙'을 상징한다. 반지를 끼면 '제게 주세요' 식의 사고구조를 탈피하여 '저를 이런 사람으로 만들어 주세요' 식의 사고구조를 갖게 되기 때문이다.

여기서 잠시, 나를 어떤 사람으로 만들어 달라는 말인가? 가문의 머리이신 예수 그리스도와 같은 사람으로 만들어 달라는 것이다. 그렇다. 그가 바로 우리 가문의 머리이시다. 우리는 예수 그리스도처럼 변화되기를 소망해야 한다.

> 또한 너희 지체를 불의의 무기로 죄에게 내주지 말고 오직 너희 자신을 죽은 자 가운데서 다시 살아난 자같이 하나님께 드리며 너희 지체를 의의 무기로 하나님께 드리라 (롬 6:13)

우리는 이 말씀처럼 (문자 그대로) 우리의 지체(감각)를 의의 무기로 하나님께 드려야 한다. 우리의 상대는 혈과 육이 아니다. 그러므로 이 싸움을 위해 무기부터 제대로 갖추어야 한다. 일단 당신이 가진 무기를 하나님 앞에서 점검받으라. 영적인 능력과 은사와 감각을 하나님께 내어 드리라. 우리가 하나님께 드려야 할 것 중에는 거룩해진 상상력도 있다.

매일 잠에서 깨면 로마서 6장 13절을 펴고 기도하라. "주님, 제 눈을 거룩하게 해주세요. 제 귀를 거룩하게 씻어 주세요. 제 혀를 거룩하게 해주시고, 제 코를 거룩하게 해주세요. 제 손을 거룩하게 해주시고, 제 상상력과 논리와 이성을 거룩하게 해주세요. 아버지, 오늘 저는 이 모든 것을 의의 무기로 주님께 드립니다." 이렇게 무기를 갖춘 후에야 이 싸움을 싸울 수 있다.

> 주께서 심지가 견고한 자를 평강하고 평강하도록 지키시리니 이는 그가 주
> 를 신뢰함이니이다 (사 26:3)

'심지'로 번역된 히브리어 '예쩨르'는 참으로 매력적인 단어이다. 그 뜻은 '상상으로 빚은 틀'이다.¹⁾ 이 단어의 의미를 유의하여 이사야 26장 3절을 다시 한 번 적어 보면 다음과 같다. "주께서는 주의 형상을 올바르게 상상하는 사람을 평강하고 평강하도록 지키시리니 이는 그가 주를 신뢰함이니이다."

성경에 기록된 대로, 마음의 청결성과 영적 민감성은 긴밀하게 연결되어 있다. 마음이 청결한 사람은 영적으로 민감하다.

우리가 상대하는 적은 혈과 육이 아니다. 그러므로 육신의 무기를 가지고는 이 전쟁에 나설 수 없다.

> 우리의 싸우는 무기는 육신에 속한 것이 아니요 오직 어떤 견고한 진도 무너뜨리는 하나님의 능력이라 모든 이론을 무너뜨리며 하나님 아는 것을 대적하여 높아진 것을 다 무너뜨리고 모든 생각(상상)을 사로잡아 그리스도에게 복종하게 하니 (고후 10:4-5)

영적 전쟁에 육신의 무기를 들고 갈 수 있는가? 육신의 무기는 아무 힘도 발휘하지 못한다. 강력한 핵무기조차 무용지물이다.

반면, 우리가 가진 무기는 강력하다. 그것은 견고한 진을 모조리 무너뜨리는 하나님의 능력이기 때문이다. 이 영적 전쟁의 개요는 다음의 명령에 잘

나타나 있다. "모든 이론을 무너뜨리며 하나님 아는 것을 대적하여 높아진 것을 다 무너뜨리고 모든 생각을 사로잡아 그리스도에게 복종하게 하라."

보는 것

이 전쟁은 눈에 보이는 곳에서 펼쳐지는 것이 아니라 우리 내부(마음)에서 펼쳐진다. 갈등 역시 외적이라기보다 내적이다. 그러므로 생각과 마음의 훈련 여부가 전쟁의 승패를 좌우한다. 우리의 생각을 하나님의 뜻과 목적과 말씀에 일치시킬 때, 우리는 전쟁에서 승리할 수 있다.

마태복음 5장 8절을 보라. "마음이 청결한 자는 복이 있나니 그들이 하나님을 볼 것임이요." 우리 대부분은 과거를 회상하며, "그래. 그동안 나는 이 구절을 자신 있게 읽지 못했어"라고 말할 것이다. 그리고 어떻게 이 구절을 외면해 왔는지 생각할 것이다.

하지만 당신이 그리스도의 보혈에 씻겨 거듭났다면, 당신에겐 과거란 것이 없다. 그러므로 과거를 회상하며 자신의 마음이 얼마나 불결한지를 생각하는 것은 성경적이지 않다. 지금 당신의 마음은 '청결'하다! 옛 것은 모두 지나갔다. 모든 것이 새롭게 되었다!(고후 5:17)

내가 10분 전에 하나님의 말씀에 위배되는 일을 저질렀다고 하자. 그리고 지금, 그것이 죄라는 사실을 깨닫고 하나님 앞에 고백하며 회개했다고 하자. 그러면 내 마음은 다시 청결해진다.

핵심은 예수 그리스도의 보혈이다. 지금도 우리는 예수님께서 흘리신 그 보혈을 얻을 수 있다. 주님의 보혈에 죄를 씻으면 눈과 같이, 양털과 같이 희어진다. 이 얼마나 감사한 일인가!

하나님의 말씀대로, 현재 당신의 마음은 청결하다. 당신의 마음이 어린양의 보혈에 씻겼으므로 당신은 볼 자격을 얻었다. "마음이 청결한 자는 복이 있나니 그들이 하나님을 볼 것임이요." 물론 우리는 이 말씀을 이렇게 이해하곤 한다. "우리가 죽어서 천국에 가면 하나님을 보게 될 것이다." 그러나 이것은 성경의 가르침이 아니다.

위 구절에서 '보다'로 번역된 헬라어는 '옵타노마이'인데, 그 뜻은 '무언가 놀라운 것을 볼 때처럼 활짝 열린 눈으로 바라보다'이다. 참고로 이 단어 '옵타노마이'에서 '시력측정자'라는 뜻의 영단어 '옵토메트리스트'(optometrist)가 파생되었다.

안경 맞출 때를 생각해 보라. 우리는 안경테에 여러 렌즈를 넣고 빼기를 반복하며 시력에 맞는 렌즈를 찾는다. 영적인 영역에서도 마찬가지로 시력에 맞는 영적 렌즈를 착용한다. 그러면 우리의 두 눈에 놀라운 일들이 보이기 시작한다. 처음으로 성령의 역사를 보게 될 때, 당신의 두 눈은 휘둥그레질 것이다.

오, 복되다! 마음이 청결한 자들이여! 그들이 하나님을 보게 될 것이기 때문이다. 이 말씀은 청결한 마음과 하나님을 아는 지식이 불가분의 관계임을 알려 준다. 그러므로 이 시간, 당신이 바라야 할 것은 '청결한 마음'이다. 마음이 청결한 사람은 하나님을 볼 수 있을 뿐 아니라 크나큰 복도 얻게 된다. 왜냐하면 마음이 청결하다는 말은 세상의 모든 오염으로부터 깨끗해졌다는 뜻이기 때문이다. 하나님께서는 그러한 그릇에 복을 담아 주신다.

무엇에 집중하든, 당신은 그것에 마음을 빼앗기기 마련이다. 또한 당신은 자신이 집중한 것에 단단히 연결될 것이다. 이제 이 사실을 염두에 둔 채, 잠언 22장 11절을 읽어 보자. "마음의 정결을 사모하는 자의 입술에는 덕이 있으므로 임금이 그의 친구가 되느니라." 마음이 청결하면, 그 입술에 '덕'이 담긴다. 예수님의 말씀대로 사람은 마음에 가득한 것을 입 밖으로 내기 때문이다. 이렇게 은혜 가득한 말을 하는 사람에게는 왕들도 친구가 되려고 자청하며 나설 것이다.

어떻게 하면, 주님을 친밀하게 알 수 있을까? 어떻게 하면, 주님과 얼굴을 맞대고 교제할 수 있을까? 이 영적 여정을 이어가는 독자들에게 해 주고 싶은 말이 있다. "하나님께서 당신을 위해 모든 것을 준비하셨다. 모든 것을! 이 사실을 믿으라."

앞에서 언급한 내용들은 내가 마음을 다해 주님을 따를 때 체험한 것들이다. 나는 기도하고, 금식하고, 말씀을 연구하며 주님을 따랐다.

"이것은 모든 성도에게 가능한 일이다." 나는 당신에게 이 단순한 성경적 진리를 알리기 위해 내 경험을 이야기했다.

임재의 불

이제 몇 년 전에 내가 경험한 일을 이야기할 것인데, 앞에서 말한 요점들을 염두에 두고 잘 들어보기 바란다.

워싱턴 주 커클랜드의 한 교회에서 사역할 때의 일이다. 그곳에서 예배를 드리던 중, 나는 제트기의 보조동력 엔진이 폭발하는 듯한 굉음을 들었다(보조동력 장치는 제트기나 보잉 747기 등의 엔진 점화에 사용되는 장치이다). 그 소리는 교회 안의 찬양소리보다 훨씬 더 컸다. 당시 나는 눈을 감고 찬양을 불렀는데, 화들짝 놀란 나머지 눈을 떴다. '도대체 어디서 그 같은 굉음이 난 것일까?' 한참 의아해했다. 왜냐하면 그 교회는 공항으로부터 수 마일이나 떨어져 있었기 때문이다.

나는 눈을 크게 뜨고 두리번거렸다. 그런데, 이상한 광경이 눈에 들어왔다. 내 앞 강대상에 불기둥이 서 있는 것 아닌가? 그것은 하나님의 임재였다. 나는 먼저 하나님의 임재 소리를 들었고, 이후 그 임재를 보았다(두 개의 감각 기관이 하나님의 임재를 느낀 것이다). 그것은 참으로 놀라운 경험이었다. 전에는 이 같은 것을 본 적도, 들은 적도 없었다. 물론 성경에 이스라엘 백성이 광야를 지날 때 낮에는 구름기둥, 밤에는 불기둥이 나타나 그들을 보호했다는 기록이 있지만 말이다. 그러나 내 주변에는 불기둥을 목격했다는 사람도 없고, 그런 사람을 아는 사람도 없었다. 그렇게 난생 처음으로 불기둥을 체험했다!

내 모든 관심은 이 신기한 광경에 쏠려 있었다. '과연 주님께서 무엇을 말씀하시려는 걸까?' 나는 불기둥을 바라보며 어안이 벙벙해 있었다. 그때 불기둥의 오른편에 보좌가 놓이고 그 위에 예수님께서 앉아 계신 모습이 보였다. 나는 주님을 바라보며 한참 동안 제자리에 서 있었다. 이윽고 주님께서 보좌에서 일어나셨다.

지난 몇 년 동안 나는 예수님과 얼굴을 마주보는 '복'을 누렸다. 매번 만날 때마다 주님은 자신의 새로운 면모를 나타내 보이셨다. 내 인생의 가장 어려웠던 시기, 예수님께서는 '치유자'의 모습으로 다가와 내게 치유의 기름을 부어 주셨다. 환난을 겪는 동안 예수님은 '위로자'의 모습으로 다가와 나를 보듬어 주셨고 환난을 지나도록 인도해 주셨다. 그렇게 나는 가장 좋은 친구이신 예수님과 수많은 시간을 보냈다.

그러나 그날 밤, 나는 예수님의 또 다른 면모를 깨닫게 되었다. 그날 내가 만난 예수님은 '영광의 왕'이셨다. 유다의 사자이신 예수 그리스도! 예수님은 내 눈을 바라보며 말씀하셨다. "저들에게 말하라!" 주님께서 이 말씀을 하신 순간, 내 안에는 주님에 대한 두려움(경외심)이 크게 임했다. 마치 심장이 멎는 듯했고, 그대로 자리에 쓰러져 죽을 것만 같았다. 내 몸의 모든 세포가 하나님에 대한 두려움으로 심히 떨렸다.

주님께서 계속 말씀하셨다. "너는 이 사람들에게 중보기도의 잔이 거의 다 찼다고 말해라. 그동안 이들은 내 영의 지시를 받고 기도해 왔다. 잔이 가득 차면, 나는 이들이 중보해 온 지역 위에 그 잔을 쏟아 부을 것이다." 주님께서 내게 명령하셨다. 부탁이 아니라 명령이었기에 사람들에게 어서 빨리 말해야 했다. 그러니 그 교회의 담임 목사가 나를 소개하기까지 기다릴 수가 없었다.

나는 계속 불기둥을 바라보았다. 하지만 주님에 대한 두려움 때문에 온몸이 부들부들 떨렸다. 물론 주님의 임재는 너무나 따뜻했다. 마치 두꺼운 솜사탕 이불이 실내 전체를 덮은 것 같았다. 두꺼운 이불이라는 표현이 적당하다. 왜냐하면 그 임재에 감싸여 몸을 살짝 움직이는 것조차 힘들었기 때문이다.

나는 가까스로 입을 열어 내 친구 존에게 말했다. "존, 어서 강단으로 올라가 봐."

그가 물었다. "왜?"

"거기, 주님의 임재가 있어."

그는 강단을 향해 천천히 걸어갔다. 내 눈에는 불기둥이 보였지만, 그의 눈에는 보이지 않았나 보다. 그는 불기둥 앞 1.5미터 정도 되는 지점까지 다가갔다. 그때 그는 하나님의 임재에 압도되어 그 자리에 쓰러져 버리고 말았다.

불기둥을 본 것은 참으로 놀라운 일이었다. 그러나 초자연적 현상이 자연계에 있는 사람에게 (그는 불기둥을 보지도 못했다) 강력한 영향을 미치는 것은 더욱 놀라운 일이었다.

나는 또 다른 친구 로이에게 말했다. "이봐 로이, 강단으로 올라가 봐. 거기 주님이 계셔."

로이는 열정을 다해 하나님을 갈망하는 사람이었다. 내가 권한 대로 그는 강단으로 올라갔다. 그렇게 불기둥에 가까이 다가섰을 때, 그 역시 하나님의 임재에 압도되어 그 자리에 쓰러져 버렸다. 나는 그곳에 모인 사람들을 하나하나 불기둥 가까이로 보냈다. 그렇게 그들은 아주 생생하게 하나님의 임재를 체험했다.

찬양이 끝날 무렵, 그 교회의 담임 목사가 내게로 와서 말했다. "준비 되셨으면 언제든 강단으로 올라가십시오."

나는 강단에 올라섰다. 하지만 어떻게 그곳까지 올라갔는지는 기억나지 않는다. 강단에 오르려면 네 개의 층계를 밟아야 하는데, 계단 넷을 오르는 길이 내 인생에서 가장 어렵고 힘든 여정이었다. 나는 강대상을 붙잡고 겨우 그 자리에 섰다. 하지만 넘어지지 않으려고 안간힘을 써야만 했다.

그렇게 나는 불기둥 안, 하나님의 임재 한가운데에 섰다. 내 몸의 모든 세포가 부르르 떨렸다. 그와 동시에 내 몸은 굉음을 발산했다. 에너지의 거센 흐름이 내 몸을 통과하는 것 같았다. 그날 무사히 집회를 마칠 수 있었던 것은 오직 하나님의 은혜 덕분이다.

설교하는 동안, 기름부음과 능력의 파도가 나를 통과해 들어왔다가 밖으로 빠져나오기를 수없이 반복했다. 그날 나는 하나님 임재의 능력을 새롭게 깨달았다. 그 깨달음과 함께 내 마음에는 하나님을 향한 두려움이 가득 차올랐다. 물론 그것은 육신적인 두려움이 아니었다. 그것은 경외심, 곧 하나님을 놀라워하고 거룩하게 두려워하는 마음이었다. 전에는 경험해 보지 못한 아주 강렬한 친밀함을 체험한 것이다.

이 경험은 내 삶을 극적으로 바꿔 놓았다. 또한 하나님이 어떤 분이신지 새롭게 이해하는 계기가 되었으며, 이로 인해 내 인격의 틀도 새롭게 형성되었다. 그 일은 하나님을 향한 열정에서 시작되었다. 그리고 하나님의 말씀을 삶에 적용하는 과정 중 현실화되었다(내가 이 책에 언급한 성경 말씀을 적용한 것이다).

누차 강조하지만, 이것은 영적 고지에 오른 소수에게만 허락된 체험이 아니다. 하나님의 자녀라면 누구든 경험할 수 있다!

깨끗한 마음으로 시작하라

당신에게 어떤 은사가 있든, 마지막 날에 그 모든 것은 불타 버리고 연기처럼 사라져 버릴 것이다. 천국에서는 치유도, 예언도, 지혜의 말씀도 필요 없다. 심지어 믿음마저 필요 없다. 이 모든 것은 이 땅에서 살아갈 때 필요한 은사(선물)이기 때문이다. 천국에선 필요 없어도, 이 땅에선 꼭 필요한 것들이다. 그러므로 성경에 기록되었듯 우리는 끈질기게, 그리고 열정적으로 영적 은사들을 추구해야 한다.

그런데 우리가 추구해야 할 가장 중요한 것은 '사랑'이다. 사랑은 물건도 아니고, 감정도 아니다. 사랑은 '인격'이다. 참 사랑이신 그분의 이름은 '예수 그리스도'이다. 그러므로 우리는 끈질기게, 그리고 열정적으로 예수님을 추구해야 한다. 그분을 닮아가기를 갈구해야 한다!

이 같은 깨달음은 당신의 패러다임을 바꿀 것이다. 이렇게 당신이 예수님을 닮아갈 때, 당신의 삶을 향한 하나님의 약속은 더욱 빠른 속도로 성취된다. 하나님의 친구가 되고 싶은가? 그러면 '깨끗한 마음' 갖기를 사모하라.

성경은 이렇게 말한다. "주께서 그러하심과 같이 우리도 이 세상에서 그러하니라"(요일 4:17). '과거에 주께서 그러하셨던 것과 같이'가 아니라 '지금 주께서 그러하심과 같이'이다. 즉 과거시제가 아니라 현재시제이다.

잠언 23장 26절을 보라. "내 아들아 네 마음을 내게 주며 네 눈으로 내 길을 즐거워할지어다." 먼저는 하나님께 마음을 드려야 한다. 그런 후에야 하나님의 길을 분별할 수 있다.

사역을 시작하면서 나는 이렇게 기도하곤 했다. "주님, 저는 이것을 하고 싶습니다. 저것을 하고 싶습니다. 아픈 사람이 낫는 것을 보기 원합니다. 잃어버린 영혼들이 구원받는 것을 보고 싶습니다." 감사하게도 하나님께서는 내 기도를 어느 정도 들어주셨다.

그러나 결코 이러한 기도 패턴에 머물러서는 안 된다. 그리스도인으로 살아가다 보면, 반드시 이렇게 기도해야 할 때가 온다. "하나님, 그거 아세요? 제가 원하는 일을 하는 데 지쳤습니다. 이제는 하나님의 뜻대로 살고 싶습니다. 하나님께서는 지금 어떤 일을 하고 계세요?"

당신에게 제안한다. "주여, 오늘 제가 하는 일에 복 내려 주시고, 저를 편안한 길로 인도해 주세요"라고 기도하는 대신 이렇게 시작해 보면 어떻겠는가? "아버지, 아버지께서는 오늘 어떤 일을 하실 계획이시죠? 저도 그 일에 끼워 주세요. 하나님께서 일하시는 그곳에 저도 있기 원합니다."

순종하고 싶은가? 순종은 내 뜻을 내려놓고 하나님의 뜻을 받아들이는 것이다. 그날그날 성령께서 하시는 말씀대로 따르는 것이다. 순종하고 싶다면, 주님께 이렇게 여쭈라. "하나님, 제가 무엇을 해야 할지 알려 주세요. 오늘 주님과 저는 어떤 일을 하게 될까요?"

영적 인지능력은 '깨끗한 마음'에 깃든다. 그래서 우리는 하나님의 친구가 되기 위해 무엇보다 먼저 깨끗한 마음을 갈구해야 한다. 그렇다면 '마음'은 무엇인가? 마음은 우리의 영과 혼에 연결되어 있는 무언가이다. 사실 마음을 정의하기란 쉽지 않다. 어떤 경우 우리는 마음을 '생각'(상상, 논리, 이성적 기능을 포함)으로 정의한다. 또한 의지나 감정으로 정의할 때도 있다.

당신이 보고 듣는 모든 것은 당신의 '생각' 속 하드 드라이브에 저장되고, 그렇게 저장된 것들은 당신의 존재를 형성하기 시작한다. 그렇다면, 우리가 옳고 그른 것, 생각해야 할 것과 생각해서는 안 될 것, 할 말과 하지 말아야 할 말을 구별하지 않을 경우, 과연 우리에게는 어떤 일이 일어나겠는가? 이 모든 무질서함이 우리의 생각 속에 혼재할 때, 과연 우리는 어떤 존재가 되겠는가?

앞에서 말했듯 위기(어려운 환경이나 상황)는 우리의 인격을 형성하지 못한다. 다만 우리의 인격이 어떠한지 드러내 줄 뿐이다. 인격은 우리가 하나님 말씀대로 행하고 그 부르심에 집중하며 살아갈 때 형성된다. 그러다가 위기가 닥치면, 우리 내면에 저장된 것들(인격)이 밖으로 나오게 된다.

당신이 본(감각기관을 사용하여 인지한) 모든 것은 마음속 하드 드라이브에 저장된다. 이러한 이유로 하나님의 백성은 자신의 눈과 귀와 생각을 깨끗하게 씻어야 한다. 자신의 삶에 무엇을 들여놓을지 주의하라.

하나님 말씀의 원리를 적용하여 사고구조를 새롭게 조직해 간다면, 당신은 얼마 안 있어 영의 세계를 감지하게 될 것이다. 기억하라. 생각을 씻는 일 없이는 영적 진보도 없다. 생각을 씻지 않는 사람은 영적으로 둔감하다. 그들은 웬만한 일은 '우연'으로 치부해 버리며 무감각하게 살아갈 뿐이다.

"내가 여호와를 항상 내 앞에 모심이여"(시 16:8). 이것을 바꿔 말하면, 하나님을 항상 당신의 생각 전면에 모셔 두어야 한다는 뜻이다. 즉, 당신의 생각과 마음이 '하나님'으로 가득 채워져야 한다. 당신은 항상 하나님께 집중해야 한다.

> 우리가 다 수건을 벗은 얼굴로 거울을 보는 것같이 주의 영광을 보매 그
> 와 같은 형상으로 변화하여 영광에서 영광에 이르니 곧 주의 영으로 말미
> 암음이니라 (고후 3:18)

이 말씀은 '만일' 또는 '어쩌면'의 불확실성을 전제한 약속이 아니다. 이것은 담담한 진술이다. 사실을 '있는 그대로' 설명한 말씀이다.

하나님께 집중하는 동안 당신은 변화된다. 마음으로 또 생각으로 하나님의 모습을 올바르게 상상할 때, 당신은 그리스도의 형상으로 변화된다. 이러한 변화를 가리켜 '영광에서 영광에 이른다'고 말한다. 무엇을 보든(그것이 주님이든 아니든) 당신은 그 모습대로 변화될 것이다. 무엇에 집중하든 당신은 그대로 변화될 것이다.

끊임없이 무언가에 집중하면, 그것은 당신의 정체로 굳어진다. 이러한 이유로 히브리서의 기자는 "예수님을 바라보라"고 명령했다(히 12:2). 또한 히브리서 11장 27절은 모세에 대해 설명하기를 "보이지 아니하는 자를 보는 것같이 하여"라고 하였다. 핵심은 '우리의 눈이 열려 주님을 바라보는 것'이다.

주님을 바라보는 것이 왜 그렇게 중요한가? 다시 한 번 말한다. 당신이 무엇에 집중하든 당신은 그것에 연결되고, 당신의 삶에 연결된 그것은 활성화될 것이다.

이것은 내가 아주 오랜 기간 습득한 내용이다. 마침내 깨달음(계시)을 얻기까지, 나는 이 가르침을 다양한 경로로 배워야 했다.

거룩한 명상(묵상)

"명상은 사탄의 일이야." "명상은 동방종교의 신비사술이야." "명상은 뉴에이지야." 이것은 기독교를 반대하는 사람들의 말이 아니라 선한 뜻을 지닌 크리스천들이 흔히들 하는 말이다. 더러 내게 이같이 경고하는 사람도 있었다. "상상은 하나님의 방법이 아닙니다." 그런데 이 모든 발언은 명상(묵상)에 대한 성경의 설명을 제대로 살피지 않은 결과이다. 쉽게 말해, 잘 몰라서 그렇게 말하는 것이다.

'성경적인 명상(묵상)'이라는 표현을 들어본 적 있는가? 사실 하나님은 여호수아에게 "밤낮으로 율법을 명상(묵상)하라"고 명령하셨다(수 1:8).

'명상' 또는 '묵상'이라는 말의 문자적 의미는 '소곤소곤 중얼거리다', '읊조리다', '곱씹다' 등이다. 일례로 내가 고린도후서 3장 18절을 '묵상'한다고 해 보자. "우리가 다 수건을 벗은 얼굴로 거울을 보는 것같이 주의 영광을 보매 그와 같은 형상으로 변화하여 영광에서 영광에 이르니 곧 주의 영으로 말미암음이니라"(고후 3:18). 그렇다면 나는 이 말씀을 중얼거리고 반복해서 읊조리고 계속해서 생각하며 곱씹어야 한다. 언제까지 그래야 하는가? 이 말씀이 내게 '실상'으로 자리 잡을 때까지이다! 이것이 '묵상'의 참 의미이다.

말씀을 묵상하는 동안 나는 상상력을 발휘해 그림을 그린다. 당신도 말씀을 읽으며 그림을 그리지 않는가? 아니라고 생각하는가? 말씀을 묵상하면서 머릿속에 그림을 그리지 않을 수가 있는가?

거울 앞에 설 때마다 나는 거기에 어떤 이미지가 나타나는 것을 본다. 먼저는 거울에 비친 내 모습이 보인다. 하지만 그와 동시에 나는 하나님의 영광을 본다. 그렇게 나는 거울 앞에 설 때마다 거기 비친 내 모습뿐 아니라 주님의 형상도 본다. 즉, 내 안에 계신 주님을 바라보는 것이다.

말씀을 읊조리고, 곱씹고, 중얼거릴 때마다 나는 내 마음판에 하나님의 형상을 그린다. 그러면 반드시 어떤 일이 일어난다. 내가 변화되기 시작하는 것이다.

"우리가 흙에 속한 자의 형상을 입은 것같이 또한 하늘에 속한 이의 형상을 입으리라"(고전 15:49). 이제 이 말씀을 다른 시각으로 살펴보자. 당신이 죽어서 천국에 간 후에 이런 일이 일어나리라 생각하는가? 아니다. 이 땅에서도 당신의 형상은 변할 수 있다! 지금 우리가 땅에 속한 형상을 갖고 살 듯, 우리는 하늘에 속한 이의 형상도 갖고 살 수 있다. 하늘에 속한 이의 형상이 내 안에 채워질 때, 내 안에 주님이 전부이고 나는 없다.

나는 예수님처럼 되기를 원한다. 어쩌면 이것은 단순히 원하는 수준이 아니라 집요한 갈망이다. 예수님처럼 되는 것이 나의 열정, 나의 목적, 나의 부르심, 나의 우선순위이다. 다른 모든 것은 그저 '그 다음'일 뿐이다.

하나님 안에서 그 많은 체험을 해 보고, 하나님의 말씀을 삶에 적용해 보며 초자연적 영역에서 성장한 나는 더 이상 그 어떤 것에도 마음을 두지 않는다. 내 마음의 유일한 소원은 천사를 보는 것도, 천국을 보는 것도 아니다. 초자연적인 표적, 이적, 기사 등 이 모든 것들도 내 소원은 아니다. 내가 갈망하는 한 가지는 예수님을 아는 것, 그분을 닮는 것이다.

상상을 회복하다

"우리가 흙에 속한 자의 형상을 입은 것같이 또한 하늘에 속한 이의 형상을 입으리라." 이 말씀의 의미는 무엇인가? 거울 앞에 서면, 당신은 거기에 비친 자신의 모습을 보게 된다. 그러나 성경은 당신의 모습이 아닌 예수님의 모습이 나타날 것이라고 말한다. 다시 고린도후서의 말씀을 살펴보자. "우리가 다 수건을 벗은 얼굴로 거울을 보는 것같이 주의 영광을 보매 그와 같은 형상으로 변화하여 영광에서 영광에 이르니 곧 주의 영으로 말미암음이니라"(고후 3:18). 당신은 영광에서 영광으로, 그리스도의 형상으로 변화된다.

'하나님의 말씀'이란 거울 앞에 설 때, 우리는 그리스도의 형상을 보게 된다. 성경은 그렇게 말한다. 하지만 거울은 그리스도의 형상이 아닌 당신의 모습(육체)을 반사시키지 않는가? 거울 앞에 설 때, 우리는 우리 자신의 모습을 보지 않는가?

그렇다 해도 실망하지 말고, 우리 안에 계신 예수님의 모습을 올바르게 그려야 한다. 그러면 무언가가 시작된다. 당신의 모습이 변화될 것이다. 그렇게 마음의 눈으로 주님을 그리기 시작할 때(예수님의 모습을 상상으로 그릴 때), 당신은 거울 앞에 선 예수님의 형상으로 변화된 자신의 모습을 보게 된다. 그렇게 거룩한 변화가 일어난다. 이것이 하늘에 속한 이의 형상을 입는 핵심이다.

당신 안에 계신 주님을 바라보라. 그러면 자신이 바라보던 주님의 모습대로 변화될 것이다. 자신의 이미지를 주님의 이미지와 바꾸라.

이쯤 되면 사람들은 이렇게 질문할 것이다. "그럼, 내가 예수님이란 뜻입니까?" 아니다. 당신은 예수님이 아니다. 다만 당신은 예수님 안에, 그분의 몸 안에 거하고 있다. 하지만 더 이상 당신은 자신의 소유가 아니다. 하나님께서 엄청난 값을 지불하고 당신을 사셨기 때문이다. 지금, 당신의 생명은 그리스도 안에 감춰져 있다. 그러므로 그리스도 안에 있는 자신의 모습을 보라. 또 당신 안에 계신 그리스도를 보라.

이것에 대해 너무 민감하게 생각하지도 말고, 비난하거나 조롱하지도 말라. 나는 우리가 예수라고 말하는 것이 아니다. 우리는 그리스도의 몸의 일부일 뿐이다.

무엇에 집중하든, 당신은 집중한 그 모습 그대로 변화된다. 당신이 집중한 그것이 당신에게 '임파테이션' 되는 것이다. 여기서 우리는 거룩하지 않은 상상력의 문제를 짚어 봐야 한다. 거룩하지 않은 상상을 통해 무언가에 집중할 경우, 우리는 어떻게 변화될 것인가? 답은 로마서에 나와 있다. "하나님을 알되 하나님을 영화롭게도 아니하며 감사하지도 아니하고 오히려 그 생각이 허망하여지며 미련한 마음이 어두워졌나니"(롬 1:21).

상상력을 제어하지 않은 결과, 우리의 생각은 허망해지고 우리의 마음은 어두워진다. 종종 "저는 주님을 열심히 섬깁니다," "제가 하는 일은 하나님의 말씀에 위배되지 않습니다"라고 말하는 이들이 있다. 그런데 과연 그럴까?

당신이 아무리 열심히 주님을 섬기고, 아무리 옳은 일을 하더라도 상관없다. 상상력을 제어하여 거룩하게 유지하지 않으면, 당신의 신앙 여정은 정체될 것이다. 하나님께서 당신을 위해 예비하신 모든 것을 거머쥐지 못한 채 삶을 마무리할지도 모른다.

우리는 하나님의 조언을 들어야 한다. 나는 상상력을 거룩하게 씻어야 한다는 당위성을 온전히 깨달았다(상상력을 남용해서 말하는 것이 아니다). 그래서 지금, 내 삶의 일부분을 독자들에게 나눠 주는 것이다. 이후, 하나님께서는 당신에게 필요한 것을 더하여 주실 것이다. 그러니 지금 바로 시작하라! 상상력을 씻으라.

지금 예수님은 어디에 계시는가? 주님은 당신의 마음 안에 계시다. 예수님이 당신 안에 계시다는 사실이 외적 증거로 나타나길 원하는가? 그렇다면, 자신 안에 계신 예수님을 바라봐야 한다. 당신이 집중한 것에 삶이 연결되고 또 그것이 당신의 삶 속에 활성화되도록 자연계와 초자연계 사이에 다리를 놓으라. 그렇다. 예수님은 우리의 마음 안에 계신다. 주님은 여기, 이 방 안에 계신다.

사실 예수님은 어디에든 계실 수 있다. 다만 내가 눈을 떠서 내 안에 계신 주님을 볼 수 있는가가 관건이다. 나는 보기 원한다. 어떻게 해야 나는 '여기'를 떠나 내가 서 있어야 할 '그곳'으로 이동할 수 있을까? 어떻게 해야 지금의 모습을 벗고 하나님이 원하시는 모습으로 변화될 수 있을까? 그 시작은 '상상력'을 거룩하게 씻는 것이다. 걱정하지 말라. 그리 오래 걸리지는 않을테니 말이다.

당신이 이 여정을 시작하여 한 발자국 내디딘다면, 주님께서는 두 발자국 내딛으실 것이다. 당신이 두 발자국 내디디면, 주님께서는 네 발자국 내딛으실 것이다. 하나님의 열정을 맛보기 전, 우리는 '열정'의 참된 의미를 이해할 수 없다. 하나님의 열정을 알면, 당신은 맥없이 그 자리에 주저앉게 될 것이다. 하나님의 열정은 당신을 향한 사랑이기 때문이다. 그 사랑을 깨닫는 순간, 당신은 오열할 것이다.

우리는 믿음으로 이 여정을 이어가야 한다. 거룩한 상상력으로 주님 앞에 나아가 시간을 보내라. 그분의 영광을 바라보며 예배하는 일에 집중하라. 그러면 당신의 마음 안에 극적인 변화가 시작될 것이다. 당신은 예수님의 형상으로 변화될 것이다. 예수님의 성품이 당신의 삶에 깃들 것이다. 오랜 마음의 소원대로 당신은 예수님을 닮아갈 것이다.

그리스도의 권세를 행하다

'그리스도를 닮은 성격과 인품과 충성심'은 지금껏 말한 이야기의 핵심이다. 성도들이 그리스도를 닮아가며 이를 위해 정진할 때, 세상은 더 이상 교회를 욕하지 않을 것이다. "교회는 필요 없다"는 식의 말은 사라지고 없을 것이다. 그 대신 "하나님이 너희 안에 계시다더니, 정말이군!" 하며 감탄할 것이다.

에녹이 지닌 비밀이 바로 이것이었다. 그가 하늘로 들려 올라간 것은 '장막'이 벗겨졌기 때문이다. 어떤 장막을 말하는가? 육신, 거짓 가르침, 종교적 열심과 이성, 하나님 말씀에 위배되는 모든 것의 장막 말이다. 물론 불신의 장막은 가장 먼저 벗겨질 대상이다.

한 가지 예를 들어 보겠다. 우리는 다음의 말씀을 인용하길 좋아한다. "내게 능력 주시는 자 안에서 내가 모든 것을 할 수 있느니라"(빌 4:13).

그런데 어느 날, 주님께서 당신을 찾아와 이렇게 명령하신다고 해 보자. "너는 외국으로 가서 복음을 전하라."

정말 이런 일이 일어난다면, 대부분의 사람들은 재정부터 염려할 것이다. "주님, 어쩌죠? 저는 가진 돈이 없는데요." 이후 그 명령에 순종하지 못할 여러 다른 이유들을 작성하여 주님께 올려 드린다. 이때 주님께서 "하지만, 너는 모든 일을 할 수 있다고 말하지 않았느냐?"고 되물으신다면, 당신은 뭐라고 대답할 것인가? 우리는 유창하게 말씀을 외우지만 그 말씀을 믿지도, 순종하지도 않는다.

본질상 성경의 모든 약속은 우리의 소유이다. 그러나 실상, 우리는 그 약속을 소유하지 않는다. 왜 그런가? 약속을 믿지 않기 때문이다! 정말 하나님께서 영광 가운데 그 풍성한 대로 당신의 모든 필요를 채워 주시리라 믿는가? 은행 잔고가 아닌 '하나님'을 내 자원으로 생각하여 의지할 수 있겠는가? 다시는 돈을 신뢰하지 않을 수 있겠는가? 자신의 직장을 재정의 원천으로 생각하지 않을 수 있겠는가? 자신에게 돈이 필요하다는 사실을 사람들에게 넌지시 알리는 일을 멈출 수 있겠는가? 타인의 마음을 충동하여 지갑을 열게 만드는 일을 멈출 수 있겠는가?

오직 하나님만 신뢰할 수 있는가? 그러면 움키는 대신 사람들에게 손을 펴 내어 줄 것이다. 후히 내어 주면서도 기뻐할 수 있다. 다음 달 집세, 공과금, 자동차 할부금을 염려하지 않는다. "왜냐하면, 내 하나님이 모든 필요를 채워 주시니까!" 이것이 당신의 고백이자 신앙의 자세일 것이다.

'물질을 심어야 물질을 거둔다'는 말에 더 이상 신경 쓰지 않아도 된다. 더 많은 돈을 얻기 위해 더 많은 헌금을 드리는 식으로 하나님을 만

홀히 여기지 말라. 하나님은 '돈 놓고 돈 먹기'의 대상이 아니시다. 우리는 오직 하나님을 신뢰하면 된다. 왜냐하면 성경에 이 약속이 기록되어 있기 때문이다. "너희는 먼저 그의 나라와 그의 의를 구하라 그리하면 이 모든 것을 너희에게 더하시리라"(마 6:33). 이것은 반드시 이루어질 약속이다. 당신은 하나님의 약속을 제한할 수 없다.

지금 내가 무슨 말을 하는지 이해하겠는가? 진심으로 하나님의 말씀을 믿는다면, 지금과는 다르게 살아야 하고, 다르게 행동해야 한다는 뜻이다.

주님을 따르며 살아갈 때, 하나님의 말씀에 대한 우리의 신뢰는 나날이 견고해질 것이다. 먼저는 불신의 장막이 벗겨지고, 점점 더 많은 장막이 연이어 벗겨질 것이다. 많은 장막들이 벗겨질수록 우리에게서 드러날 그리스도의 형상은 더욱 선명해진다. 그리스도의 형상이 선명해질수록 우리 안의 영광은, 그 빛은 더더욱 강렬해진다. 이것이 영광의 소망이다(골 1:27).

일곱 번째 날

5년 전의 일이다. 당시 나는 하나님을 예배하고 경배하며 하나님과 독대하는 시간을 가졌다. 그러던 중 갑자기 우주로 들려 올라가 별들 사이에 서게 되었다. 별들은 저마다 하나님을 찬양했다. 그것들의 노랫소리는 커다란 심포니가 되었다. 모든 것이 살아 목소리를 발하는 것 같았다.

나는 너무 놀란 나머지, 어리둥절해하며 주위를 둘러보았다. 그런데 이게 웬일인가? 그 어디에도 지구가 보이지 않았다. "주님, 이 환상의 의미는 무엇입니까? 주님께서는 어떤 일을 하려 하십니까?" 나는 주님께 여쭈었고, 주님은 내게 '이동 물리학'(physics of translation)을 가르쳐 주셨다. 불신의 장막이 가장 먼저 해결해야 할 문제였다.

> 아담의 칠대손 에녹이 이 사람들에 대하여도 예언하여 이르되 보라 주께서 그 수만의 거룩한 자와 함께 임하셨나니 이는 뭇사람을 심판하사 모든 경건하지 않은 자가 경건하지 않게 행한 모든 경건하지 않은 일과 또 경건하지 않은 죄인들이 주를 거슬러 한 모든 완악한 말로 말미암아 그들을 정죄하려 하심이라 하였느니라 (유 14-15)

주님께는 하루가 천 년 같고, 천 년이 하루 같다(벧후 3:8). 예수님께서 성육신하여 역사의 무대에 나타나신 때로부터 지금 이 시대까지 2천 년이 지났다. 그러나 하나님께는 이틀 정도 지난 것이다. 그러니 예수님의 초림부터 계산할 때, 현재 우리는 셋째 날 오전 시간대를 살아가는 셈이다.

이제, 시간을 좀 더 거슬러 올라가 아담의 시대부터 계산해 보자. 그러면, 지금까지 인류는 6일을 보낸 것이 된다. 그리고 현재 우리는 7일째, 오전 시간대를 살아가고 있다.

유다서 14절을 보라. 에녹은 아담의 '칠대'손으로 소개되었다. 그렇다면 7일째 오전 시간대를 살고 있는 우리는 '에녹의 세대'라 이름 붙일 만하지 않은가?

에녹은 어떤 사람인가? 그는 하나님과 동행하다가 산 채로 들려 올라간 사람이다. 하나님은 사람을 외모로 판단하지 않으신다. 우리 또한 하나님과 동행하면 에녹처럼 들려 올라갈 수 있지 않겠는가? 이것은 우리의 삶 속에서 하나님이 행하실 수 있는 일이다.

우리에게서 나타날 그리스도의 형상이 얼마나 선명한지는 우리의 마음이 얼마나 깨끗한지에 달려 있다. 또한 주님의 얼굴을 보기 위해 얼마나 많이 '연습'하는가에 달려 있다. 생각해 보라. 주님을 자주, 올바르게 그리는 사람의 마음이 깨끗하지 않을 수 있겠는가?

기름부음

피지 섬의 어느 교회에서 일주일 내내 컨퍼런스를 인도하던 중 나는 심한 감기에 걸렸다. 따뜻한 섬이고 열대 기후인데 감기에 걸린다는 것이 말이 되는가? 하지만 감기 때문에 녹초가 되었고, 지속되는 미열로 매일 밤 끊임없이 땀을 흘렸다. 컨퍼런스를 마치고 숙소에 돌아와 침대에 누우면, 침대가 땀으로 흥건히 젖을 지경이었다. 지독한 감기를 달고 지내느라 누적된 피로가 이만저만이 아니었다. 거반 죽은 느낌이랄까? 나는 침대에 누운 채 치유를 간구했다. 그리고 주님께서 치유해 주시리라 믿었다.

하지만 감기는 낫지 않았다. 게다가 내가 머물던 집의 아이들 세 명이 모두 수두에 걸렸다.

일정을 마치고 우리가 그곳을 떠난 날, 아이들의 엄마는 수두에 걸린 세 자녀를 데리고 내가 묵었던 방으로 올라갔다. 그리고 아이들을 침대에 눕혔는데, 놀라운 일이 벌어졌다. 아이들이 침대에서 이리저리 뒹굴

거리는 동안 수두가 깨끗이 나은 것이다.

참으로 놀라운 이야기였다. 하지만 그 이야기를 들은 순간 나는 섭섭한 감정을 감추지 못했다. 그래서 하나님께 항의했다. "잠깐만요, 하나님! 저는 거기서 아파 죽을 뻔했다고요. 왜 저는 치유해 주지 않으셨습니까?"

주님께서 말씀해 주셨다. "그곳에 머물던 매일 밤, 네가 기도하고 중보하는 동안 네 안에 있던 기름부음이 침대를 적셨다. 그리고 아이들의 엄마의 믿음이 그 기름부음에 연결되었다. 그래서 아이들이 나았던 것이다." 말씀을 듣고 나니, 섭섭한 감정은 금새 사라져 버렸다.

이 그림을 좀 더 확장해 보자. 현재, 당신은 하나님의 기름부음 안에 푹 잠겨 있다. 그래서 당신이 어디를 가든 당신 안에 있던 영광의 기름부음이 흘러나와 이곳저곳을 적신다. 그리고 결국 당신 가까이에 있는 사람들이 그 기름부음의 영향을 받게 된다.

진정한 능력

수년간 허리 통증으로 고생하던 친구가 있다. 오래전 그는 허리를 심하게 다쳐 마사지 치료사를 찾아갔다. 우리가 사는 작은 마을에 있는 마사지 치료소는 뉴에이지 음악을 틀어 놓고 아로마테라피를 하는 곳뿐이었다. 그는 일반 마사지 치료소인 줄 알고 들어갔는데, 그곳의 음악이며 향내가 예사롭지 않았다고 했다.

"마사지하는 곳에서 왜 이런 향이 나는 건가요?" 궁금함을 이기지 못하고 그가 치료사에게 물었다. "아로마테라피는 효과가 대단합니다." 치료사가 대답했다.

그가 또 다시 물었다. "음악은 왜 이렇죠?" 그러자 이번에도 치료사는 "음악에도 능력이 있어요"라고 대답했다.

이에 내 친구가 그에게 말했다. "정말요? 그럼, 진짜 능력이 어떤 건지 알고 싶으세요?" 치료사가 대답했다. "음… 예, 당연히 알고 싶죠."

"정말 알고 싶어요?"

"그럼요!"

치료사가 그의 등을 안마하는 동안 내 친구가 말했다.

"좋아요. 그럼 이제 시작해 볼까요?"

내 친구는 기름부음을 뿜어냈고, 그 순간 치료사는 벽으로 튕겨 나갔다.

"아니, 방금 그게 도대체 뭐였지요?"

"진짜 능력이랍니다."

그 치료사는 어린 시절 교회에 다녔다. 하지만 그가 자란 교회에서는 이처럼 능력이 발현되는 일이 없었다. 그래서 그는 교회를 떠나 뉴에이지 운동에 관여했다. 사실 그는 하나님의 능력을 맛보고 싶었다. 하나님께서 살아 계시다는 사실을 체험하고 싶었지만, 교회에서는 그러한 증거를 얻을 수가 없었다. 이에 그는 다른 곳을 기웃거렸던 것이다.

모든 장막이 사라지면, 그 자리에 '명확함'이 남는다. 그리고 천국은 점점 더 선명해진다. 마태복음 6장 21절을 보라. "네 보물 있는 그곳에는 네 마음도 있느니라.'" "이는 마음에 가득한 것을 입으로 말함이라"(마 12:34). 당신의 보물이 있는 곳에 당신의 마음이 있고, 당신의 마음 안에 있는 것은 입을 통해 나오게 되어 있다.

'눈'은 몸의 등불이다. 만일 당신의 눈이 한결같다면, 온몸이 빛으로 가득할 것이다. 하나님은 '빛'이시다. 당신이 하나님께 눈을 고정한다면, 당신의 삶은 빛으로 가득하게 될 것이다. 그러나 당신의 눈이 악하면, 당신은 어둠에 갇혀 살게 될 것이다. 당신 안의 빛이 어두우면, 이는 당신의 눈이 하나님이 아닌 다른 것에 고정되어 있다는 뜻이기 때문이다(마 6:22-23).

귀신을 쫓아내다

한번은 북아일랜드 벨파스트에서 친구들과 이야기를 나눌 기회가 있었다. 나는 이 시대에 주님께서 행하실 일에 대해 이야기했다. "믿는 자들이 성령 충만해질 거야. 그래서 그들이 길을 걸을 때, 귀신들이 알아보고 소리치며 도망가고, 귀신 들린 사람은 자유롭게 될 거야."

저녁식사 후 가볍게 산책하며 그들과 이런저런 이야기를 나누었다. 그들은 우리가 한 말을 듣고 고개를 끄덕였다.

그렇게 길을 걷고 있는데, 갑자기 한 남자가 나를 스치고는 몇 미터 앞의 공중전화 부스로 쏙 들어갔다. 그런데 갑자기 뒤를 돌아보더니 부스 문을 활짝 열고 우리를 향해 뛰어와 소리를 지르는 것 아닌가?

"돌아가! 집으로 돌아가라고!" 이후 그는 우리를 노려보며 잰걸음으로 도망치기 시작했다.

우리 중 한 명이 놀라며 말했다. "아니, 저 사람 도대체 뭐지?"

내가 대답했다. "귀신 들렸네. 별 일 아니니 걱정하지 말게."

벨파스트의 친구들은 나의 이러한 반응을 보며 고개를 갸우뚱거렸다. 나를 상식 없는 사람으로 생각했는지, 그들은 내게 불신과 의심 가득한 눈길을 보냈다.

나는 아내를 쳐다보았고, 우리 부부는 미소를 지었다. 내가 곧 그들에게 설명할 내용에 대해 주님께서 그들을 깨우쳐 주시리라 확신했기 때문이다.

거기서 대략 30미터쯤 더 갔을까? 두 명의 여자아이가 길에 서서 이야기하는 모습이 보였다. 우리가 그들에게 가까이 다가서자 그들은 펄쩍 뛰며 비명을 지르기 시작했다. 그러더니 각각 다른 방향으로 도망치는 것 아닌가?

친구들이 놀라며 또 다시 물었다. "아니, 저 아이들은 뭐지?"

나는 이때다 싶어 주님께서 하신 말씀을 그들에게 전해야겠다고 생각했다. 하나님의 말씀을 실제로 본 효과는 실로 대단했다. 그들의 표정에 그 영향력이 역력하게 나타났다. 그들은 내 설명에 고개를 끄덕였다. 우리가 사는 이 시대의 실체가 어떠한지 생생하게 경험한 것이다.

하나님의 임재 안에 머무는 연습을 통해 이러한 원칙들을 시행한 결과, 우리 주변에서 비범한 현상들이 일어나기 시작했다. 우리는 초자연적인 존재이다. 다만 그것을 깨닫느냐, 깨닫지 못하느냐가 문제인 것이다.

우리는 이 사실을 깨닫고 예수 그리스도 안에서 우리의 유업을 찾기 시작한 초자연적 존재들이다!

기억하라. 예수님께서 어디를 가시든, 귀신들린 사람이 가장 먼저 반응했다는 사실을 말이다. 우리는 예수님의 몸이다. 우리는 그분의 몸 된 교회이다! 그러므로 우리가 가는 곳에도 이와 동일한 일이 일어나야 옳다. 이런 일은 '비상'(非常)이 아니라 '일상'(日常)이어야 한다.

눈이 밝으면, 몸 전체가 빛으로 가득할 것이다. 그렇다면 눈은 무엇인가? 눈은 사물을 보는 기관이다. 육안도 보는 기관이고, 영안도 보는 기관이다. 당신이 무언가에 집중하면, 두 눈 중 어떤 눈이 좀 더 활성화되겠는가?

예수님께 집중하면, 당신의 온몸은 빛으로 가득할 것이다. 그러므로 묵상하고, 이미지를 그리고, 주님을 따르며 예수님께 집중하라. 그렇게 연습하면, 전에 없던 '시각'이 활성화될 것이다. 기억하라. 무엇에 집중하든 당신의 삶은 그것에 연결되고, 일단 연결되면 그것은 자동적으로 활성화된다.

chapter 7

믿음으로 이동하다 I

우리는 세계 곳곳을 다니며 이 메시지를 전했고, 메시지를 들은 사람들 대다수는 성령에 사로잡혀 (삼층천 방문을 포함하여) 놀라운 체험을 했다.

나는 하나님의 말씀을 믿는다. 또한 성령께서 말씀과 함께 사역하며 사람들에게 선명한 그림, 명확한 깨달음을 주신다는 사실도 믿는다.

하나님 안에서 초자연적인 일을 체험하는 것은 참으로 놀랍다. 그러나 말씀이 없는 체험은 매우 위험하다. 그러한 체험에는 견고한 기반이 없기 때문이다. 그래서 나는 말씀과 체험, 둘 다 강조하는 것이 옳다고 생각한다.

이 장에서 나는 당신의 믿음에 도전장을 내밀 것이다. 이 장을 읽으며 당신이 도전을 받아 더 깊은 갈망으로 주님을 따르기를 바란다.

지금부터 내가 하려는 이야기는 '믿음으로 변화하다'(Transformation by Faith)가 아니라 '믿음으로 이동하다'(Translation by Faith)이다. 여기서 '이동'은 쉽게 말해 '들려 올라가다'이다. 어떤 사람은 이것을 '순간이동'(transportation)으로 해석할 것이다. 하지만 나는 그냥 '이동'(translation)이라고 한다.

이동을 준비하라

사도행전 8장 39-40절에는 '초자연적 이동' 사건이 나온다(나는 이 사건을 '빌립 항공 여행'으로 부른다). 전도자 빌립이 에티오피아의 내시에게 다가가 이사야서의 말씀을 설명하며 예수 그리스도를 전한다. 이후 빌립은 그에게 세례(침례)를 준다. 에티오피아의 내시가 물에서 나왔을 때, 주의 성령께서는 빌립을 어디론가 '휙' 데려가 버리셨다. 에티오피아의 내시는 더 이상 빌립을 볼 수 없었다. 빌립의 부재에 어리둥절했겠지만, 어쨌든 그는 예수님을 영접한 후 심히 기뻐하며 가던 길을 갔다.

사실, 빌립의 행방은 묘연하지 않았다. 그러니 행방불명은 아니다. 이후의 기록을 보면 알 수 있지만, 그는 갑자기 아소도에 모습을 드러냈다. 아소도는 에티오피아 내시가 세례 받은 곳에서 대략 50킬로미터 정도 떨어져 있는 곳이다.

이러한 내용을 읽으면서 나는 흥분을 감출 수 없었다. 왜냐하면 하나님은 사람을 외모로 판단하지 않으시기 때문이다. 예수님께서 그렇게 말씀하셨으므로 나는 그 말씀 그대로 믿는다. 예수님은 '말씀'이시다. 또한 거짓말을 하지 않으신다. 그러므로 나는 내게도 그와 동일한 일이 일어날 것을 기대한다. 나는 앞에서 언급한 빌립의 이야기를 포함하여 초자연적 세계의 이야기를 접할 때마다 매우 흥분한다.

몇 년 전의 일이다. 이른 아침에 성령께서 나를 깨우셨다(이 자체가 기적이다). 그 전날 잠자리에 들기 전, 나는 친구에게 이렇게 말했다. "이봐. 내일 아침 5시에 날 깨우지 마. 나는 '담요'와 침상 회의를 하며 중보기도의 세계에 깊이 빠져 있을 테니까."

그런데 성령께서 갑자기 그 새벽에 날 깨우신 것이다. 그리고는 다짜고짜 "브루스, 대답해 봐라. 믿음으로 이동하는 것이 가능하겠느냐?"고 물으셨다. 아직 정신이 멍했던 나는 잠시 머뭇거렸다. 가까스로 정신을 차리고 그 질문을 곱씹어 보았다. 그리고 대답했다. "예, 가능하다고 믿습니다."

그러자 성령께서 이렇게 말씀하셨다. "좋다! 준비해라."

나는 깜짝 놀랐다. '준비하라고? 뭘 준비하라는 말씀이지? 설마 순간이동을 준비하라는 말씀인가? 도대체 뭘 어떻게 준비하라는 거야?'

그래서 성령님께 여쭈었다. "제가 무엇을, 어떻게 준비해야 한다는 말씀이신가요?"

그런데 답은 첫 번째 질문 안에 들어 있었다. 그가 대답하셨다. "아까 말했잖니? 믿음으로 이동하는 것을 준비하거라."

히브리서 11장 5절을 펼쳐 보니 에녹은 '믿음으로 이동'했다고 한다. "예, 좋아요. 믿음으로 준비하면 되는 거죠?"

> 믿음으로 에녹은 죽음을 보지 않고 옮겨졌으니 하나님이 그를 옮기심으로 다시 보이지 아니하였느니라 (히 11:5)

나는 이 말씀을 여러 차례 반복하며 중얼거렸다. 그리고 그 말씀 속으로 깊이 파고들어 갔다. 자리에서 일어나 책상에 앉아 성경을 펼치고 이 주제와 관련하여 명확하게 언급된 구절들을 모조리 찾아보았다. 하지만 주님께서 방금 해주신 말씀 말고는 딱히 떠오르는 말씀이 없었다. 도대체 어디서부터 시작해야 하나?

그러던 어느 날, 친구 한 명이 내게 전화를 했다. 그는 스포케인에 성경대학을 설립한 사람이었는데, 나와 몇 마디 인사를 나누더니 대뜸 자기 아내를 바꿔 주었다.

"목사님, 어제 제가 신기한 꿈을 꿔서 남편을 통해 전화 드리는 겁니다. 꿈속에서 목사님은 '믿음으로 이동하기'라는 주제로 학생들을 가르치셨어요. 그런데 학생들이 그 내용을 이해하고는 기뻐서 환호성을 지르더라고요."

"아, 정말이에요? 꿈속에서 제가 어떤 성경 구절을 인용해서 수업을 진행하던가요? 혹시 기억하십니까?" 그녀에게 물었다.

"그럼요!" 그녀가 대답했다. 그리고는 성경 구절 목록을 일일이 알려주었다.

주님께서는 꿈을 통해 초자연적으로 이 주제에 대해 무엇을, 어떻게 연구해야 할지 알려 주셨다. 그녀가 전해 준 꿈 이야기는 물론, 이와 비슷한 여러 사건을 통해 하나님께서 이 사안에 직접 개입하신다는 사실이 분명해졌다. 주님은 내가 이 주제를 계속 연구하길 바라셨다.

그 후 1년 정도 지나서 캐나다에서 사역하던 중 예언 사역자 한 사람을 만났는데, 그가 이렇게 말했다. "목사님께 전해 드릴 말씀이 있습니다. 주님께서 '이사야서로 돌아가라'고 말씀하십니다. '거기, 네가 살펴볼 무언가가 있다. 그것이 너를 올바른 방향으로 인도해 줄 것이다.'라고 말입니다."

그때 나는 이사야서 공부를 막 끝낸 상황이었다. 처음 공부할 때는 특별한 것을 발견하지 못했다. 하지만 나는 이같이 대답했다. "좋아요. 그렇게 하겠습니다. 이사야서로 돌아가겠습니다."

몇 주 후 모든 사역 일정을 마치고 집으로 돌아와 잠시 책상에 앉아 머리를 식히려는데, 주님께서 그 예언의 말씀을 떠오르게 하셨다. 그래서 나는 이사야서를 펼쳐 공부하기 시작했다(그 자리에서 6장까지 읽었는데, 거기서 깜짝 놀랄만한 열쇠 하나를 발견했다. 이 열쇠에 대해서는 나중에 설명하겠다).

주님께서는 이 모든 것을 천천히 계시해 주셨다. 그러던 어느 날, 나는 하나님의 보좌 앞으로 들려 올라갔다. 당시 주님께서는 내게 외투를 입혀 주시며 이같이 말씀하셨다. "이 외투는 네가 이 계시를 가르치고 잘 전할 수 있도록 네게 힘을 줄 것이다. 네 가르침은 두 단계로 진행된다. 첫 번째 단계에서 너는 사람들을 가르치겠고, 그들은 환상 중 하늘로 들려 올라갈 것이다. 그리고 성령 안에서 새로운 방법으로 나와 교제할 것이다."

주님께서 이어서 말씀하셨다. "두 번째 단계에서는 어느 시점에선가 빌립이 이동한 것처럼 사람들이 실제로 이동하도록 그 방법을 가르치게 될 것이다. 그리고 그들을 통해 내 복음이 세계 곳곳으로 퍼져 나갈 것이다."

이 말씀을 들은 후, 내가 보인 첫 반응은 '과연 이 시대에도 실제로 이동한 사례가 있는가?'였다. 나는 그러한 간증이 있는지 찾기 시작했다. 그런데 놀랍게도 초자연적 이동을 체험한 사람들이 있었다. 그들은 하늘로 들려 올라갔을 뿐만 아니라 이 땅 위에서도 초자연적 이동을 체험했다. 나는 그들에게서 놀라운 이야기를 들을 수 있었다.

내가 들어 본 것 중 가장 놀라운 이야기 하나는 러시아에서 섬기는 한 사역자의 체험이었다. 《보혈과 영광》(The Blood and the Glory)을 쓴 빌리 브림 박사는 1970년대 초 '철의 장막'(과거 소련과 동유럽 공산주의 국가들이 서구 사회와의 교류를 막아선 정책을 빗대 표현 – 역자 주) 너머에 있는 지하교회들을 방문하여 복음을 전했다. 그녀는 거기서 한 부부를 만났는데, 이들은 나중에 그녀의 절친한 친구가 되었다. 브림 박사가 말했다. "러시아의 지하교회에서 저는 한 부부를 만났는데, 그 남편은 수년간 러시아 곳곳을 '이동'하며 복음을 선포했습니다." 그는 주일마다 세 군데 서로 다른 교회를 오가며 예배를 인도했다고 한다. 그런데 각각의 교회는 서로 수백 킬로미터 떨어져 있었다.

첫 번째 교회에서는 오전 8시 예배를 드린다. 예배가 끝나고 그는 자신의 집무실에 들어가 여러 가지 일을 한다. 업무를 마치면 대략 10시 15

분(또는 30분) 정도가 된다. 이후 두 번째 교회로 이동하는데, 이때 '초자연적 이동'을 당하는(?) 것이다. 그는 순간적으로 두 번째 교회에 도착하여 오전 예배를 인도한다. 그리고 마지막 교회로 '초자연적 이동'을 당하여 예배를 인도한다. 그렇게 세 차례 예배를 마친 후에는 또 다시 '초자연적 이동'을 당하여 집에 도착한다. 그는 주일마다 이러한 일을 경험했다고 한다. 놀랍지 않은가!

이번에는 케냐 출신의 리처드라는 청년의 이야기다. 어느 날 그는 다음과 같은 성령의 음성을 들었다. "짐을 싸서 공항으로 가라. 나는 네가 영국 런던으로 가길 원한다."

"예, 주님!" 그는 곧 짐을 꾸려 케냐 국제공항으로 갔다. 공항 로비에 도착한 그는 가방을 내려놓고 주님께 아뢰었다. "주님, 이제 무엇을 해야 합니까?"

짐작하다시피 그에게는 돈이 한 푼도 없었다. 오로지 믿음 하나 부여잡고 주님의 말씀에 순종했던 것이다.

"가방을 들고 남자 화장실로 가라. 그리고 왼쪽에서 세 번째 칸으로 들어가라. 왼쪽에서 세 번째 칸이다." 그의 귀에 주님의 말씀이 들려왔다. 이에 그는 가방을 들고 남자 화장실 좌측 세 번째 칸에 들어갔다. 거기서 그는 다시 가방을 내려놓고 변기 위에 앉아 그 다음 지시를 기다렸다.

이윽고 주님께서 말씀하셨다. "자, 이제 두 손을 높이 들고 나를 경배해라."

리처드는 그곳, 케냐 국제공항 로비 남자 화장실의 좌측 세 번째 칸 변기 위에 앉은 채, 두 손을 높이 들고 목소리를 높여 찬양하기 시작했다. 그렇게 몇 분이 지났다.

"됐다. 이제 나가라!" 주님께서 말씀하셨다.

그는 가방을 들고 화장실을 나섰다. 그런데 그곳은 영국 런던의 국제공항으로 바뀌어 있었다. 바로 하나님께서 말씀하신 장소였다.

믿음으로 걷다

주류 기독교는 이 같은 초자연적 현상을 매우 불편하게 여긴다. 그들 중 다수가 초자연적 체험을 하지 못했고 "하나님은 더 이상 이런 종류의 일을 행하지 않으신다"는 말을 들으며 신앙생활을 해왔기 때문이다.

그러나 가장 큰 원인은 성경을 제대로 배우지 못했다는 데 있다. 우리는 하나님의 말씀을 제대로 믿지 못한다. 주님께서 무언가를 말씀하시면 그대로 이뤄질 것을 믿어야 하는데, 그렇지 못한 것이다.

예수님께서 말씀하셨다.

> 내가 진실로 진실로 너희에게 이르노니 나를 믿는 자는 내가 하는 일을 그도 할 것이요 또한 그보다 큰 일도 하리니 이는 내가 아버지께로 감이라 (요 14:12)

우리에겐 '그보다 큰 일'을 할 권리가 있다. 그러므로 먼저는 예수님이 하신 일을 살펴보아야 한다. 공생애 기간 중 행하신 일은 물론이고,

부활하신 후에 행하신 일도 살펴보아야 한다. 사실, 예수님은 그 둘 사이에 차별을 두지 않으셨다. "너희는 십자가 사건 이전까지 내가 행한 일들을 할 수 있을 것이다." 예수님은 이렇게 말씀하지 않으셨다. 주님은 명백하게 '내가 하는 일'이라고 못 박아 두셨다.

우리는 예수님이 '하시는 일'을 그대로 행하고, 그보다 큰 일도 행할 것이다. 이 일이 가능한 까닭은 예수님께서 아버지의 오른편에 앉아 성도들을 위해 중보하시기 때문이다. "내가 하는 일을 그도 할 것이요!"

그런데 예수님께서 행하신 일들을 따라하는 것은 고사하고 믿기조차 어려운 일들이 많다. 이러한 일들에 대해 우리는 이같이 반응한다. "글쎄요. 이건 좀 아닌 것 같습니다. 믿기 어렵지 않나요? 불가능하죠." 그런가? 정말 하나님께 불가능한 일이 있는가?

바울이 말했다(그가 한 말을 내 스타일로 바꿔 보았다). "나는 자랑하고 싶지 않아요. 자랑할 생각은 없습니다만, 저는 그리스도 안에 있는 어떤 사람을 알고 있답니다. 그가 몸 안에 있었는지, 몸 밖에 있었는지는 잘 모르겠습니다. 어쨌든 그 사람은 셋째 하늘까지 올라가 무언가를 봤다고 합니다. 물론 그가 본 것이 무엇인지 이야기하는 것은 옳지 않기 때문에 여기서 말하지는 않겠습니다"(고후 12:1-2).

예수님은 사람을 외모로 판단하지 않으신다. 만일 누군가를 위해 이러한 일(하늘로의 이동)을 허락하셨다면, 분명 다른 이를 위해서도 허락하실 것이다.

열일곱 살 되던 해에 이 말씀을 읽었을 때, 갑자기 내 영혼 안에서 무언가가 꿈틀댔다. "하나님, 제게도 허락해 주세요." 나는 수년 동안 주님을 갈망하며 기도했다. 그리고 마침내 성령께서 오셔서 이 일로 내 마음을 휘저어 놓으셨다.

> 그러므로 예수께서 그들이 와서 자기를 억지로 붙들어 임금으로 삼으려는 줄 아시고 다시 혼자 산으로 떠나 가시니라 저물매 제자들이 바다에 내려가서 배를 타고 바다를 건너 가버나움으로 가는데 이미 어두웠고 예수는 아직 그들에게 오시지 아니하셨더니 큰 바람이 불어 파도가 일어나더라 제자들이 노를 저어 십여 리쯤 가다가 예수께서 바다 위로 걸어 배에 가까이 오심을 보고 두려워하거늘 이르시되 내니 두려워하지 말라 하신대 이에 기뻐서 배로 영접하니 배는 곧 그들이 가려던 땅에 이르렀더라 (요 6:15-21)

그들이 탄 배는 '곧' 해변에 닿았다. 대략 5-6킬로미터 되는 거리를 단숨에 이동한 것이다. 그것도 육로도 아니고 수로로 말이다.

예수님은 '믿음'으로 바다 위를 걸으셨다(마 14:25-32). 베드로는 물위를 걷는 예수님께 "주여 만일 주님이시거든 나를 명하사 물위로 오라 하소서"(마 14:28)라고 아뢰었다. 이에 예수님께서는 "오라"고 하셨다. 베드로는 그 말씀을 의지하여 배 밖으로 발을 내디뎠다. 주님께 시선을 고정하는 동안, 그는 물위를 걸을 수 있었다.

거기까진 괜찮았다. 하지만 이내 그는 바람을 보고 파도를 보았다. 성경은 바로 그 순간 그가 가라앉기 시작했다고 말한다. 오! 주님만 바라보라! 주님에게서 시선을 떼는 순간, 당신의 시야에 환경이 들어올 것이다. 환경을 보는 순간, 당신은 가라앉기 시작한다.

예수님께서는 허우적거리는 베드로를 붙잡아 주셨다. 예수님은 모든 일을 '믿음으로' 행하셨다. 베드로는 예수님께서 '믿음으로' 행하신 일을 하였다. 적어도 시선을 돌려 환경을 바라보기 전까지 그는 물위를 걸었다. 물에 빠지기 전, 그는 예수님이 행하신 일을 하였다. 성경은 우리도 그렇게 할 수 있다고 말한다.

이제 이 사건에서 우리가 집중해야 할 열쇠 하나를 말하겠다. 물위를 걷는 예수님을 보았을 때, 베드로가 한 말은 무엇인가? "주여, 만일 주님이시거든." 이것은 "당신이 주님이시거든, 나를 허락하소서"라는 뜻이다.

당신도 이렇게 기도해 보라. "주여, 당신이 주님이시거든 제게 허락하소서. 주여, 당신이 주님이시거든 내게 '오라'고 말씀하소서." 이것은 우리 마음에 새겨 두어야 할 기도이다.

> 이에 베드로는 옥에 갇혔고 교회는 그를 위하여 간절히 하나님께 기도하더라 헤롯이 잡아 내리려고 하는 그 전날 밤에 베드로가 두 군인 틈에서 두 쇠사슬에 매여 누워 자는데 파수꾼들이 문 밖에서 옥을 지키더니 홀연히 주의 사자가 나타나매 옥중에 광채가 빛나며 또 베드로의 옆구리를 쳐 깨워 이르되 급히 일어나라 하니 쇠사슬이 그 손에서 벗어지더라 천사가 이르되 띠를 띠고 신을 신으라 하거늘 베드로가 그대로 하니 천사가 또 이르되 겉옷을 입고 따라오라 한대 베드로가 나와서 따라갈새 천사가 하는 것이 생시인 줄 알지 못하고 환상을 보는가 하니라 이에 첫째와 둘째 파수를 지나 시내로 통한 쇠문에 이르니 문이 저절로 열리는지라 나와서 한 거리를 지나매 천사가 곧 떠나더라 이에 베드로가 정신이 들어 이르되 내가 이

제야 참으로 주께서 그의 천사를 보내어 나를 헤롯의 손과 유대 백성의 모든 기대에서 벗어나게 하신 줄 알겠노라 하여 (행 12:5-11)

베드로는 옥에 갇혀 있다. 그런데 주의 천사가 와서 그의 차꼬를 풀고 옥문을 열어 주었다. 그렇게 베드로는 초자연적인 방식으로 탈옥했다. '감옥'에서 '자유'로 이동한 것이다! 순간이동이었다!

거기에는 옥문을 지키는 파수꾼도 있었고, 감방을 지키는 간수들도 있었다. 그러나 그들 중 어느 한 사람도 탈옥하는 베드로를 보지 못했다. 이것이 순간이동이 아니라면, 과연 무엇이겠는가?

전통이 아닌 간증

내게는 특별한 간증이 담긴 DVD가 있는데, 그럽스 형제로 불리는 사람이 자신의 이야기를 인터뷰 식으로 전한 간증 동영상이다.

그는 1950년부터 1987년까지 하나님의 천사에 의해 전 세계 이곳저곳으로 이동하며 사역했다(그는 1987년에 이 영상을 남겼다). 그는 타지에서 사역을 하고, 그 일을 마친 후엔 천사들이 그를 집으로 이동시켜 주었다고 한다. 그가 전한 이야기나 하나님 안에서 겪은 모험에 대한 간증은 매우 강력했다. 두말할 것 없이 그의 간증에 나는 크게 흥분했다!

미국 라디오 뉴스 분야의 아이콘이었던 폴 하비는 1951년, 유엔에 나타났다가 갑자기 사라진 어떤 남성의 이야기를 기사화한 적이 있다. 그런데 그럽스 형제가 남긴 인터뷰 영상을 보니 그가 바로 뉴스 속 그 남성이었음을 알 수 있었다. 그는 그날 자신에게 일어난 일을 언급하며 하나님께서 보내신 천사들이 자신을 어떻게 유엔 건물로 인도했는지 이야기했다.

우리는 믿음을 북돋워야 한다. 하나님께서는 지금 우리에게 온전한 유업을 주신다. 우리는 이 사실을 믿어야 한다. 나중이나 먼 미래의 어느 날이 아니라 바로 지금, 우리에게 유업을 주신다.

하나님의 말씀 전체를 믿으라. 당신이 편안하게 여기는 일부분만 믿지 말고, 성경 66권 전체를 믿으라. 우리 또한 배 밖으로 발을 내디뎌야 한다. 간절하다면, 물위로 뛰어들라. "성경에 기록된 말씀이라면, 그대로 믿겠습니다. 주님께서 무엇을 주시든 받기 원합니다." 이것이 우리의 태도여야 한다.

> 여호와의 말씀이니라 너희를 향한 나의 생각을 내가 아나니 평안이요 재앙이 아니니라 너희에게 미래와 희망을 주는 것이니라 너희가 내게 부르짖으며 내게 와서 기도하면 내가 너희들의 기도를 들을 것이요 너희가 온 마음으로 나를 구하면 나를 찾을 것이요 나를 만나리라 (렘 29:11-13)

성도들 대부분은 이 구절을 잘 알 것이다. 그러나 이 말씀에 담긴 중요성은 잘 깨닫지 못한다. 이 말씀을 요약하면 다음과 같다. "당신이 원하는 만큼 하나님을 얻을 수 있다." 당신이 해야 할 일은 하나님을 갈망하며 열정적으로 따르는 것뿐이다. 당신은 얼마든지 원하는 만큼 하나님을 만날 수 있다. 여기엔 제한이 없다. 그러나 대부분 스스로 한계선을 그어 놓고 하나님께 나아가지 않는다.

수년 동안 하나님께서는 내 믿음을 도전하여 전에는 보지도, 듣지도 못한 것들을 믿게 하셨다. 간단히 말해, 그것은 "더 깊이 들어가라"는 부르심이었다. 하나님은 내가 감히 상상해 보지도 못한 경계선 너머로까지 나아갈 것을 명령하셨다.

지금 나는 이와 동일한 말씀으로 당신에게 도전한다. 전에 당신이 보지도, 듣지도 못한 일일지라도 믿어야 한다. 하나님이 말씀하셨다면, 믿어야 한다.

주님께서 "넌 할 수 있어"라고 말씀하신다면, 그걸로 끝이다. 나는 그 말씀 그대로를 믿는다. 아무리 인간의 전통이나 교리가 한계선을 긋는다 해도 신경 쓰지 않는다. 어쨌든 성경이 말하는 대로 믿을 것이기 때문이다.

성경 말씀을 올바르게 믿기 위해 나는 과거에 신학교와 성경대학에서 배운 여러 가르침들을 내려놓아야 했다. 문자적 의미상 '신학'은 '하나님에 대한 연구'이다. 그러나 인간의 전통과 학문이 신학을 성경의 본의와 다른 곳으로(정반대로) 몰아가곤 한다. 결국 우리는 '학문'이란 가위로 하나님이 열어 두신 그 모든 가능성을 재단해 버린다. 그 결과 우리는 이렇게 푸념하며 주저앉는다. "이 시대에는 불가능한 일이야. 적어도 내게는 이런 일이 일어날 수 없어."

물론 전통이 다 나쁜 것은 아니다. 나는 그렇게 말하지도 않는다. 다만 우리의 신앙 여정을 방해하는 전통이 있다고 말하는 것뿐이다. 당신은 어떤지 모르지만, 나는 성령님께 도전을 받고 싶지, 인간의 전통에 제재당하고 싶지 않다. 나는 내 믿음이 성장하는 것을 원한다. 예수님께서 "넌 할 수 있어"라고 말씀하실 때, 그 말씀 그대로 받아들이고 싶다. 성령께서 그 모든 진리로 나를 인도하시고 이끌어 주시리라 기대한다.

> 그러나 진리의 성령이 오시면 그가 너희를 모든 진리 가운데로 인도하시리니 그가 스스로 말하지 않고 오직 들은 것을 말하며 장래 일을 너희에게 알리시리라 (요 16:13)

예수님께서 말씀하셨다. "주께서 그러하심과 같이 우리도 이 세상에서 그러하니라"(요일 4:17). 이 땅에서 예수님이 그 모든 일을 행하신 것은 우리를 예수님처럼 만들기 위해서였다. 지금 말이다. "주께서 그러하심과 같이 우리도 이 세상에서 그러하니라." 그러나 지난 2천여 년 동안 교회는 이 사실을 깨닫지 못한 채, 예수님의 일을 따라하려고 갖은 노력을 다했다. 물론 결과는 실패였다.

"주께서 그러하심과 같이 우리도 이 세상에서 그러하니라." 지금 예수님은 어디에 계신가? 그분은 아버지 하나님의 오른편에 앉아 계신다. 그러므로 주님은 '천국의 시각'을 갖고 하늘에서 이 땅을 내려다보신다. 천국에는 질병이 없다. 천국에는 의심이 없다. 천국에는 두려움이 없다. 천국에는 불안이 없으며, 부족함도 없다. 그러므로 예수님은 아프시지도 않고, 의심하시지도 않으며, 두려워하시지도 않고, 불안해하시지도 않으며, 가난하시지도 않다. 성경은 어떻게 말하는가? "주께서 그러하신과 같이 우리도 이 세상에서 그러하니라."

하지만, 생각해 보라. 지금 우리는 얼마나 초라하게 살고 있는가? 자신의 유업을 제대로 알지도 못하고, 믿지도 못하기 때문에 본연의 수준보다 훨씬 뒤처진 삶을 살고 있지 않는가?

지금 나는 그 어느 때보다 더 굳게 다짐한다. "내 평생 사는 동안, 최대한 하나님을 체험하리라!"

나탈리아와 만나다

고린도전서 5장 3절은 매우 흥미롭다. "내가 실로 몸으로는 떠나 있으나 영으로는 함께 있어서 거기 있는 것같이."

몇 해 전, 이 구절을 좀 더 깊이 이해할 수 있는 계기가 된 사건이 있었다. 그 사건을 통해 사도 바울이 어떤 식으로 그러한 경험을 했는지 조금이나마 이해할 수 있었다.

당시 나는 아이다호 쿠르덜레느에서 컨퍼런스를 인도했다. 주님께서 '믿음으로 이동'하는 것이 가능하다는 사실을 알려 주신 이래, 나는 그곳에서 처음으로 그 내용을 성도들에게 가르쳤.

찬양 시간부터 말씀을 전할 때까지 나는 성령에 사로잡혀 있었다. 마치 내 영혼이 무언가에 빨려들어 머리 위로 빠져나가는 것 같았다. 그렇게 나는 대기권 밖으로 올라갔다. 발아래를 내려다보니 유럽 대륙이 눈에 들어왔다. 땅 위로는 약간의 구름이 끼어 있었다. 밤이라 그런지 도시의 불빛이 환하게 빛나고 있었다. 그 정도 높이에서 내려다본 유럽 대륙은 정말 아름다웠다. 나는 유럽 대륙 각 나라의 국경선이 어떻게 그어졌는지 영적으로 알았다.

그런데 그중에서 한 나라가 유독 밝게 빛나고 있었다. 다른 나라와의 밝기 차이가 현격했다. 나는 옆에 있는 천사에게 물었다. "지금 제 눈에 보이는, 아주 밝게 빛나는 저 나라는 어느 나라인가요?" 그는 내게 그 나라가 동유럽의 라트비아라고 말해 주었다.

천사와 나는 그 나라의 어느 특정한 도시로 내려가게 되었다(나는 그곳이 어디인지 전혀 알지 못했다). 그렇게 도시의 한 아파트 옥상 위에 착륙하는가 싶더니 아예 그곳을 뚫고 내려갔다. 천사와 나는 그 아파트의 212호 문 앞에서 멈췄다. '도대체 이게 무슨 영문인가?' 의아해할 새도 없이, 문 안쪽에서 한 아이의 흐느끼는 소리가 들려왔다.

'안으로 들어가야 해.' 왠지 모를 압박을 느낀 나는 겁도 없이 문을 열고 집 안으로 들어갔다. 작은 거실을 지나 뒤쪽 방으로 가 보니 거기에 한 여자아이가 침대 곁에 무릎을 꿇은 채 울면서 기도하고 있었다.

아이에게 다가서자 주님의 긍휼한 마음이 내 가슴을 뜨겁게 불태우는 것 같았다. 그 즉시 나는 성령 안에서 아이의 이름을 알 수 있었다. 아이의 이름은 나탈리아였다. 나는 아이 옆에 무릎을 꿇고 두 팔로 아이의 어깨를 감싸 안은 채, 함께 기도하며 위로해 주었다.

그 순간 내 영혼은 이 아이에게 어떤 사정이 있는지 알 수 있었다. 아이의 부모는 음식을 구하러 밖으로 나간 상태였는데, 사실 이 가족은 한동안 아무것도 먹지 못했다. 부모는 직업을 구할 수 없었으므로 모아 놓은 돈이며 음식이며, 그들의 수중에 있던 모든 것이 바닥난 상태였다. 게다가 지금 살고 있는 집에서 쫓겨날 처지였다. 그래서 나탈리아는 울며 하나님께 기도했다. 하나님의 개입을 간구한 것이다. 나는 라트비아의 언어로(물론 나는 그 나라의 언어를 모른다. 하지만 하나님은 아신다) 아이와 함께 기도했고, 또 아이를 위로해 주었다. 기도를 마치고 나니 나는 다시 컨퍼런스 장소로 이동해 있었다.

그날 집회가 시작되기 전, 나는 이렇게 직감했다. '집회 중 무언가 놀라운 일이 일어날지도 몰라. 어쩌면 내 육안으로 초자연적인 역사를 보게 될 거야. 혹, 카메라에 놀라운 장면이 포착될 수도 있고.' 어쨌든 초자연적 현상을 보게 될 것이라는 생각에 나는 사진작가 한 명을 컨퍼런스에 초대했다. 그는 최신식 디지털 카메라를 여러 대 보유하고 있었다. 나는 그에게 아무 때든지 뭔가 느껴지는 것이 있으면, 자유롭게 사진을 찍으라고 말했다.

하지만 그는 컨퍼런스가 끝난 후 내게 어떤 사진도 보여 주지 않았다. 나 또한 그에게 사진을 부탁한 사실을 까맣게 잊고 있었다. 컨퍼런스는 1월이었는데 6월이 되어서야 사진 생각이 났다.

나는 그에게 전화를 걸어 그날의 사진에 대해 물었다. 내 영혼이 성령에 이끌려 라트비아로 떠났던 그 시간, 과연 그가 찍은 사진은 어떨지 무척 궁금했기 때문이다.

그런데 그는 그날의 사진에 대해 설명하면서 제대로 말을 잇지 못하고 대충 얼버무렸다. "이것을 뭐라 설명해야 할지… 도대체…" 그는 내가 강단에 올라섰을 때부터 내 사진을 찍었다고 한다. 하지만 이상하게도 그가 찍은 사진에는 내가 나오지 않았다. 청중도 그대로고, 모든 것이 그 장소의 세팅 그대로인데, 나만 없었다. 사진 속의 내 모습은 완전히 투명해진 것이다. 그렇게 그는 최신형 디지털 카메라로 초자연적 현상을 찍었다.

불의 전차

> 두 사람이 길을 가며 말하더니 불수레와 불말들이 두 사람을 갈라놓고 (왕하 2:11)

집회 중 이 말씀에 나오는 초자연적 현상을 경험한 것이 한두 번이 아니다. 설교하는 동안 집회 장소에 불의 전차가 불쑥 나타나곤 한다. 이러한 현상을 목격한 것은 나뿐만이 아니었다. 그곳에 모인 성도들 중 나처럼 불의 전차를 목격한 사람도 많았고, 이 놀라운 체험으로 인해 크게 변화된 사람도 많았다.

이 일이 처음 일어난 곳은 앞에서 언급한 쿠르덜레느의 교회였다. 내가 라트비아로 이동하여 나탈리아를 만난 사건 후 대략 1년 정도 지났을 때, 우리는 또 다시 그 교회에서 집회를 열었다. 바로 그때 불의 전차가 나타났다.

나는 환상이 언어임을 안다. 또한 환상 속에는 주께서 전하시려는 메시지가 담겨 있다는 사실도 안다. 그러므로 나는 환상을 볼 때마다 그것을 사람들에게 이야기해야만 했다. 물론 듣는 사람들이 한 마음으로 주님의 뜻을 깨닫도록 지혜롭게 그 내용을 전해야 했다.

그날 밤, 나는 예배실 안으로 불의 전차가 들어오는 것을 보았다. 컨퍼런스가 시작되기 전, 주님께서 성도들의 고정관념을 뒤엎으시리라는 예감이 들었으므로 나는 그 교회의 담임인 존과 루스 필러 목사 부부와 이에 대해 이야기를 나눴다. "존 목사님, 이번 집회 기간 동안 주님께서 우리를 '상자' 밖으로 꺼내실 것 같습니다."

아니나 다를까, 불의 전차가 예배실 안으로 들어왔다. 초자연적인 존재(불말)가 초자연적인 물체(전차)를 끌고 자연계에 들어온 것이다. 그 순간, 나는 '영 분별' 테스트에 돌입했다. 물론 영 분별 테스트는 거창하지 않다. 내가 불말들에게 던질 질문은 이것뿐이다. "그리스도 예수께서 육체로 오셨느냐?" 그들은 "그렇다"고 대답했다.

이제 남은 것은 이 환상의 의미와 의도를 알아내는 것뿐이다. 나는 주님께 여쭈었다. "주님, 이 환상을 통해 제게 무엇을 말씀하려 하십니까?"

그러자 주님께서 "전차 안에 의자 두 개를 가져다 놓으라"고 말씀하셨다.

나는 필러 목사 부부에게 몸을 돌려 말했다.

"존 목사님, 아까 제가 말씀 드린 것 기억하시죠?"

"무슨 말씀이요?"

"상자 밖으로! 주님께서 우리를 상자 밖으로 끄집어 내신다는 것 말이요."

"아, 그럼요. 기억하죠. 그런데 갑자기 왜요?"

"예, 그거면 됐습니다!"

나는 의전을 담당하는 분들에게 의자 두 개를 가져와 강단 위, 내가 지목하는 자리에 놓아 달라고 부탁했다. 그들은 내가 말한 위치에 의자를 놓았다. 이후 나는 주님께 여쭈었다.

"이제 뭘 해야 하나요, 주님?"

"존과 루스 부부를 거기 앉혀라." 주님께서 대답하셨다.

나는 존 목사 부부에게 또 다시 몸을 돌려 말했다. "상자 밖으로! 아시겠죠?"

그들은 고개를 끄덕이며 대답했다. "예, 좋습니다. 상자 밖으로…"

나는 그들에게 말했다. "이제 두 분은 앞으로 나와 이 의자 위에 앉으십시오."

나중에 존 목사가 내게 해준 말인데, 그때까지만 해도 그는 도무지 무슨 영문인지 몰라 속으로 '브루스 목사님, 도대체 왜 저래?'라고 생각했다고 한다.

의자는 전차가 전진하는 방향으로 놓여 있었고, 존과 루스 목사 부부는 그 위에 앉았다. 그런데 그들이 의자에 앉자마자 성령께서 이들을 '획' 낚아채 가셨다.

전차가 달릴 때, 루스 목사는 여러 가지 광경을 보았다고 한다. 그중 가장 인상 깊은 장면은 에티오피아 내시가 전도자 빌립에게 세례 받는 모습이었다고 한다. 또 빌립이 사라졌다가 아소도에 나타난 장면도 보았다고 한다. 반면, 존 목사는 위로 올라갔고, 결국 하늘에까지 도달했다고 한다.

그들의 이동은 대략 1시간 동안 지속되었고, 나는 그 한 시간 내내 회중에게 말씀을 선포했다. 물론 이 두 사람에게 어떤 일이 일어나고 있는지 확인하기 위해 말씀을 전하다가 가끔씩 몸을 돌려 그들을 쳐다보곤 했다.

주님께서 "이 부부의 여행이 끝났다"고 말씀해 주셨으므로, 나는 존 목사를 일으켜 세운 후 간증해 달라고 부탁했다. 그는 자신에게 임한 은혜에 사로잡힌 나머지, 한 마디 한 마디 말을 이어갈 때마다 와락 눈물을 쏟았다.

그가 말했다. "방금 제가 본 것을 여러분께 말씀드리기 전, 감정부터 추슬러야 할 것 같아요. 또 제가 본 것들을 정리해야 합니다. 그러니 잠시만 시간을 주십시오."

이 이야기가 당신의 믿음에 도전을 주었는가? 그렇다면 됐다.

상자 밖으로 나오라!

나는 당신이 말씀의 사람이기를, 말씀의 학생이기를 바란다. 말씀 속으로 들어가라. 말씀을 받아들이라. 그러면 말씀이 살아 역사하여 하나님의 계획대로 당신을 변화시킬 것이다. 하나님께서 당신을 창조하신 목적이 있다. 말씀이 당신을 그 목적대로 변화시킨다!

물론 지금까지 내가 한 말이 전부라고 생각하지는 말라. 반드시 당신 스스로 말씀을 연구해야 한다. 성경에 어떤 말씀이 기록되어 있는지 살펴보고 이해하길 바란다. 그리고 하나님께서 당신에게 주신, 그래서 당신의 소유가 된 그 모든 것을 '믿음'으로 받아들이라.

우리는 오랫동안 교단과 교파의 굴레에 얽매여 있었다. 하나님 안에는 참으로 많은 선물이 있지만, 교단과 교파에 발목을 잡힌 나머지 하나님 안으로 들어가 그 선물들을 얻지 못했다. "성경에 기록된 사건들은 과거에 다 끝난 일이다. 그러므로 현시대와는 아무 상관없다." "하나님은 더 이상 초자연적인 일을 행하지 않으신다." 우리는 이 같은 주장들을 사실로 받아들였다.

종교주의적 사고를 벗어 버리라! 이 세상 그 누가 하나님으로부터 그 고유한 본질을 제거할 수 있겠는가? 본질상, 하나님은 초자연적인 분이시다. 과거에도 그랬고, 지금도 그렇다. 과거에도 하나님은 초자연적인 일을 하셨고, 지금도 초자연적인 일을 행하신다. 이것이 그분의 본질이기 때문이다. 그러므로 "하나님은 더 이상 초자연적인 일을 행하지 않으신다"라는 말은 하나님의 본질을 제거하려는 시도이며, 참으로 무례하기 짝이 없는 일이다.

우리는 하나님의 형상대로 지음 받은 자녀이다. '아들 됨'(sonship) 안에 있는 우리에게는 그 모든 가능성이 열려 있다. 하나님 안에 거하는 우리 또한 초자연적 존재이다.

물론 특정 교단이나 교파를 폄하하려는 것은 아니다. 그러나 하나님의 백성을 속박하여 건강한 체험까지 못하게 만드는 비성경적 전통이 여기저기 널려 있기 때문에 이 모든 것을 낱낱이 파헤쳐 그 문제점을 드러내고 싶다.

누가복음 11장 52절을 보라. 바리새인들은 하나님의 지혜를 버리고,

그 자리에 사람의 전통을 채워 넣었다. 그들은 자신뿐 아니라 다른 사람까지 하나님의 지혜에 이르지 못하도록 방해했다. 바리새인의 가르침은 사람들을 하나님으로부터 멀어지게 했고, 또 하나님을 그 백성으로부터 멀리 떨어뜨려 놓았다.

우리가 편안하게 받아들이며 아무 거리낌 없이 따르는 전통이 있는가? 지금은 이러한 전통을 정직하게 평가해야 할 때이다. "주님, 이러한 전통 때문에 제가 주님의 약속으로부터 멀어지는 것은 아닌지요? 이러한 전통 때문에 주님과 친밀한 교제를 나누지 못하는 것인지요? 그렇다면, 주님! 저를 도와주세요. 저는 이러한 종교적 철장을 어떻게 부숴야 할지 모릅니다. 아버지! 아버지께서 깨뜨려 주세요. 제가 무엇을 어떻게 해야 할지 알려 주세요. 어떻게 해야 주님의 약속을 끝까지 붙잡고 나아갈 수 있을지도 말씀해 주세요."

앞에서 나는 성경에 기록된 '이동' 사례 몇 가지를 이야기했다(천사의 방문을 통한 이동, 성령의 인도하심을 통한 이동, 또는 성부 하나님께서 직접 주도하신 육체적 이동, 영적 이동 등). 이외에도 성경에는 엘리야와 불의 전차, 예수님과 물 위의 배, 천사가 옥문을 열어 준 사건 등 다양한 이동 방법이 기록되어 있다.

이 모든 일이 성경에 명백히 기록되어 있으므로 우리는 '과연, 이런 일이 가능한가?' 하고 의심할 필요가 없다. 다만 하나님께서 우리가 속한 교회나 그룹에 이러한 일을 허락하셨는지, 그것만 확인하면 된다. "하나님께서 우리를 초자연적 영역으로 부르신다!" 당신은 이렇게 확신할 수 있는가?

우리는 기대감을 갖고 영적 여정을 이어가야 한다. 모든 일이 가능하다. 먼저 이 사실을 믿는 것에서 시작해야 한다. 핵심은 "믿어야 한다"는 것이다.

chapter 8

믿음으로 이동하다 II

나는 당신이 하나님을 신뢰하기 원한다. 이는 그분이 우리의 아버지이시기 때문이다. 우리가 떡을 달라 하면, 하나님은 우리가 요청한 떡을 주시지 돌을 주실 분이 아니다. 하나님의 음성을 듣기 원한다고 아뢰면, 하나님은 '말씀 들을 귀'를 주시지 마귀를 보내어 우리를 미혹하지 않으신다. 하나님의 사랑은 이렇게 외친다. "나는 너를 떠나지도, 버리지도 않는다."

베드로가 말했다. "주여, 당신이 주님이시거든 나를 그리로 가게 하소서." 만일 우리가 "주님, 저는 믿음의 여정을 시작하고 싶습니다"라고 아뢰면, 주님은 매우 기뻐하실 것이다. 주님은 당신을 만나기 위해, 당신과 동행하기 위해, 당신을 가르치고 훈련하기 위해 지금 당신 곁에 계신다. 이것이 하나님의 '아버지 마음'이다.

실패할까 봐 두려운가? 당신에게 자녀가 있다면, 내 설명에 공감할 것이다. 아이들이 걸음마를 시작할 때, 처음 해보는 일이기에 익숙하지 않다. 그래서 뒤뚱거리며 몇 발자국 내딛다가 금방 넘어져 버린다.

당신은 이러한 자녀에게 달려가 "너 참 멍청한 애구나. 걸음마 하나 제대로 못하니!" 하며 호되게 야단칠 것인가? 이 세상 어디에도 그렇게 자녀를 나무랄 부모는 없다. 아니, 단 몇 걸음 걷는 것만 보고도 부모는 흥분하며 기쁨의 탄성을 지른다. 이것이 부모의 마음이다.

이제, 부모가 느낄 기쁨의 강도를 수십억 배로 늘려 보라. 상상할 수 있겠는가? 하나님 아버지께서 믿음으로 걸음마를 시작하는 자녀를 바라보시며 느끼시는 기쁨이 그와 같다.

길 찾기

맨 처음 당신이 믿음으로 걷기 시작할 때, 하나님은 흥분하신다. 당신의 걸음마를 보시며 무척 기뻐하신다. 뒤뚱거리는 걸음, 언제 넘어질지 모를 서툰 걸음이지만, 그분의 품에 안기려는 노력에 하나님께서는 한없이 감탄하신다.

"저도 아빠처럼 되고 싶어요." "아빠가 원하시는 모습으로 변화될 래요." 이러한 고백에 미소 지으시는 하나님의 얼굴이 보이는가? 이것이 당신을 향한 하늘 아버지의 마음이다! 하나님은 당신을 향해 환하게 웃으시며 "이리 오거라. 자! 조금만 더! 너는 할 수 있어"라며 격려하신다. "얘야, 내가 한 말(성경)을 믿고 용기를 내라. 넌 할 수 있단다. 나를 믿으렴!"

> 여호와께서 이와 같이 말씀하시되 너희는 길에 서서 보며 옛적 길 곧 선한 길이 어디인지 알아보고 그리로 가라 너희 심령이 평강을 얻으리라 하나 그들의 대답이 우리는 그리로 가지 않겠노라 하였으며 (렘 6:16)

주님께서 내게 '믿음으로 이동하기'를 알려 주셨을 때, 내가 접한 성경 말씀은 위 구절이었다. 이 말씀으로 인해 나는 '믿음에 의한 이동'을 더 깊이 깨달을 수 있었다.

하지만 말씀을 이해하는 것에서 멈출 수는 없었다. 나는 이 구절을 더 깊이 파헤쳐야 했다. 표면상 이 구절은 하나님의 뜻과 생각을 알려 주는 말씀이다. 그러나 히브리어로 깊이 연구해 보니 거기에는 보다 많은 의미가 담겨 있었다. 나는 각 단어가 지닌 의미를 한데 모아 다음과 같이 다시 번역해 보았다.

> 여호와께서 이와 같이 말씀하신다. "너희는 사람들이 많이 다니지 않는 길 위에 서서 분별해 보라. 걷다 보면 그 길 위, 어느 지점에선가 너는 소멸해

버릴 것이다. 그런데 그 길 위 소멸 지점은 영원히 존재하며, 완전히 감춰져 있다. 그러니 그 소멸 지점이 어디에 있는지 열심히 찾아보라. 사람들은 그 길을 다니지 않을 것이다. 그러나 너희는 사람들이 많이 다니지 않는 그 길이 어딘지 내게 물어 보고, 그 길을 걸으라. 걷다가 그 소멸 지점에 이르면, 사라져라. 그러면 네 영혼이 안식을 얻을 것이다."

이 옛길을 걷기 위해 우리가 해야 할 첫 번째 일은, 그 길이 어디에 있는지 찾아보는 것이다! 우리는 분별하며 걷는 법을 배워야 한다.

오늘날 사람들은 교회 안에서 참으로 많은 것을 배운다. 심지어 마귀론도 배운다. 그러나 그중에는 올바르지 않은 가르침도 많다. 만일 우리가 하나님의 말씀을 견고히 붙들지 않으면(선한 것과 악한 것을 분별할 줄 모른다면), 우리는 그릇된 가르침에 깊이 빠질 것이다. 그러므로 분별력을 얻기 위해 기도하라. 이것은 하나님의 명령이기도 하다.

하나님께서 우리에게 "이것은 너희의 것이다"라고 말씀하신 것들이 있다. 우리는 하나님께서 그것들을 주시리라 믿어야 한다. 이것이 그 옛길을 걷기 위해 우리가 해야 할 두 번째 일이다. 하나님께서 말씀하셨다. "너희는 사람들이 많이 다니지 않는 길이 어딘지 물어 보고 그 길을 걸으라. 걷다가 사라져 버리라."

세 번째로 우리가 할 일은 그곳이 평안과 휴식의 장소임을 인식하는 것이다. 그곳은 두려움을 느끼거나 근심해야 할 곳이 아니다. 그곳은 자기 능력, 자기 지혜로 살아남기 위해 애쓰는 곳도 아니다. 그곳은 하나님 안에서 평안과 안식을 누리는 곳이다. 그 길을 가다 보면, 당신은 평안과 안식 속에 사라져 버릴 것이다(평안과 안식에 들어가게 된다).

그러므로 분별하라. 물으라. 믿으라. 그러면 당신은 그 길을 걷다가 사라지겠고, 마침내 안식을 누릴 것이다.

첫 번째 수업

말씀 연구와 기도와 금식으로 아홉 달을 보낸 후, 나는 믿음으로 이동하는 첫 번째 과를 행할 준비가 되었다고 생각했다. "주님, 저는 첫 번째 과를 행할 준비가 되어 있습니다."

나는 워싱턴 주 시애틀 북쪽의 작은 마을 에드먼즈에서 자랐다. 지금도 워싱턴 주에서 살고 있어 가족과 친구들을 만나거나 사역을 위해 종종 에드먼즈에 들르곤 한다.

첫 번째 이동 체험을 했을 당시, 나는 에드먼즈로부터 520여 킬로미터 떨어진 스포케인에서 살고 있었다. 교통 흐름이 원활한 날이면 스포케인에서 에드먼즈까지 가는 데 대략 5-6시간 정도 걸린다.

어느 날, 나는 친구와 함께 에드먼즈를 방문했다. 그곳에서의 일정을 다 마치고 다시 스포케인으로 돌아가기 전, 나는 내 신앙 여정에 대해 친구와 이야기했다. 친구는 내 말을 듣고 큰 도전을 얻었다. 에드먼즈를 떠나는 날 아침, 나는 친구와 손을 잡고 간절히 기도했다. "주님, 우리를 스포케인으로 이동시켜 주십시오."

우리는 스포케인을 향해 출발했다. 보통 5-6시간 걸리는 길이었는데, 그날 우리는 두 시간도 안 되어 스포케인에 도착했다! 나는 우리가 통과한 출구들을 전부 기억한다. 스포케인으로 가는 중 우리는 스노퀄미 고갯길을 지나 엘렌스버그에서 잠시 멈춰 차에 기름도 넣고 점심도 먹었다. 그런데도 두 시간이 채 안 걸리다니!

사실, 나는 스포케인으로 '이끌려' 가는 내내 의심했다. "이게 말이 돼? 이런 일이 가능하냐고?" 주님께서 시간을 압축하셨으므로 우리는 그 짧은 시간 안에 목적지에 도착할 수 있었다.

어떻게 이런 일이 일어났는가? 물론 나는 믿음으로 이동하는 것이 가능하다고 믿었고, 이를 위해 오랜 시간 준비하며 기도했다. 하지만, 정작 이런 일이 일어나니 어안이 벙벙했다. 이런 일이 일어나리라고는 생각지도 못했다. 시간이 단축, 아니 압축되다니!

갑자기 성경 속의 한 가지 사건이 떠올랐다. 바로 히스기야가 15년간 수명을 연장 받은 사건이다. 하나님은 15년의 수명 연장에 대한 증거를 주시기 위해 해시계의 그림자를 10도 물러내셨다(사 38:8).

하나님은 자신의 뜻에 따라 시간을 늘리기도 하시고, 압축하기도 하신다. 하나님은 시간에 구애되지도, 빛의 속도에 제한을 받지도 않으신다. 영계에서는 당신도 시간에 제한받지 않는다.

기억하라. 당신은 하나님의 형상대로 지음 받았다. 그러므로 초자연적인 하나님의 자녀 또한 자연법칙에 구애받지 않는다. 이 세상의 많은 사람들이 당신에게 그 반대의 사실을 믿도록 강요해 왔지만 말이다. 하나님은 우리를 위해 자연법칙보다 훨씬 높은 상위의 법칙을 마련해 두셨다. 그것은 예수 그리스도 안에 있는 '생명의 성령의 법'이다.

최근, 한 무리의 물리학자들이 소립자를 한 곳에서 다른 곳으로 '순간이동'시키는 데 성공했다는 내용의 신문 기사를 읽어 보았다. 아직까지 그보다 큰 물질을 이동시킬만한 기술은 없지만, 학자들은 그것이 가능한 일이라고 말했다. 그런데 우리는 성경을 통해 그 일이 가능하다는 사실을 이미 알고 있다!

에드먼즈에서 스포케인으로 이동한 후 6개월 동안 나는 기도하고 말씀을 연구하며 그때의 경험을 묵상했다. 어떻게 이 일이 일어났는지, 이 일이 어떤 과정으로 진행되었는지 알려 달라고 끊임없이 주님께 여쭈었다.

나는 이동이 가능하다는 것도 알았고 또 실제로 경험하기도 했지만, 어떻게 일어났는지는 알 수 없었다. 나는 이동의 가능성을 조금도 의심하지 않는다. 게다가 과학자들도 이 분야에서 무시하지 못할 성과를 내지 않았는가? 내가 원한 것은 '어떻게'였다. 주님께서 가르쳐 주신 것을 사람들에게 전하려면, 내가 먼저 잘 배워야 했기 때문이다.

내 기도에 대한 응답으로 주님은 수년 전에 본 환상을 상기시켜 주셨다. 당시 주님께서 열쇠 꾸러미를 내게 주셨는데, 하나의 고리에 세 개의 열쇠가 달려 있었다. 세 개의 열쇠 중 하나는 이사야 22장 22절 말씀, 곧 '다윗의 집 열쇠'였다. 주님께서 다윗의 집 문을 여시면 누구도 닫지 못하고, 닫으시면 누구도 열지 못한다.

성령께서 내게 물으셨다. "오늘, 다윗의 집은 어디에 있느냐?"

"글쎄요. 예루살렘 아닐까요?" 주님께 대답했다.

"그리고 또 어디에 있느냐?"

그 순간 나는 깨달았다! 예수님께서 다윗의 보좌에 앉아 계신다는 사실을 말이다(눅 1:32). 그래서 주님께 대답했다.

"하늘에 있습니다!"

"그렇다."

주님께서 내게 주신 두 번째 열쇠는 누가복음 11장 52절 말씀, 곧 '지식의 열쇠'였다. 그리고 세 번째 열쇠는 '하나님 나라의 열쇠'였다. 세 번째 열쇠는 평범하게 생겼지만, 매우 화려해 보였다. 순간순간 그 크기와 모양이 저절로 변하였다.

주님께서 말씀하셨다. "이제, 이 열쇠들을 기억하라."

"예, 알겠습니다."

"성경을 연구하면서 네가 발견한 문들이 있지 않느냐? 너는 이 열쇠들을 사용하여 그 문들을 열어라." 주님께서 말씀하셨다. 바로 이 열쇠들이 '이동'의 동인이었다.

그런데 이 같은 영적 열쇠를 사용하는 방법은 딱 하나다. 그것은 바로 말씀을 선포하는 것이다!

교만에 내린 사형선고

성경적인 이동에 대해 더 깊이 알기 위해 나는 성경에 등장하는 문, 문짝, 창문, 대문 등의 단어를 연구했다. 이 땅에서 문은 어디론가 들어가고 나올 때 여닫는 도구이다. 영적인 영역에서도 마찬가지이다. 문, 문짝, 창문, 대문은 성령을 통해 어디론가 드나드는 것을 의미한다.

문은 입구이자 출구이다. 우리는 문을 통해 드나든다. 이를 철학적으로 따져 보면, 문을 통해 '입구'와 '출구' 사이의 간격을 이동하는 것이다.

지금 우리가 살피는 '문'은 하나님이 만드신 '가시 세계'와 '비가시 세계' 사이를 이어주는 다리 역할을 한다.[1] 다시 한 번, 이사야서의 말씀을 읽어 보자.

웃시야 왕이 죽던 해에 내가 본즉 주께서 높이 들린 보좌에 앉으셨는데 그의 옷자락은 성전에 가득하였고 스랍들이 모시고 섰는데 각기 여섯 날개가 있어 그 둘로는 자기의 얼굴을 가리었고 그 둘로는 자기의 발을 가리었고 그 둘로는 날며 서로 불러 이르되 거룩하다 거룩하다 거룩하다 만군의 여호와여 그의 영광이 온 땅에 충만하도다 하더라 이같이 화답하는 자의 소리로 말미암아 문지방의 터가 요동하며 성전에 연기가 충만한지라 그때에 내가 말하되 화로다 나여 망하게 되었도다 나는 입술이 부정한 사람이요 나는 입술이 부정한 백성 중에 거주하면서 만군의 여호와이신 왕을 뵈었음이로다 하였더라 그때에 그 스랍 중의 하나가 부젓가락으로 제단에서 집은 바 핀 숯을 손에 가지고 내게로 날아와서 그것을 내 입술에 대며 이르되 보라 이것이 네 입에 닿았으니 네 악이 제하여졌고 네 죄가 사하여졌느니라 하더라 내가 또 주의 목소리를 들으니 주께서 이르시되 내가 누구를 보내며 누가 우리를 위하여 갈꼬 하시니 그때에 내가 이르되 내가 여기 있나이다 나를 보내소서 하였더니 여호와께서 이르시되 가서 이 백성에게 이르기를 너희가 듣기는 들어도 깨닫지 못할 것이요 보기는 보아도 알지

못하리라 하여 (사 6:1-9)

　이 대목을 읽을 때마다 내가 떠올렸던 질문 중 하나는 이것이다. "왜 이사야는 웃시야 왕이 죽은 후에야 주님을 볼 수 있었을까? 우연의 일치일까?" 나는 웃시야 왕의 삶이 어떠했는지 무척 궁금했다. 그래서 역대하 26장 1-22절을 읽어 보았다.

　웃시야는 16세의 나이에 왕이 되었다. 왕위에 오른 초기, 그는 전심으로 하나님을 의지했다. 또 백성을 잘 다스리기 위해 지혜와 통찰력을 구하며 끊임없이 하나님 앞에 나아갔다. 그는 매사에 하나님을 인정했고, 남유다 백성을 하나님께로 인도했다. 이에 하나님께서는 삶의 모든 영역에서 웃시야를 크게 높이셨다.

　그런데 어느 시점에선가 '교만'이 그의 마음을 파고들었다. 그가 하는 모든 일이 워낙 잘 되다 보니, 우쭐해진 모양이다. 결국 그는 하나님의 계명보다도 자신의 권위를 앞세우고 만다. 분향은 오직 제사장만이 할 수 있는 일인데, 제사장도 아닌 그가 '분향' 제사에 손을 댄 것이다.

　웃시야가 하나님을 끔찍이 사랑해서 본인이 직접 그 앞에 향을 태워 드리고 싶었는지는 알 수 없다. 하지만 확실한 사실은, 그가 하나님의 말씀을 어겼다는 것이다. 정말 '사랑' 때문이었다 한들, 그 열정이 하나님의 말씀보다 앞설 수는 없다. 이 상황을 '교만'이라는 단어 외의 다른 말로는 설명할 수 없다.

　교만한 마음에 이끌려 웃시야 왕이 분향한 순간, 하나님께서는 그에게 나병을 내리셨다. 결국 그는 교만 때문에 별궁에 격리된 채 삶을 마감했다. 웃시야의 경우, 마음속 교만은 육체의 나병으로 이어졌다.

그런데 컨퍼런스를 인도하다 보면 치유기도를 받기 위해 나아온 사람들 중 그 영혼에 나병이 든 것처럼 보이는 이들이 있다. 분별해 보면, 그 질병의 원인이 '교만'인 경우가 많다. 이 사실을 염두에 두고 이사야 6장 1절을 다시 읽으면 다음과 같다. "웃시야 왕의 교만이 죽던 해, 나는 주를 보았다."

예수님께서 하신 말씀을 듣고 배우라. "네 십자가를 지고 나를 따라오라." 주님은 문자 그대로 우리가 십자가를 지길 원하신다. 각 사람은 '십자가에 달려 날마다 죽는' 삶을 끌어안아야 한다.

"저는 예수님을 믿어요. 그러니 천국에 들어갈 거예요." 이렇게 말하는 것만으로는 충분하지 않다. 물론 구원받은 것을 기뻐하며 하나님께 감사드려야 한다. 그러나 주님은 그 이상을 바라신다.

하나님은 우리 각 사람의 삶에 그리스도를 닮은 성품이 자리하길 원하신다. 즉, 우리가 무언가를 해야 한다는 뜻인데, 스스로를 성별하고 거룩하게 살기를 결단하라. 십자가에 달려 날마다 죽는 삶을 살라. 자신의 육신과 정욕에 대해 죽으라. 정욕에 대해 죽는 대신, 하나님의 온전한 약속을 향해 쉬지 말고 달려가라. 하나님을 선택하라. 당신이 선택한 길을 더욱 열정적으로 붙잡아라. 성경은 우리가 범사에 그리스도에게까지 자라야 한다고 말한다.

하지만 문제가 있다. 우리는 '범사'는 고사하고 작은 영역에서도 그리스도에게까지 성장하지 못한다. 왜 그런가? 대가를 지불하려고 하지 않기 때문이다.

겸손한 태도로 들어가다

예수님께서 하신 일 중 우리도 할 수 있는 일을 몇 가지 더 말해 보겠다. 일단, 예수님은 명성에 신경 쓰지 않으셨다. 오히려 사람들에게 욕먹고 박해당하셨다. 물론 자신을 변호하시지도 않고, 단 한 마디도 되받아치지 않으셨다. 예수님은 하늘의 모든 풍성함을 버리고 이 땅으로 내려오셨다. 만물의 주인이시지만, 사람들을 하늘로 이끌기 위해 몸소 종이 되셨다.

당신도 알 듯, 이 모든 것은 예수님이 행하신 일들이다. 말씀대로라면 우리도 이 일을 해야 한다. 그러나 우리는 그대로 따라하는 것을 원하지 않는다. 다만 이 모든 '불편함'은 건너뛰고 그저 '기적'과 '놀라운 일'로 넘어가고 싶을 뿐이다. 그것이 바로 '교만'이다. '예수 닮은 성품'을 얻는 첫 단계는, 예수님께서 행하신 일들을 받아들이고 그대로 따르는 것이다.

예수님은 나사렛에서 자라셨다. 그런데 나사렛의 문자적 의미는 '거룩', '구별', '영광'이다.[2] 예수님의 성품은 전 생애를 걸쳐 '거룩'과 '구별'이라는 곳에서 형성되었다. 예수님은 '거룩'과 '구별'을 추구하며 살아가셨기에 마침내 '영광'의 왕관을 쓰실 수 있었던 것이다. 이것이 예수님의 삶에 나타난 패턴이다. 예수님은 여기 이 땅에서 겸손의 길을 걸으며 거룩한 삶, 구별된 삶을 사셨다. 그러므로 우리 또한 주님을 닮기 위해 그와 동일한 길을 걸어야 한다.

잠시 이사야의 이야기로 돌아가 보자. 이사야가 성전에서 보았던 것의 영적 의미를 이렇게 해석하면 어떨까? 웃시야의 교만이 죽은 해, 이사야는 주께서 높이 들린 보좌 위에 앉으신 것을 보았다. 그분의 옷자락은 성전을 덮었고, 그 위로는 여섯 날개를 가진 스랍 천사들이 서 있었다. 그런데 숫자 6은 '사람'을 상징한다.

천사들은 그 여섯 날개 중 둘로 자신의 얼굴을 가렸다. 이는 사람이 하나님의 임재 앞에 설 때 겸손해야 한다는 것을 말해 준다. 또 날개 둘로는 자신의 발을 가렸다. 이는 우리의 걸음걸음이 신중하고 거룩해야 한다는 것을 말해 준다. 발을 가린 것의 의미를 이렇게도 생각해 볼 수 있다. 하나님과 함께 걸을 때, 우리의 삶에는 '동행'의 열매가 드러나는데, 그것은 다른 사람이 볼 수 없고 오직 하나님과 당신만 볼 수 있다. 마지막으로, 천사들은 남은 두 날개로 날았다. 그렇게 하나님의 임재 앞에서 겸손한 태도를 취하고 삶 속에서 거룩한 걸음을 걷는 사람은 높이 솟아오른다. 그렇다. 이것은 그리스도를 닮아가는 과정을 보여 준다.

천사들이 서로 외쳤다. "거룩하다! 거룩하다! 거룩하다! 만군의 주 여호와여!" 이때, 한 천사가 이렇게 말했다. "앞으로 언젠가 온 땅이 하나님의 영광으로 가득 찰 것이다!" 과연 그런가? 천사가 그렇게 말했는가? 아니다! 천사는 이렇게 말했다. "지금, 온 땅은 하나님의 영광으로 가득하다!"

만일 이 땅이 하나님의 영광으로 가득하다면, 왜 당신은 그분의 영광이 나타나기를 구하는가? 하나님의 영광을 구하기보다 이미 온 땅 가득한 그 영광에 동참하는 것이 낫지 않은가? 문제는 우리가 그 영광을 보지도 못하고, 본다 한들 그것이 하나님의 영광임을 분별하지 못한다는 것이다. 그러나 성경 말씀대로 온 땅은 이미 하나님의 영광으로 가득하다. 그리고 우리는 그 영광을 맛볼 수 있다.

스랍 천사들은 보좌 주위를 돌며 "거룩하다! 거룩하다! 거룩하다!"고 외쳤다. 이에 대한 내 첫인상은 따분함이었다. '세상에나! 천사들은 보좌 주위를 맴돌며 특별한 일 없이 거룩하다고만 외치는군. 한 가지 일만 하다니.'

하지만 이러한 내 생각은 금방 깨져 버렸다. 여기 좀 더 나은 번역이 있어서 소개한다. "스랍 천사들은 하나님의 보좌 주위를 맴돌았다. 그들은 매번 그 주위를 돌 때마다 외쳤다. '오! 놀랍다!' '오! 놀랍다!' '오! 놀랍다!'"

천사들은 "하나님을 찬양하라"는 명령 때문에 보좌 주위를 맴돈 것이 아니었다. 그들은 주님의 아름다움에 경탄한 나머지, 그 아름다움을 바라보는 것이 너무 좋아서 하나님의 보좌를 떠날 수 없었던 것이다. 매번 그 주위를 돌 때마다 하나님의 새로운 성품을 발견하므로 경탄을 금치 못한다. 그들은 영원 전부터 그 곁을 맴돌았다. 하지만 매회 하나님의 새로운 면모를 발견한다. 전에 본 적 없는 새로운 '아름다움'에 매료되어 감탄하는 것이다! 우리 또한 영원토록 하나님의 새로운 성품을 발견하게 될 것이다.

성전 문의 기둥이 흔들렸다. 성전 문의 기둥이라니 무슨 기둥인가? 그렇다. 문 기둥이다. 이 문은 이사야 선지자가 이 세상에서 천상으로 이동하는 출입구였다. 하나님의 음성에 기둥이 흔들렸고 성전 안은 연기,

곧 '하나님의 영광'으로 가득 찼다. 연기는 하나님의 영광, 보좌 앞으로 올라가는 향기, 또는 성도들의 기도를 뜻한다.

지금까지 우리는 문에 대해 살펴보며 하늘로 올라가는 문에 대한 그림을 얻었다. 성경은 '실로'에 하나님의 이름이 있다고 말한다. 하나님의 임재가 그곳에 머문다는 뜻이다. 실로의 성막을 본 구약 시대 사람들은 그곳에 가야 하나님을 만나고, 하나님의 음성을 들을 수 있었다. 하나님을 절실하게 찾고, 그 음성에 갈급한 사람들은 실로처럼 성별된 곳으로 가서 하나님을 만났다. 그들은 거기서 오랜 시간을 보내고, 잠도 잤다. 꿈으로 또 환상으로 하나님의 음성을 들으려 했던 것이다. 당시에는 이것이 하나님과 소통하는 일반적인 방법이었다.

얇은 곳

아일랜드와 웨일즈 지역의 초기 켈트 기독교인들은 '실로'와 같은 장소를 '얇은 곳'이라 불렀다. 그러한 장소에서는 이 세상과 저 세상 사이의 경계가 매우 얇다고 생각했기 때문이다. 그들은 실로와 같은 곳에서는 기도, 성별, 중보, 예배 등을 통해 쉽게 하늘에 올라갈 수 있다고 생각했다. 이 같은 곳에서 사람들이 영계에 쉽게 접촉할 수 있는 까닭은 아마도 거기 형성된 영적 분위기 때문일 것이다.

수년간 성령께서는 내게 이같이 말씀하셨다. "오늘날의 세대는 매우 얇은 곳에 서 있다. 게다가 물질계와 영계를 가르는 장막은 점점 얇아지고 있다. 그러므로 지금, 영계는 손에 닿을 만큼 가까이에 와 있다. 믿음으로 그 간격을 좁혀라. 그렇게 너희는 전에 없던 방법으로 영계와 접촉할 것이다."

> 그때에 내가 말하되 화로다 나여 망하게 되었도다 나는 입술이 부정한 사람이요 나는 입술이 부정한 백성 중에 거주하면서 (내 육체의 눈이) 만군의 여호와이신 왕을 뵈었음이로다 하였더라 (사 6:5, 이 구절에서 '뵈었다'로 번역한 히브리어의 문자적 의미는 '보다, 분별하다, 감각하다, 환상을 보다'이다)

하나님을 보고도 목숨을 부지한 사람이 있는가? 하나님을 보고 죽지 않을 사람은 없다. 그렇다면 이사야는 어떤가?

사실 그가 하나님을 보았을 때, 무언가가 죽긴 했다. "교만이 죽던 해, 내가 보니." 육신은 하나님의 '거룩'을 감당해 낼 수 없다. 그러나 우리의 육신이 죽을 때, 하나님의 거룩 안으로 들어갈 수 있다.

교만이 죽은 그 자리에서 우리는 하나님과 만난다. 기독교인이 따라야 할 기본 가르침은 무엇인가? 십자가의 죽음이다. 우리는 날마다 십자가에서 죽는 삶을 살아야 한다. 나는 죽었다. 나는 더 이상 살지 않는다. 그러나 그리스도께서 내 안에 살아 계신다. 이것이 우리의 현주소이다.

이사야가 "화로다!" 하며 탄식했을 때, 이미 모든 것이 결판났다. 돌에 새기듯 모든 것이 결정되었다. 한 마디로 심판이 임한 것이다. 더 이상 되돌릴 수 없는 상황이다.

사실, 선지자가 자신에게 "화로다, 나여"라고 말하는 것은 이례적이다. 분명, 이사야에게 무언가가 일어난 것이다. 그러니 그가 "화로다, 나여"라며 가슴을 쳤던 것 아니겠는가? 하나님의 임재와 현존의 빛 안에서 그의 존재에 변화가 생겼다. 이사야가 알아차릴 만큼, 그의 존재 안에 엄청난 변화가 일어난 것이다. 웃시야가(그의 교만이) 죽었을 때, 이사야는 그의 죽음이 자신의 죽음과 별반 다름없음을 깨달았다. 그때 이사야에게 하나님의 계시가 임했고, 그는 자신이 웃시야만큼이나 악한 사람이었다는 사실과 마주하게 되었다.

이사야의 부정(不淨)은 입술의 문제였다. 즉 그의 말이 더러운 것이 문제였다(앞에서도 보았듯 '말'이 핵심이다). 성경 말씀대로 우리는 마음에 가득한 것을 입 밖으로 낸다. 그러니 말의 문제는 결국 마음의 문제인 것이다(마 12:34). 이사야가 말했다. "나는 입술이 부정한 사람이다. 나는 망했다."

> 그때에 그 스랍 중의 하나가 부젓가락으로 제단에서 집은 바 핀 숯을 손에 가지고 내게로 날아와서 그것을 내 입술에 대며 이르되 보라 이것이 네 입에 닿았으니 네 악이 제하여졌고 네 죄가 사하여졌느니라 하더라 (사 6:6-7)

이 과정을 자세히 살펴보자. 먼저는 '교만'(웃시야의 교만과 이사야의 교만)이 죽었다. 그리고 이사야는 자신의 영적 상태를 직시했다. 이후 하나님께서 '대속'과 '씻음'의 은혜를 베풀어 주셨다. 이로써 장애물이 제거되고, 하나님께 나아갈 길이 열렸다. 이제 하나님의 약속이 온전히 이뤄질 차례이다.

이사야는 하나님의 보좌가 있는 방 안으로 들어갔다. 거기서 그는 영광의 하나님을 뵈었다. 또한 그 방 안에서 일어나는 일도 보았다! 생각만 해도 흥분되는 일 아닌가? 그 놀라운 광경에 분명 그는 말문이 막혔을 것이다.

그 자리에 서 있는 동안 이사야는 하나님께서 누군가와 대화하시는 것을 엿듣게 되었다. "내가 누구를 보내며 누가 우리를 위하여 갈꼬"(사 6:8).

만일 교만이 죽지 않았다면, 그의 죄가 대속되거나 씻기지 않았다면, 그는 거룩하지 않으므로 하나님의 보좌가 있는 방 안에 들어갈 수 없었을 것이다. 하나님의 보좌가 있는 방 안에 들어갈 수 없었다면, 그는 결코 하나님의 음성을 듣지 못했을 것이다.

하나님과 만난 후 이사야의 시각은 완전히 변화되었다. 그는 이 땅 위에서 일어나는 모든 일이 이미 '하늘'에서 결정된다는 사실을 깨달았다. 하늘에서 하나님이 이 땅을 어떻게 통치하시는지 두 눈으로 본 것이다. 그렇게 이사야는 하나님의 관점으로 '보기' 시작했다.

하나님께서 말씀하셨다. "내가 누구를 보내며 누가 우리를 위하여 갈꼬." 여기서 '가다'에 해당하는 히브리어는 '얄라크'이다. 이 단어는 예레미야 6장 16절에도 동일하게 사용되었는데, 그 뜻은 '여행하다가 사라져 버리다'(소멸되다, 없어지다)이다. 그러므로 이 말씀을 이렇게 번역할 수도 있다. "누가 우리를 위하여 가서 사라져 버리겠는가?"

하나님의 대화를 엿들은 이사야는 그 즉시 끼어들며 말했다. "여기 제가 있습니다. 저를 보내 주십시오." 그러자 주님께서 이사야에게로 몸을 돌려 말씀하셨다. "가라. 너는 그 길을 가다가 사라져 버리라. 그리고 이 백성에게 전하라."

만일 교만이 죽지 않았다면, 이러한 대화에 끼어들기는커녕, 죄 씻음 받고 입술이 정결해지는 초자연적 경험 자체가 불가능했을 것이다. 그러나 교만이 죽음으로 그는 하나님의 보좌 앞으로 나아갈 수 있었다. 하늘에서 진행되는 대화를 엿들을 수도 있었고, 또 그 대화에 끼어들어 자원할 수도 있었다. 그렇게 그는 하나님으로부터 사명을 받았다.

이제 보이는가? 예수님은 이같이 말씀하셨다(주님께서 확언하셨으므로 이 말씀 역시 하나님께서 당신에게 주신 약속이다). "내가 진실로 진실로 너희에게 이르노니 나를 믿는 자는 내가 하는 일을 그도 할 것이요 또한 그보다 큰 일도 하리니 이는 내가 아버지께로 감이라"(요 14:12).

우리가 어떻게 예수님이 하신 일, 또 그보다 큰 일을 할 수 있는가? 답은 간단하다. 예수님께서 행하신 대로 하라. "내가 진실로 진실로 너희에게 이르노니 아들이 아버지께서 하시는 일을 보지 않고는 아무것도 스스로 할 수 없나니 아버지께서 행하시는 그것을 아들도 그와 같이 행하느니라"(요 5:19). 예수님처럼 생각하고 말하고 행동하기 원한다면, 초자연적 영역으로 올라가 하나님께서 행하시는 일을 봐야 한다. 그래야만 예수님께서 하시는 일, 그보다 큰 일을 할 수 있다.

핵심은 이것이다. 당신은 거듭났기 때문에 하나님의 약속에 따라 초자연적 영역으로 들어갈 수 있다. 거기서 당신은 하나님의 계획이 무엇인지 알 수 있다. 또 어떤 전략으로 그 계획을 펼쳐 내실지 알 수 있다. 그렇게 당신은 오늘 이 시간, 하나님이 행하시는 일에 참여할 수 있다.

이삭을 위한 신부

과연 이 일이 가능한가? 어떻게 해야 하늘과 교감하며 이 땅 위에 펼쳐지는 하나님의 일에 동참할 수 있는가? 그 시작은 십자가의 삶을 붙드는 것이다. '날마다 죽는 삶'이 출발점이다.

날마다 죽는 삶은 사실 듣는 것만으로도 무섭다. 하지만 그리 어렵지는 않다. 왜냐하면 하나님께서 그분의 능력을 우리의 보잘것없는 능력과 바꿔 주시기 때문이다(사 40:29). "오직 여호와를 앙망하는 자는 새 힘을 얻으리니"(사 40:31).

이 구절을 문자 그대로 해석하면 "여호와께서는 자기를 앙망하는 자와 능력을 교환하신다"이다. 이것이 핵심이다. 여호와를 앙망하면, 그분이 우리의 능력이 되신다. 당신은 그저 여호와를 '선택'하기만 하면 된다. 그러면 하나님께서 변화를 일으키실 것이다.

우리의 능력으로는 하나님의 말씀을 온전히 이뤄낼 수 없다. 하나님께서 해주셔야 한다. 두려워하지 말고 하나님을 선택하라. 그러면 하나님께서 말씀하실 것이다. "내 능력이 너의 힘이다." "내 자원이 너의 부족함을 채울 것이다." "내 지혜가 너의 무지함을 대신할 것이다."

> 아브라함이 나이가 많아 늙었고 여호와께서 그에게 범사에 복을 주셨더라 아브라함이 자기 집 모든 소유를 맡은 늙은 종(엘리에셀, '돕는 자')에게 이르되 청하건대 내 허벅지 밑에 네 손을 넣으라 내가 너에게 하늘의 하나

님, 땅의 하나님이신 여호와를 가리켜 맹세하게 하노니 너는 내가 거주하는 이 지방 가나안 족속의 딸 중에서 내 아들을 위하여 아내를 택하지 말고 내 고향 내 족속에게로 **가서**(얄라크: 여행하다가 사라지다) 내 아들 이삭을 위하여 아내를 택하라 종이 이르되 여자가 나를 따라 이 땅으로 **오려고** (얄라크: 여행하다가 사라지다) 하지 아니하거든 내가 주인의 아들을 주인이 나오신 땅으로 인도하여 돌아가리이까 아브라함이 그에게 이르되 내 아들을 그리로 데리고 돌아가지 아니하도록 하라 하늘의 하나님 여호와께서 나를 내 아버지의 집과 내 고향 땅에서 떠나게 하시고 내게 말씀하시며 내게 맹세하여 이르시기를 이 땅을 네 씨에게 주리라 하셨으니 그가 그 사자를 너보다 앞서 보내실지라 네가 거기서 내 아들을 위하여 아내를 택할지니라 만일 여자가 너를 따라 **오려고**(얄라크: 여행하다가 사라지다) 하지 아니하면 나의 이 맹세가 너와 상관이 없나니 오직 내 아들을 데리고 그리로 가지 말지니라 그 종이 이에 그의 주인 아브라함의 허벅지 아래에 손을 넣고 이 일에 대하여 그에게 맹세하였더라 이에 종이 그 주인의 낙타 중 열 필을 끌고 **떠났는데**(얄라크: 여행하다가 사라지다) 곧 그의 주인의 모든 좋은 것을 가지고 떠나 메소보다미아로 가서 나홀의 성에 이르러 그 낙타를 성 밖 우물 곁에 꿇렸으니 저녁 때라 여인들이 물을 길으러 나올 때였더라 그가 이르되 우리 주인 아브라함의 하나님 여호와여 원하건대 오늘 나에게 순조롭게 만나게 하사 내 주인 아브라함에게 은혜를 베푸시옵소서 성중 사람의 딸들이 물 길으러 나오겠사오니 내가 우물 곁에 서 있다가 한 소녀에게 이르기를 청하건대 너는 물동이를 기울여 나로 마시게 하라 하리니 그의 대답이 마시라 내가 당신의 낙타에게도 마시게 하리라 하면 그는 주께서 주의 종 이삭을 위하여 정하신 자라 이로 말미암아 주께서 내 주인에게 은혜 베푸심을 내가 알겠나이다 말을 마치기도 전에 리브가가 물동이를 어깨에 메고 나오니 그는 아브라함의 동생 나홀의 아내 밀가의 아들 브두엘의 소생이라 그 소녀는 보기에 심히 아리땁고 지금까지 남자가 가까이 하지 아니한 처녀더라 그가 우물로 내려가서 물을 그 물동이에 채워 가지고 올라오는지라 종이 마주 달려가서 이르되 청하건대 네 물동이의 물을 내게 조금 마시게 하라 그가 이르되 내 주여 마시소서 하며 급히 그 물동이를 손에 내려 마시게 하고 마시게 하기를 다하고 이르되 당신의 낙타를 위하여서도 물을 길어 그것들도 배불리 마시게 하리이다 하고 급히 물동이의 물을 구유에 붓고 다시 길으려고 우물로 달려가서 모든 낙타를 위하여 긷는지라 그 사람이 그를 묵묵히 주목하며 여호와께서 과연 평탄한 길을 주신 여부를 알고자 하더니 낙타가 마시기를 다하매 그가 반 세겔 무게의 금 코걸이 한 개와 열 세겔 무게의 금 손목고리 한 쌍을 그에게 주며 이르되 네가 누구의 딸이냐 청하건대 내게 말하라 네 아버지의 집에 우리가 유숙할 곳이 있느냐 그 여자가 그에게 이르되 나는 밀가가 나홀에게서 낳은 아들 브두엘의 딸이니이다 또 이르되 우리에게 짚과 사료가 족하며 유숙할 곳도 있나이다 이에 그 사람이 머리를 숙여 여호와께 경배하고 이르되 나의 주인 아브라함의 하나님 여호와를 찬송하나이다 나의 주인에게 주의 사랑과 성실을 그치지 아니하셨사오며 여호와께서 길에서 나를 인도하사 내 주인의 동생 집에 이르게 하셨나이다 하니라 소녀가 달려가서 이 일을 어머니 집에 알렸더니 리브가에게 오라버니가 있어 그의 이름은 라반이라 그가 우물로 달려가 그 사람에게 이르러 그의 누이의 코걸이와 그

손의 손목고리를 보고 또 그의 누이 리브가가 그 사람이 자기에게 이같이 말하더라 함을 듣고 그 사람에게로 나아감이라 그때에 그가 우물가 낙타 곁에 서 있더라 라반이 이르되 여호와께 복을 받은 자여 들어오소서 어찌 밖에 서 있나이까 내가 방과 낙타의 처소를 준비하였나이다 그 사람이 그 집으로 들어가매 라반이 낙타의 짐을 부리고 짚과 사료를 낙타에게 주고 그 사람의 발과 그의 동행자들의 발 씻을 물을 주고 그 앞에 음식을 베푸니 그 사람이 이르되 내가 내 일을 진술하기 전에는 먹지 아니하겠나이다 라반이 이르되 말하소서 그가 이르되 나는 아브라함의 종이니이다 여호와께서 나의 주인에게 크게 복을 주시어 창성하게 하시되 소와 양과 은금과 종들과 낙타와 나귀를 그에게 주셨고 나의 주인의 아내 사라가 노년에 나의 주인에게 아들을 낳으매 주인이 그의 모든 소유를 그 아들에게 주었나이다 나의 주인이 나에게 맹세하게 하여 이르되 너는 내 아들을 위하여 내가 사는 땅 가나안 족속의 딸들 중에서 아내를 택하지 말고 내 아버지의 집 내 족속에게로 가서 내 아들을 위하여 아내를 택하라 하시기로 내가 내 주인에게 여쭈되 혹 여자가 나를 **따르지**(얄라크: 여행하다가 사라지다) 아니하면 어찌하리이까 한즉 주인이 내게 이르되 내가 섬기는 여호와께서 그의 사자를 너와 함께 보내어 네게 평탄한 길을 주시리니 너는 내 족속 중 내 아버지 집에서 내 아들을 위하여 아내를 택할 것이니라 네가 내 족속에게 이를 때에는 네가 내 맹세와 상관이 없으리라 만일 그들이 네게 주지 아니할지라도 네가 내 맹세와 상관이 없으리라 하시기로 내가 오늘 우물에 이르러 말하기를 내 주인 아브라함의 하나님 여호와여 만일 내가 행하는 길에 형통함을 주실진대 내가 이 우물 곁에 서 있다가 젊은 여자가 물을 길으러 오거든 내가 그에게 청하기를 너는 물동이의 물을 내게 조금 마시게 하라 하여 그의 대답이 당신은 마시라 내가 또 당신의 낙타를 위하여도 길으리라 하면 그 여자는 여호와께서 내 주인의 아들을 위하여 정하여 주신 자가 되리이다 하며 내가 마음속으로 말하기를 마치기도 전에 리브가 물동이를 어깨에 메고 나와서 우물로 내려와 긷기로 내가 그에게 이르기를 청하건대 내게 마시게 하라 한즉 그가 급히 물동이를 어깨에서 내리며 이르되 마시라 내가 당신의 낙타에게도 마시게 하리라 하기로 내가 마시매 그가 또 낙타에게도 마시게 한지라 내가 그에게 묻기를 네가 뉘 딸이냐 한즉 이르되 밀가가 나홀에게서 낳은 브두엘의 딸이라 하기로 내가 코걸이를 그 코에 꿰고 손목고리를 그 손에 끼우고 내 주인 아브라함의 하나님 여호와께서 나를 바른 길로 인도하사 나의 주인의 동생의 딸을 그의 아들을 위하여 택하게 하셨으므로 내가 머리를 숙여 그에게 경배하고 찬송하였나이다 이제 당신들이 인자함과 진실함으로 내 주인을 대접하려거든 내게 알게 해 주시고 그렇지 아니할지라도 내게 알게 해 주셔서 내가 우로든지 좌로든지 행하게 하소서 라반과 브두엘이 대답하여 이르되 이 일이 여호와께로 말미암았으니 우리는 가부를 말할 수 없노라 리브가가 당신 앞에 있으니 데리고 **가서**(얄라크: 여행하다가 사라지다) 여호와의 명령대로 그를 당신의 주인의 아들의 아내가 되게 하라 아브라함의 종이 그들의 말을 듣고 땅에 엎드려 여호와께 절하고 은금 패물과 의복을 꺼내어 리브가에게 주고 그의 오라버니와 어머니에게도 보물을 주니라 이에 그들 곧 종과 동행자들이 먹고 마시고 유숙하고 아침에 일어나서 그가 이르되 나를 보내어 내 주인에게로 돌아가게 하소서 리브가의 오라버니와 그의 어머니가 이르되 이 아이로 하여금 며칠 또는 열흘을 우리와 함께 머물게 하라 그 후에 그가 갈 것이니라 그 사람이 그들에게 이르되 나를 만류하지 마소서 여호와께서 내게 형통한 길을 주셨으니 나를 보내어 내 주인에게로 돌아가게 하소서 그들이 이르되 우리가 소녀를 불러 그에게 물으리라 하고 리브가를 불러 그에게 이르되 네가 이 사람과 함께 **가려느냐** (얄라크: 여행하다가 사라지다) 그가 대답하되 **가겠나이다**(얄라크: 여행하다가 사라지다) (창 24:1-58)

본문에서 아브라함을 '하나님'에 비유하면, 그의 종(24장에는 그의 이름이 나오지 않지만, 창세기 15장에는 '엘리에셀'로 명시되어 있다)은 '성령'이라 할 수 있다. 사실, 엘리에셀이라는 이름의 뜻은 '돕는 자' 또는 '위로자'이다.[3] 성령님의 별명이 무엇인가? '위로자', '보혜사' 아닌가? 그렇다면 이삭은 누구에 비유할 수 있는가? 예수님에 비유할 수 있다!

아브라함은 나이가 많았고 늙었다. 이제 그는 자신의 종들 중 최고 연장자이자 집안 살림을 도맡아 하는 엘리에셀과 언약을 맺는다. "너는 내 아들 이삭을 위해 아내를 찾아라."

돌아갈 곳 없는

당시, 아버지의 소유를 관리하는 사람은 아들이 아니라 종이었다. 종의 마음을 가진 자가 아버지의 소유를 제대로 관리할 수 있었다. 하나님의 소유를 관리하는 것 역시 종이다. 그런데 하나님께서는 자신의 종에게 그 소유의 '일부'가 아닌 '모든' 것을 맡기신다. 하나님의 종은 하나님의 모든 소유를 관리한다.

아브라함 역시 가장 나이 많은 종에게 자신의 '모든' 소유를 맡겼다. 그뿐 아니라 그에게 아주 중요한 일을 당부했다. "이보게, 자네의 손을 내 허벅지 아래에 넣게. 그리고 내게 맹세하게나. 지금 우리는 하늘과 땅의 하나님이신 여호와의 언약 안으로 들어가고 있다네. 내 아들을 위해 아내감을 찾아오게나. 그러나 지금 내가 거주하는 가나안의 딸들 중에서는 찾지 말게. 자네는 내 고향, 내 가문으로 가서(얄라크: 여행하다가 사라지다), 거기서 내 아들 이삭을 위해 아내를 찾아 이곳으로 데려오게."

이에 그 종이 아브라함에게 대답했다. "혹 그 여인이 저와 함께 이 땅으로 오지 않으려 한다면, 그녀가 저와 함께 얄라크 하지 않으려 한다면 어떻게 해야 합니까? 주인님의 아들인 이삭을 그곳으로 데려가야 합니까?"

"절대 안 될 말이네! 내 아들을 그리로 데려가지 말게. 내 아들은 그리로 가선 안 돼! 절대로! 그의 아내 될 사람이 이곳으로 와야 하네. 왜냐하면 나를 내 아버지 집, 내 친척의 땅으로부터 이끌어 내신 하늘의 하나님께서 내게 맹세하여 말씀하시기를 '너와 네 후손에게 내가 이 땅을 주겠노라'고 하셨기 때문이네. 그러니 걱정하지 말고 가게나. 하나님께서 천사를 자네 앞서 보내실 걸세. 자네는 가서 내 아들의 아내감을 찾아 이곳으로 데려오면 되네. 만일 그 여인이 자네와 함께 얄라크 하지 않으려 한다면, 그걸로 그만일세. 자네는 이 맹세로부터 자유로워지네. 다시 말하지만, 내 아들을 그리로 데려가지 말게나."

참 재미있는 내용이다. 창세기 22장에서 하나님은 아브라함의 믿음을 시험하셨다. 그리고 셋째 날, 본격적인 시험이 시작되었다. "아브라함아, 너는 하나님의 약속보다 약속의 하나님을 더 사랑하느냐?" 이것이 그 시험의 골자였다. 이삭은 아브라함에게 주신 '하나님의 약속'이었다. 아브라함은 "네 씨를 통해"로 대변되는 수많은 하나님의 말씀이 이삭을 통해 이뤄지리라 기대했을 것이다.

대부분의 사람들이 모르는 사실은, 이삭이 모리아 산에서 번제로 드려졌을 당시 그의 나이가 30-33살 정도였다는 것이다. 그런데 이삭이 제물로 바쳐진 바로 그 자리에서 예수님이 십자가에 달리셨다. 그것도 이삭과 비슷한 나이에 말이다.

모리아 산 사건 이후 성경은 아브라함의 이야기를 이어간다. 그러나 이삭의 이야기는 한동안 등장하지 않는다. 그 다음으로 이삭의 이름이 나오는 것은 그가 신부를 맞이할 때이다.

예수님 또한 십자가에서 죽으신 후 이틀간 자취를 감추셨다. 그 2일의 하루를 천 년으로 환산하면 2천 년이다. 예수님이 승천하신 때부터 오늘까지 대략 2천 년이 지났다. 장차 우리가 주님을 보게 될 것은 신부와 신랑이 만나는 '혼인잔치'(예수님의 재림)에서이다. 이삭이 제물로 바쳐진 후 한동안 성경에 나타나지 않다가 결혼할 즈음 다시 등장한 것처럼, 예수님도 제물로 바쳐지고 승천하신 후 장차 이뤄질 혼인잔치 때 다시 나타나실 것이다. 그러므로 이삭의 결혼은 창세기에 나타난 '복음'이라 할 수 있다.

> 그 종이 이에 그의 주인 아브라함의 허벅지 아래에 손을 넣고 이 일에 대하여 그에게 맹세하였더라 이에 종이 그 주인의 낙타 중 열 필을 끌고 떠났는데 (창 24:9-10)

성경에서 10이란 숫자는 '시험'을 의미한다. 그러므로 10이란 수의 의미를 생각하면, 위 구절을 이렇게 해석할 수 있다. "낙타 열 마리는 무언가를 시험하기 위한 도구가 되겠군."

주인의 모든 소유물이 엘리에셀의 손에 들려 있다. 그는 자리에서 일어나 메소포타미아, 나홀의 도시를 향해 얄라크 하기 시작했다. 길을 가다가 사라지기 위해서 말이다.

그는 저녁 즈음 도시 외곽 우물가에 도착하여 낙타를 꿇려 앉혔다. 저녁때는 여인들이 집 밖으로 나와 물을 긷는 시간대이다.

이제부터 정말 재미있는 이야기가 시작된다. 그 우물의 이름은 '라티로이'인데, 뜻은 '나를 지켜보시는, 살아 있는 그분의 우물'이다. 혹은 '하나님의 임재의 우물'로도 해석할 수 있다.

성경에서 물은 종종 '하나님의 말씀'이나 '성령'을 상징한다. 그러므로 이 우물(나를 지켜보시는, 살아 있는 그분의 우물)은 우리 안에 생명수의 강이 흐르고 있다는 사실과 우리가 그 물을 깊이 퍼 올려야 한다는 점을 알려 준다.

저 위, 그리고 그 너머에

그는 낙타를 꿇려 앉힌 후 기도했다.

우리 주인 아브라함의 하나님 여호와여 원하건대 오늘 나에게 순조롭게 만나게 하사 내 주인 아브라함에게 은혜를 베푸시옵소서 성중 사람의 딸들이 물 길으러 나오겠사오니 내가 우물 곁에 서 있다가 한 소녀에게 이르기를 청하건대 너는 물동이를 기울여 나로 마시게 하라 하리니 그의 대답이 마시라 내가 당신의 낙타에게도 마시게 하리라 하면 그는 주께서 주의 종 이삭을 위하여 정하신 자라 이로 말미암아 주께서 내 주인에게 은혜 베푸심을 내가 알겠나이다 (창 24:12-14)

엘리에셀은 '나를 지켜보시는, 살아 있는 그분의 우물'에 도착했다. 그리고 아브라함의 가족 중 자신이 찾아야 할 언약 백성(이삭의 아내감)에게서 특별한 면모가 나타나길 바랐다. 그가 이삭의 아내감에게서 발견하고픈 '특별한 면모'는 다름 아닌 '종의 마음'이었다. 그녀에게서 '교만'은 죽고 '겸손'이 드러나길 바란 것이다.

'나를 지켜보시는, 살아 있는 그분의 우물'의 의미가 우리에게 말해주는 원리는 이것이다. 우리는 자신의 그릇 안에 담긴 것만을 쏟아낼 수 있다. 당신은 그 우물에서 말씀의 물을 길어 올려야 한다. 그래야만 그 말씀의 물을 섭취하여 자신의 그릇 안에 담을 수 있다. 당신은 자신의 그릇에 무엇을 담을 것인가?

> 말을 마치기도 전에 리브가가 물동이를 어깨에 메고 나오니 그는 아브라함의 동생 나홀의 아내 밀가의 아들 브두엘의 소생이라 (창 24:15)

여인들은 오른쪽 어깨에 물동이를 지고 왔다. 그런데 오른쪽 어깨는 '거룩한 통치'(하나님의 주권)를 상징한다. 그리고 물동이는 진흙으로 빚은 것인데, 진흙은 육체를 상징한다.

이제 그림을 그려 보자. 진흙으로 빚은 물동이 안에 물이 담겨 있고, 그 물동이는 '거룩한 통치'의 보좌(오른쪽 어깨) 위에 올려져 있다. 그들은 오른손으로 물동이를 붙잡았는데, 오른손은 '보다 더 큰 복'을 상징한다.

리브가는 물을 길으러 나아왔고, 엘리에셀은 그녀를 만나러 달려갔다. "청하건대 네 물동이의 물을 내게 조금 마시게 하라"(창 24:17). 리브가가 대답했다. "내 주여, 마시소서." 그녀는 손으로 물동이를 내려 그에게 기울였고, 그는 물을 마셨다.

리브가는 성령의 개입하심에 즉각 반응했다. 이처럼 즉각적인 반응을 보인 것으로 미루어 짐작할 때, 그녀의 마음속에는 '종의 태도'가 자리하고 있었음이 분명하다. 그녀는 남의 눈에 자신이 어떻게 비칠지 신경 쓰지 않았다. 또한 사람들이 뭐라고 말할지도 신경 쓰지 않았다. 리브가는 과거 한 번도 만난 적 없는 이 낯선 남자를 아무 거리낌 없이 대했다. 그녀에겐 '종의 마음', '섬김의 태도'가 있었으므로 성령의 감동에 즉각 순종할 수 있었다.

> 마시게 하기를 다하고 이르되 당신의 낙타를 위하여서도 물을 길어 그것들도 배불리 마시게 하리이다 하고 급히 물동이의 물을 구유에 붓고 다시 길으려고 우물(나를 지켜보시는, 살아 있는 그분의 우물)로 달려가서 모든 낙타를 위하여 긷는지라 (창 24:19-20)

위 구절을 읽고 당신은 이렇게 생각할지도 모른다. '낙타가 마실 물을 긷는데 무슨 어려움이 있겠어? 물동이 몇 번 우물에 담갔다 빼면 그만일 텐데.' 하지만 낙타 한 마리가 한 번에 들이키는 물의 양은 680-1360리터 정도이다. 게다가 이 낙타들은 광야 길을 950킬로미터나 지나온 상태라 심히 목이 말랐을 것이다. 그뿐 아니라 리브가가 물을 줘야 할 낙타는 총 열 마리이다. 도대체 얼마만큼의 물을 길어야 이 모든 낙타를 배불리 마시게 할 수 있을까? 한 번 계산해 보라. 이것은 1시간 정도에 끝날 노동이 아니다. 종의 마음과 섬김의 태도를 지녀야만 할 수 있는 일이다. 엘리에셀이 청하지도 않았지만, 리브가는 그의 기도대로 자원하여 이 일을 하겠노라 말했다. 이만한 표적이 어디 있는가?

시험 통과

하나님 나라의 백성 대부분은 '절반' 정도, 혹은 '일부분'만 순종하려 한다. 완주할 때까지 계속 달리는 사람은 극히 적다. 지금 나는 '일순간'의 열정을 말하는 것이 아니라 인생 전반에 걸친 열정에 대해 이야기하고 있다. 성경은 우리 모두가 달리기 경주를 한다고 말한다.

나는 한때 장거리 달리기 선수로서 매일 1.5-3킬로미터 정도를 뛰었다. 운동장을 몇 바퀴씩 돌고 나면, 온몸의 기운이 다 빠져나간다. 이제 마지막 한 바퀴만 남겨 놓은 채, 전속력을 낸다. 이때 사람들은 결승선에 테이프를 준비한다. 드디어 결승선이 눈에 들어온다. 마지막 남은 힘, 마지막 땀 한방울까지 다 쥐어짜야 하는 순간이다. 호흡은 가빠지고 머릿속은 하얘진다. '내가 왜 뛰는 거지?' 몸이 힘드니 별 생각이 다 든다. 하지만 결승선이 있으므로 끝까지 달린다.

지금, 결승선 테이프가 우리 눈앞에 펼쳐졌다. 지금은 하나님의 임재의 우물을 더 깊이 파야 할 때이다. 우리 안에 남아 있는 모든 것을 쥐어짜 끝까지 나아가야 한다. 그래야만 내 눈앞에 놓인 하나님의 약속을 거머쥘 수 있다. 결승선을 통과하면, 내 삶에 그 약속이 온전히 이뤄질 것이다.

경주를 하다 보면, '이동'과 같은 놀라운 선물도 맛보게 된다. 그러나 당신은 이런 것에 한눈팔지 말고 십자가의 죽음을 끌어안아야 한다. 그러므로 종의 마음, 섬김의 태도를 견지하라.

과연 이 낙타들은 어떤 모습이었을까? 리브가는 낙타들에게 물을 주기 위해 임재의 우물 깊은 곳까지 물동이를 내렸다. 첫 번째 낙타는 '질병'의 낙타였다. 리브가는 임재의 우물에 물동이를 내려 물을 길은 후, 여물통에 쏟았다. "그가 채찍에 맞음으로 너희는 나음을 얻었나니"(벧전 2:24). 그녀는 이 낙타가 충분히 마실 때까지 계속해서 물을 떠왔다. 리브가는 결국 승리를 거머쥐었다. 시험을 통과한 것이다.

그 다음 낙타는 '부족함'의 낙타였다. 리브가는 이 낙타에게 물을 주기 위해 임재의 우물에 물동이를 내렸다. "나의 하나님이 그리스도 예수 안에서 영광 가운데 그 풍성한 대로 너희 모든 쓸 것을 채우시리라"(빌 4:19). 이 낙타가 마시고 배부르기까지 리브가는 계속 물을 길어 여물통에 쏟았다. 낙타는 대략 1360리터의 물을 마셨을 것이다.

리브가는 열 마리 낙타 모두에게 말씀의 물, 하나님 임재의 우물물을 충분히 마실 수 있게 해주었다. 그러는 동안 그녀는 자기 앞에 놓인 시험을 통과했다. 우리가 가는 길에 온갖 종류의 시험이 놓여 있다. 리브가는 그 모든 시험을 어떻게 이겨내야 하는지를 보여 주는 모범이다.

우리 안에 있는 임재의 우물에서 하나님의 말씀을 어떻게 길을 수 있는가? 하나님께서 말씀하신 대로 하면 된다. 당신은 그 말씀을 선포할 수 있다. 100번이어도 좋고 360번이어도 좋다. 하나님의 말씀을 선포하라. 당신은 말씀의 백성이다.

순수한 섬김의 정신

엘리에셀은 리브가를 바라보며 깜짝 놀라 아무 말 못하고 그냥 그 자리에 그대로 서 있었다. '오! 정말 하나님께서 이 여정을 복되게 하셨구나!' 그는 감격했다.

하늘이 묵묵부답이고, 당신의 귀에는 어떠한 소리도 들리지 않으며, 돌파구가 보이지 않아 가슴을 치며 답답해한 적이 있는가? 그 순간 당신은 이렇게 자문할 것이다. "나 때문에 하나님이 화나셨나?" "내 삶에 아직 죄가 남아 있나?" 그리고 가끔씩은 "나, 구원받지 못했나 봐" 하며 좌절하기도 한다.

그러나 성령께서는 우리가 시험을 제대로 통과할 수 있을지 확인하기 위해 '침묵'으로 일관하시곤 한다. 하나님이 당신을 떠나신 것이 아니다. 그저, 당신의 반응을 지켜보시려고 그렇게 하실 뿐이다. 하나님은 여전히 거기, 그 자리에 계신다.

당신의 영혼 안에 놓여 있는 금고, 곧 하나님의 임재의 우물에서 풍성한 자원을 꺼내라. 그 순간, 당신의 머리 위로 하늘의 기대감이 충만해질 것이다. 그리고 당신은 거룩한 승리에 참여하게 된다.

주님은 승리를 기대하신다. 주님은 실패하지도, 패배하지도 않으신다. 당신이 삶에서 만나는 그 모든 시험은 싸워 이기라고 하나님께서 주신 것이다. 그러니, 시험을 만날 때 주저하지 말고 선두주자이신 예수님을 따라 달리라.

> 낙타가 마시기를 다하매 그가 반 세겔 무게의 금 코걸이 한 개와 열 세겔 (10은 시험의 숫자이다) 무게의 금 손목고리 한 쌍을 그에게 주며 이르되 네가 누구의 딸이냐 청하건대 내게 말하라 네 아버지의 집에 우리가 유숙할 곳이 있느냐 (창 24:22-23)

코걸이의 '코'는 분별을 상징한다. 금은 '정결함', '성결', '하나님에 대한 경외심'을 상징한다. 엘리에셀의 말은 다음과 같이 해석할 수 있다. "이 여인, 리브가의 섬김을 보면서 나는 그 안에 '정결함'이 있다는 사실을 분별해 냈다. 그녀의 섬김은 '정결'하다. 그렇게 리브가는 시험을 통과했다. 이제 그녀는 더 높은 차원의 정결함, 성결, 하나님을 향한 경외심을 얻게 될 것이다."

엘리에셀은 리브가의 손에 금을 건네었다. 그녀의 손은 '섬김' 곧 정결한 섬김을 대변한다. 봉사는 그녀의 마음에 내재된 섬김의 태도에서 기인했다. 리브가는 온전한 열정으로 섬겨 낙타들이 배불리 마시도록 충분한 양의 물을 길어 주었다. 그녀는 시험을 만났고, 이겼고, 통과했다. 시험을 통과할 경우, 하나님은 우리에게 상을 주신다.

> 이제 당신들이 인자함과 진실함으로 내 주인을 대접하려거든 내게 알게 해 주시고 그렇지 아니할지라도 내게 알게 해 주셔서 내가 우로든지 좌로든지 행하게 하소서 라반과 브두엘이 대답하여 이르되 이 일이 여호와께로 말미암았으니 우리는 가부를 말할 수 없노라 리브가가 당신 앞에 있으니 데리고 가서(여행하다가 사라져서) 여호와의 명령대로 그를 당신의 주인의 아들의 아내가 되게 하라 (창 24:49-51)

이후 엘리에셀은 리브가의 오라비와 어머니에게 값진 것들을 건네었다. 엘리에셀과 그녀의 식구들은 밤새도록 먹고 마시며 이야기를 나누었다. 그 다음 날, 리브가의 어머니와 오라비가 말했다. "이 아이로 하여금 며칠 또는 열흘을 우리와 함께 머물게 하라"(창 24:55).

엘리에셀이 대답했다. "나를 만류하지 마소서 여호와께서 내게 형통한 길을 주셨으니 나를 보내어 내 주인에게로 돌아가게 하소서"(창 24:56). 이에 그들은 리브가가 결정하도록 이 일을 그녀의 손에 맡겼다. "그들이 이르되 우리가 소녀를 불러 그에게 물으리라"(창 24:57).

기억하라. 리브가의 순수한 분별, 순수한 섬김, 그리고 종의 마음을 말이다. 그들은 리브가를 불러 물었다. "네가 이 사람과 함께 가려느냐(가다가 사라지겠느냐)"(창 24:58). 순수한 분별, 순수한 섬김, 종의 마음을 지닌 리브가는 선뜻 대답했다. "가겠나이다"(창 24:58).

방금 나는 독자들에게 몇몇 열쇠를 건네었다. 우리가 이해하고 받아들여야 할 열쇠는, 첫째 십자가에서 죽는 삶이다. 하나님께서 우리의 마음속 동기를 깨끗이 씻어 주셔야 한다. 하나님께서 우리 입술의 말을 깨끗이 씻어 주셔야 한다. 심지어 언급조차 하고 싶지 않은 추악한 죄까지도 일일이 다뤄 주셔야 한다. 그렇게 하나님이 행하시도록 허락해 드리라.

우리는 종의 마음을 견지해야 한다. 이것은 단순한 섬김의 태도가 아닌 '노예' 정신에 가까운 자세여야 한다. 참된 섬김의 태도를 지니려면, 이 세상에서 우리가 가진 모든 것이 우리의 소유가 아니라는 사실부터 깨달아야 한다. 모든 것이 하나님의 것이다. 우리는 한낱 관리인에 지나지 않는다. 심지어 성령의 은사도, 내 삶의 부르심도 내 것이 아니다(특히 은사와 부르심은 더욱 더 그렇다).

은사는 하나님의 것이다. 당신으로 하여금 활용하고 관리하도록 은사를 맡겨 주신 것이다. 그러니 당신의 재능이라 착각하지 말라. 하나님의 것이므로 언젠가는 도로 찾아가실 것이다. 부르심도 마찬가지이다. 그것 역시 하나님의 것이다. 하나님께서 은혜 가운데 당신에게 맡기신 모든 것을 지키고 관리하라.

하나님은 사람을 가리지 않으신다. 그러므로 성경에 기록된 모든 약속이 당신의 것이다(심지어 '믿음으로 이동'하는 모험까지도 말이다). 이 사실을 이해한다면, 이제 당신은 그 약속들이 이뤄질 것을 기대할 수 있다. 하나님은 전능하시다. 당신이 '변화'를 선택한다면, 하나님은 당신을 변화시켜 주실 것이다. 믿는 자에게는 모든 것이 가능하다!

성경은 "네겐 고작 30그램의 믿음만 있다. 그래도 너는 200킬로그램이 있는 것처럼 믿어야 한다"고 말하지 않는다. 당신의 믿음이 크든, 작든 상관없다. 큰 믿음을 가진 것처럼 자신을 속이지 말라. 당신은 자신이 갖고 있는 믿음으로 믿으면 된다(롬 12:3). 하나님께서 원하시는 것이 바로 이것이다.

지금 나는 믿음의 수준이나 무게에 대해 말하고 있지 않다. 나사로에게 얼마만큼의 믿음이 있었는가? 하나도 없었다. 그는 죽었고 묻혔을 뿐이다. 그러나 예수님에게 믿음이 있었다. 믿음이 크든 작든 주께서 만나주실 때, 우리는 이곳에서 저곳으로 이동하게 될 것이다.

둘째 하늘

주님께서 내게 '믿음으로 이동'하는 것에 대해 가르쳐 주셨는데, 여기서는 그 가르침과 경험에 대해 이야기할 것이다.

차를 타고 시애틀에서 스포케인으로 이동하는 경험을 하고 1년 정도 지났을 무렵, 나는 방대한 양의 연구와 기도와 금식을 하며 어떻게, 또 왜 이런 이동이 일어나는지 알아보고자 했다. 좀 더 많은 깨달음을 얻은 후 나는 이렇게 기도했다. "좋습니다! 주님, 저는 다음 가르침을 받을 준비가 되었습니다." 하지만 내 지식은 어찌 그리 작은지!

하루는 방 안에서 하나님을 경배하던 중 갑자기 어디론가 빨려 들어가는 느낌이 들었다. 눈을 떠 보니 나는 별들 사이에 서 있었다. 당시 내가 몸 안에 있었는지, 몸 밖에 있었는지는 말할 수 없다. 다만 무언가 초자연적인 일이 일어났고, 또 그 경험이 매우 생생했다는 것만 알 수 있었다.

맨 처음 내가 발견한 것은 별들이 하나님을 향해 찬송을 불렀다는 것이다. 별들은 살아 있고 생기 가득했다. 성경에는 "모든 피조물이 하나님을 찬양한다"는 말씀이 적혀 있다. 그러나 그 말씀을 아는 것과 직접 체험하는 것은 천지차이였다.

얼마 후(별로 좋은 어구 선택은 아니다. 이 같은 경험을 하는 동안에는 시간의 흐름이 그리 중요하지 않기 때문이다), 내 눈에 더 이상 달과 지구는 보이지 않았다. 모든 것이 낯설었다. 그러나 온 우주는 하나님을 찬양하는 피조물로 가득했다.

잠시 묵상하고 있는데, 갑자기 내 오른쪽 먼 곳에 문처럼 생긴 무언가가 나타났다. 그 문은 광활한 우주 공간에 매달려 있는 듯 보였다. 나는 그 문이 열려 있다는 것을 알았다. 열린 틈으로 눈부시게 하얀 빛이 새어 나왔기 때문이다. 그렇다. 그 문은 빛의 출입구 같았다.

이때, 나는 주님의 음성을 들었다. "앞으로 가라."

"앞으로 가라고요? 어떻게요?" 나의 첫 반응은 이랬다. 어쨌든 나는 믿음의 걸음을 내디뎌야만 했다. 그래서 한 발자국 내디딜 정도의 믿음을 발휘하여 앞으로 갔다. 그런데 발걸음을 떼는 순간, 내가 그 문 속으로 쏙 빨려들어 가는 것 아닌가?

순간, 나는 작은 사무실 프론트에 서 있었다. 사무실은 텅 비어 있었다. 이때 하나님의 성령께서 이같이 말씀하시는 것 같았다. "네가 서 있는 곳은 호주 시드니이다"(이후 나는 직접 그곳에 가 보았는데, '믿음으로 이동'해서 두 눈으로 보았던 곳과 동일했다).

그날은 토요일이었고, 매우 이른 아침이었다. 이제 막 해가 뜬 것 같았다. 도로 위에는 자동차가 한 대도 없었다. 나는 사무실 주위를 빙 둘러보았다. 내가 선 자리 뒤쪽에는 화장실로 향하는 통로가 있었고, 바닥에는 오래되어 낡은 회색빛 카펫이 깔려 있었다. 그리고 책상이 놓였던 자리 주변으로는 여러 전선들을 바닥에 부착하기 위한 절연테이프 자국이 있었다.

"참 멋져요! 주님, 저는 항상 호주에 와 보고 싶었어요."

나는 다시 그 사무실의 앞쪽으로 몸을 돌려 창문을 내다보았다. 창밖으로는 검은 대리석 외관의 건물이 보였다. 건물 좌측으로는 색깔을 입힌 유리창이 보였고, 건물 앞의 거리는 텅 비어 있었다.

"주님, 정말 멋있어요." 나는 이렇게 말하며 창문 가까이 걸어갔다. 아마 더 넓은 시야를 확보하기 위해서였던 것 같다.

"안 돼! 네가 배울 가르침은 여기까지야. 그러니 이제 돌아가거라."

주님께서 말씀하셨다. 그 말씀에 나는 적잖이 실망했다.

이제 나는 또 다른 딜레마에 봉착했다. "어떻게 돌아가지?" 알다시피 나는 주님의 말씀을 들었을 때, 겨우 한 발자국 내디딜 만큼의 믿음밖에 없었다. 그래서 이번에도 한 발자국 내디딜 만큼의 믿음을 발휘했다.

"화장실 통로로 나가야겠어." 화장실 문을 열고 들어가는 순간 나는 갑자기 내 집, 내 방으로 돌아왔다.

이후 1년 넘도록 나는 이 체험을 묵상하며 기도했다. "아버지, 도대체 이 체험의 의미는 무엇입니까?"

"열쇠들을 기억하라."

"예, 기억합니다."

"열쇠로는 무엇을 열지?"

"문을 엽니다." 나는 주님께 여쭈었다. "그런데 바울이 삼층천으로 들려 올라갔을 때도 저처럼 문을 통과했나요?"

"그렇다. 하지만 그것은 또 다른 문이었다. 그래서 또 다른 열쇠가 필요했지."

"아버지, 별들 사이에 서 있는 체험이 왜 중요하지요?"

"한 번 역사를 공부해 보지 그러니?"

"주님, 어디서부터 시작해야 하나요?"

이번에는 주님께서 구약의 위경을 연구하라고 말씀하셨다. 위경은 '에녹서'를 포함하여 '정경' 안에 들지 못한 책들을 가리키는 용어이다.

주님은 내게 에녹서를 읽어 보라고 말씀하셨다. 그래서 나는 에녹서를 읽었다. 그리고 깜짝 놀랐다. 에녹은 창세기부터 요한계시록을 아우르는 복음을 이해하고 있었다! 이러한 에녹서의 구절들은 성경 곳곳에 인용되기까지 했다.

에녹서를 읽으며 깨달은 것은 그가 하나님과 동행하다가 별들 사이로 이끌려 올라가 천국으로 향하는 여러 문들을 보았다는 것이다. 참으로 매력적인 내용이다!

"주님, 어떻게 해야 하나님의 말씀과 에녹서를, 그리고 오늘 우리가 체험하는 것들을 모두 다 연결할 수 있을까요? 이것은 제 능력 밖의 일입니다."

주님께서 말씀하셨다. "굉장히 쉽단다. 둘째 하늘에 대해 들어 보았니?"

그 순간, 나는 (지금 우리가 거주하는) 첫째 하늘에서부터 예수님이 계신 셋째 하늘로 올라가기 위해 둘째 하늘을 통과해야 한다는 것을 깨달았다. 셋째 하늘이 하나님의 영역인 반면, 둘째 하늘은 타락한 천사, 곧 마귀의 거처이다.

이후 주님은 내가 영적 세계로의 여정을 이어가도록 인도해 주셨다. 또 어떻게 해야 믿음으로 이동할 수 있는지도 알려 주셨다. 앞서 언급한 열쇠 하나는 이사야 22장 22절이다. 믿음으로 말하고 선포할 때, 당신이 연 문은 이 세상 누구도 닫을 수 없다.

예수님께서 말씀하셨다. "내가 한 일을 너희도 할 것이다." 주님께서는 이 영역과 저 영역을 오가신다.

하나님의 말씀을 가감하지 않고, 그 말씀 그대로를 진리로 받아들이는 자녀들에게는 놀라운 모험이 시작될 것이다. 우리는 이 땅을 살아가는 초자연적 존재로서 예수 그리스도의 보혈을 의지하여 영계와 자연계를 자유롭게 넘나들 수 있다. 주님의 보혈이 이 일을 가능케 했다.

선택하라. 그가 변화시켜 주실 것이다. 의지를 다해 붙잡으라. 하나님께서 당신의 능력이 되어 주실 것이다.

chapter 9

우리 안에 있는 영광

주님, 모든 사람의 삶 속에 이 말씀이 활성화되기를 원합니다.

무엇보다 이 마지막 때, 우리를 왕 같은 제사장으로 삼아 주시고 우리에게 주의 자비를 베풀어 주시니 감사합니다. 또한 열방에 복음을, 하나님의 구원을 전파해 주셔서 감사합니다. 사람들이 말씀을 받을 때, 그들의 삶에 생명의 말씀이 넘쳐나게 하소서. 주님을 찬양합니다.

그리고 가장 중요한 것을 아룁니다. 이 책을 읽는 모든 사람 위에 예수 그리스도의 보혈을 뿌려 주소서. 그 누구도 복음의 씨앗을 낚아채지 못하게 하소서.

예수님의 이름으로 기도합니다. 아멘.

나는 로마서 13장 14절로 이 장을 시작하려 한다. 로마서 13장 14절은 성도들에게 익숙한 구절인데, 다들 한 번씩은 인용해 보았을 것이다. 이것은 우리에게 익숙하긴 하지만, 특별한 중요성을 내포한 말씀이다. 특히 지금, 이 시점에서 우리는 이 말씀을 되새겨야 한다. "오직 주 예수 그리스도로 옷 입고 정욕을 위하여 육신의 일을 도모하지 말라"(롬 13:14).

'옷 입고'로 번역된 헬라어는 '엔듀에오'이다.[1] 이것은 '성령께서 우리에게 임하시다' 또는 '위로부터 능력을 부여받다'라는 표현에도 사용된 동사로(영단어 endue), 그 뜻은 '의복 속으로 들어가다', '옷 입다'이다.

이제 이 단어가 보여 주는 그림을 떠올려 보자. 몸이 작은 어린아이가 엄마 옷, 아빠 옷을 입는다. 그리고 엄마 신발, 아빠 신발도 신는다. 이 상황은 '옷을 입는다'보다는 '옷을 뒤집어쓰다'라는 말이 더 어울린다. 자기 몸보다 훨씬 큰 옷을 뒤집어썼으므로 아이들은 움직이는 것이 영 신통치 않다. 아이들의 눈동자나 미소는 볼 수 있을지 모르겠다. 그러나 옷에 파묻힌 아이들의 몸은 볼 수 없다. 옷 속으로 사라져 버렸기 때문이다.

이것이 '예수 그리스도로 옷 입고'의 진정한 의미이다. 예수님께 푹 파묻힌 바람에 사람들은 오직 당신의 얼굴, 미소, 눈 정도만 보게 된다. 그 외 나머지 몸은 전부 예수 그리스도에 감싸여 있다.

당신이 성령으로 옷 입을 때, 이와 동일한 일이 발생한다. 당신은 성령의 능력을 부여받고, 성령 안에 푹 잠긴다. 그러므로 눈이나 미소 정도만 당신의 것으로 보일 뿐, 몸의 나머지 부분은 전부 성령님으로 보일 것이다. "주 예수 그리스도로 옷 입으라"는 말은 "예수 그리스도 안에 잠겨라," "그 안에서 사라져라"라는 뜻이다.

앞의 성경 구절은 그리스도로 옷 입을 뿐 아니라 "육신의 일을 도모하지 말라"고 한다. 이 역시 놀라운 진리이다. 우리는 예수님 안에 녹아들어갈 것이므로 육신의 일은 신경 쓸 필요가 없다. 우리에겐 이 땅보다 천국이 더욱 생생하다. 그래서 이 세상일에 대해 신경 쓰지 않아도 된다. 예수님도 마찬가지이시다. 예수님은 오늘날 각종 경제지표가 출렁이는 것을 신경 쓰지 않으신다. 식량보급률이 줄거나 국가재정이 부족한 것을 염려하지 않으신다. 이 땅에서 사역하실 때, 예수님은 단 한 번도 이러한 염려를 입 밖에 내신 적이 없다. 예수님은 성령 안에 잠기셨기 때문에, 육신의 일에 대해 신경 쓰지 않으신 것이다.

> 이로써 사랑이 우리에게 온전히 이루어진 것은 우리로 심판 날에 담대함을 가지게 하려 함이니 주께서 그러하심과 같이 우리도 이 세상에서 그러하니라 (요일 4:17)

우리는 예수님의 공생애(과거의 일)를 따라하기 위해 무던히 노력해 왔다. 물론 그 같은 노력에는 엄청난 유익이 따른다. 게다가 그것은 아주 좋은 출발점이며 훌륭한 기반이다. 하지만 우리는 과거가 아닌 '지금'의 예수님이 어떠하신지, 또 예수님께서 지금 어떤 일을 하고 계시는지 바라봐야만 한다. 그렇게 할 때, 우리는 하나님의 약속대로 이 땅에서 주님과 같은 삶을 살아갈 수 있다.

지금 예수님의 모습은 어떠한가? 지금 예수님은 영광 안에 거하신다. 장담하건대 예수님은 무엇을 먹을지, 무엇을 입을지, 또 어디서 잠을 청해야 할지 염려하지 않으실 것이다. 믿음이 충분한지 고민하지도 않으실 것이다.

내 말을 이해하겠는가? 우리가 들고 있는 성경에는 생명과 거룩함에 필요한 모든 것이 들어 있다. 성경에는 우리에게 필요한 모든 약속이 담겨 있다. 그러나 하나님께서 주신 약속들을 '지금', '내 삶'에 적용하지 않으면, 우리는 그 약속 안에 거할 수 없다. 지적인 동의는 약속을 받아들이는 것도, 그 약속에 동의하는 것도 아니다.

지금 예수님께서 행하시는 일을 하라

지적으로 동의하는 것과 약속을 믿으며 살아가는 것은 엄연히 다르다. 요한이 말했다. "주께서 그러하신 것처럼 이 세상에서 너희도 그러하니라." 어쩌면 이 말씀이 당신의 귀에는 생소하게 들릴지도 모른다. 그러나 이 말씀은 엄연한 진리이다. 지금 주님께서 그러하신 것처럼 우리 또한 그러하다. 이 말씀을 진심으로 받아들일 때, 우리의 생각과 말과 행동은 예수님의 생각과 말과 행동으로 변화될 것이다.

우리는 아직 이 말씀이 제대로 작동하는 것을 체험하지 못했다. 그러므로 이 말씀을 확신하지 못하는 것이다. 그렇지만 우리는 성장하고 있다. 예수님께서 말씀하셨다.

> 내가 진실로 진실로 너희에게 이르노니 나를 믿는 자는 내가 하는 일을 그도 할 것이요 또한 그보다 큰 일도 하리니 이는 내가 아버지께로 감이라 (요 14:12)

지금 예수님께서 무엇을 하고 계시는지 아는가? 첫째, 예수님은 처소를 예비하여 주님이 계신 곳으로 당신을 초청하신다. 그러므로 우리가 따라야 할 예수님의 일은 '처소'를 예비하는 것이다. 누구를 위해 처소를 예비해야 하는가? 예수님이 우리가 거할 처소를 예비하신 것처럼, 우리는 예수님께서 거하실 처소를 예비해야 한다.

사람들이 말한다. "지금 주님은 제 마음에 계시는 걸요?" 물론 그렇다. 하지만 예수님께서 당신의 마음을 얼마나 많이 차지하고 계시는가? 이 질문에 자신 있게 대답할 수 있는가? 혹시 예수님께 마음속 '휴게실'만 내어 드린 것은 아닌가? "어서 오세요, 예수님. 하지만 아무것도 만지지는 마세요. 제 삶은 제가 책임질 테니까요." 이렇게 말하고 싶은 것은 아닌지 스스로를 돌아보라.

둘째, 예수님은 우리를 위해 중보하신다. 그러므로 우리가 따라야 할 예수님의 일 역시 '중보'이다. 예수님께서 우리를 위해 중보하시듯, 우리는 다른 사람들을 위해 중보해야 한다.

정리하자면, 먼저는 성령님께 우리의 마음을 감찰해 주시길 기도하라. 그리고 예수님이 거하실 처소를 예비하라. 이후 끊임없이 중보하라. 예수님이 그러하신 것처럼 우리 또한 그렇게 해야 하기 때문이다.

성경은 우리가 그리스도와 함께 하늘에 앉아 있다고 말한다. 예수님이 그러하신 것처럼 우리 또한 그렇다. 예수님께서 하늘에 앉아 계시므로, 우리 또한 예수님과 함께 하늘에 앉아 있다.

그런데 한 사람이 두 장소에, 그것도 동시에 존재할 수 있는가? 그렇다. 지금 당신은 예수님과 함께 하늘에 앉아 있다. 그리고 지금 여기, 이 땅 위에 발을 딛고 서 있다. 하늘에도 앉아 있고, 이 땅에도 발을 딛고 있다.

예수님을 영접했을 때, 우리는 하나님 나라에서 거듭났다. 당신의 육신이 이 땅에 태어났듯, 당신의 영혼은 하나님 나라에서 거듭났다. 당신이 육신의 오감을 활용하여 이 세상을 감지하듯, 거듭난 순간 당신은 영적 감각을 활용하여 하나님을 인식한다. 당신은 영적으로 보고, 맛보고, 만져 보고, 냄새 맡을 수 있다.

문제는 우리가 자연계에 너무 익숙해져 있다는 것이다. 이러한 이유로 그동안 우리는 성령의 실체를 무시해 왔다. 그러나 영적인 세계가 실체이고, 이 세상은 그림자일 뿐이다. 자연 감각으로는 영적인 세계를 이해할 수 없다.

만일 예수님께서 "('과거에 내가 했던 일'이 아니라) 지금 내가 하는 일을 너희도 할 수 있다"고 말씀하셨다면, 당신은 그 말씀 그대로 행할 수 있다. 이 세상의 어떤 벽이 예수님을 막아설 수 있겠는가? 또 어떤 장애물이 예수님을 가둘 수 있겠는가? 이 세상 그 무엇이 영계에 계신 예수님을 훼방할 수 있겠는가? 이 세상 그 무엇이 자연계에 계신 예수님을 가로막을 수 있겠는가? 하나님께는 불가능한 것이 없다. 그리고 기억하라. 그리스도께서 그러하신 것처럼 우리 또한 그러하다!

잠시 이 사실을 묵상하기 바란다. 어쩌면 지금쯤 당신의 머리는 뒤죽박죽되었을지도 모른다. 그러나 마음을 가다듬고 이 사실을 묵상하면, 당신의 머리는 금방 질서를 되찾을 것이다. 하나님께는 불가능한 것이 없다. 마찬가지로, 믿는 자에게는 불가능한 것이 없다.

광야 체험

> 모세가 그의 장인 미디안 제사장 이드로의 양 떼를 치더니 그 떼를 광야 서쪽으로 인도하여 하나님의 산 호렙에 이르매 (출 3:1)

모세는 바로의 궁전에서 자라며 애굽의 모든 지혜를 배웠다. 그는 말과 행동에 능한 사람이 되었다. 애굽의 서열상 모세는 바로 다음이었다.

그러던 어느 날, 모세는 이렇게 생각했다. '내 동족은 애굽의 노예가 되어 고통스럽게 살아가는데, 이를 보고 가만히 있을 수만은 없다.' 그는 백성을 구원하는 것이 자신의 사명임을 알았다. 우리 모두가 그랬던 것처럼 모세 역시 자신의 지혜와 능력으로 그 사명을 이루려고 했다.

하지만 그 결과는 어떠한가? 알다시피 모세의 뜻대로 되지 않았다. 오히려 그는 광야로 도망쳐야 하는 신세가 되었다. 당신은 광야에 갇혀본 적 있는가? 분명 있을 것이다. 이후 모세는 광야 저편에서 양을 치는 사람이 되었다. 애굽의 왕자에서 광야의 양치기로 전락한 것이다.

히브리서 11장 27절은 모세의 광야생활을 다음과 같이 말한다. "(그는) 보이지 아니하는 자를 보는 것같이 하여 참았으며." 시간을 내어 이 말씀을 연구해 보면, 결국 모세와 하나님은 서로 얼굴을 맞대고 아는 사이가 되었음을 알 수 있다. 모세는 하나님의 친구가 되었다. 그렇게 그는 광야에서 40년 동안 하나님과 동행하며 얼굴을 마주하고 대화하며 지냈다. 그러므로 40년의 시간이 그리 아깝지 않다.

이후 모세는 인생의 또 다른 전환점에 서게 된다. 그는 '호렙'이라는 한 장소로 나아갔다. 호렙은 하나님의 산으로 불리는 거룩한 곳이다. 호렙의 의미는 매우 흥미롭다. 그곳은 '하나님의 산'으로 알려진 곳인데, 무슨 영문인지 '호렙'의 뜻은 '고립과 절망'이다.[2] 이런 의미를 가진 호렙이 어떻게 '하나님의 산'이 될 수 있는가?

하지만 잠시 생각해 보면 답은 의외로 찾기 쉽다. 당신은 언제 예수님을 만났는가? 광야에서가 아닌가? 당신의 삶이 끝나는 지점에서 예수님을 만난 것 아닌가? 우리는 고립과 절망의 때에 예수님을 만날 수 있다. 예수님을 영접한 후에도 당신은 이러한 광야를 체험하기 위해 호렙으로 나아가곤 했을 것이다.

이세벨을 피해 도망친 엘리야를 생각해 보라. 그가 절대적 고립 상태로 머문 곳 역시 '호렙'이었다. 성경을 보면 알 수 있지만, 창세기의 족장들 역시 '절대적 고립과 절망'의 상태로 들어갔다. 그리고 여기, 모세가 호렙으로 올라간다. 바울이 말했다. "힘에 겹도록 심한 고난을 당하여 살 소망까지 끊어지고"(고후 1:8).

모세는 고립과 절망의 자리에 섰다. 그런데 그의 눈에 이상한 광경이 펼쳐진다. 전에는 보지 못했던 무언가가 그의 호기심을 자극했다. 떨기나

무에 불이 붙었다. 맹렬히 타오르는 불꽃 말이다. 그러나 그 나무는 타지 않았다. 처음에는 흘깃 보고 그냥 지나치려 했다. 그러나 그 자리에 잠시 멈춘 모세는 이같이 마음먹었다. '내 두 눈으로 확인해야겠어. 전에는 이 같은 광경을 본 적 없거든.'

내가 모세였어도 동일하게 반응했을 것이다. 사람들의 반응도 이와 비슷하지 않을까? "확인해 봐야겠어!" 하지만 어떤 사람은 "난 빠질래. 이것은 절대 하나님의 스타일이 아니야"라고 말할 것이다.

모세는 광야의 뒤안길, 곧 자기 인생의 끝 지점인 호렙으로 나아가 떨기나무의 불꽃을 보았다. 공생애 기간 중 예수님은 하나님과 독대하기 위해 광야로 나아가곤 하셨다. 엘리야도, 창세기의 족장들도 하나님과 독대하기 위해 광야로 나아갔다.

그러나 성도들은 광야를 싫어한다. "글쎄, 나는 광야가 불편해. 너무 힘들거든!" 하나님을 만날 수 있는 곳이 광야인데, 광야가 싫다니 말이 되는가?

모든 일이 내 소원대로 이루어지고, 삶이 안락하며, 가는 길이 평안하면, 우리는 하나님을 찾지 않는다. 그동안 미국의 기독교는 성도들에게 희생을 강요하지 않았다. "지금처럼 편하게 살면서 하나님을 믿으면 돼요." 이것이 우리가 전면에 내세운 모토였다.

하지만 이제 곧 변화가 닥친다. 이 세상이 '끝'에 가까이 다가갈수록 기독교에 대한 박해의 기세가 거세질 것이다. 곳곳에서 반(反)기독교적 법안이 제정될 것이므로 그리스도를 선택한 사람은 엄청난 피해를 떠안아야 한다. 마음이 아픈가? 그러나 기독교인이라면 신앙생활이 어려워진다는 사실에 놀라서는 안 된다. 본래 신앙생활은 어려운 것이기 때문이다.

모세는 떨기나무를 향해 천천히 걸어갔다. 그런데 갑자기 그 불꽃 속에서 하나님의 음성이 들려왔다. "이리로 가까이 오지 말라 네가 선 곳은 거룩한 땅이니 네 발에서 신을 벗으라"(출 3:5). (인간이 만든 '신발'로 대변되는) 육신의 일은 이 거룩한 장소에 어울리지 않는다. 그 특별한 날, 모세는 육신의 일을 벗고 하나님과 얼굴을 마주했다. 모든 것을 사르는 거룩한 불 앞에서 말이다.

네가 가진 것을 활용하라

인생의 좌절, 고립, 절망의 시간을 지나는 동안 당신의 성품은 깨끗해진다. 고난은 당신을 거룩하게 씻어 준다. 그러므로 이 시기를 지난 후, 당신은 하나님을 더욱 친밀하게 알 수 있다.

이러한 이유로 바울은 역경과 고난과 환난을 '영광'으로 여겼다(고후 7:4 참고). 이는 그가 수없이 돌에 맞았기 때문이 아니다(전에 나는 바울이 돌에 맞은 것을 자랑스러워했을 것이라 생각했다). 고난이 하나님과의 친밀함을 높이는 계기가 되었기 때문이다. 그래서 바울은 고난을 영광으로 여겼던 것이다. 다윗이 말했다. "하나님이여 상하고 통회하는 마음을 주께서 멸시하지 아니하시리이다"(시 51:17).

당신의 삶에 어느 정도의 고난과 아픔이 자리하기까지, 당신은 하나님의 뜻에 따라 계속해서 넘어지고 쓰러질 것이다. 고난을 겪지 않은 채 더 많은 기름부음을 받을 경우, 당신이 저지를 실수는 점점 커질 것이다. 왜냐하면 고난이 없으면, 마음에 교만이 자라나 당신을 타락시킬 것이기 때문이다(잠 16:18).

하늘 아버지께서는 우리의 '성품'에 관심이 많으시다. 우리가 삶 속에서 겪는 고난은 우리의 인격을 형성하는 하나님의 도구이다. 모세는 광야의 고난과 고독과 외로움 속에서 하나님과 만났다. 그리고 그 뜨거운 '불꽃 속에서의 만남'은 그의 인생을 뒤바꾸어 놓았다.

과거 바로의 궁전에서 자라며 애굽의 모든 지혜를 배웠던 그는 말과 행동에 능하였다(행 7:22). 그러나 광야에 고립된 40년의 세월이 모든 것을 바꿔 놓았다. 더 이상 과거의 자신감 넘치던 모습은 온데간데없다. 하나님께서 모세에게 "애굽로 돌아가 내 백성을 구해내라"고 말씀하시자, 그는 이같이 대답하며 거절한다. "오 주여 나는 본래 말을 잘 하지 못하는 자니이다"(출 4:10). 이 사실이 매우 흥미롭다.

그의 말을 분석하면 다음과 같다. "주님, 전에는 제가 모든 것을 가졌다고 생각했고, 모든 것을 안다고 생각했습니다. 그러나 이제 와서 돌아보니 제가 소유했던 그 모든 것이 아무것도 아닙니다." 그는 주님 앞에 솔직한 심정을 토로했다. "저는 성령의 인도하심을 어떻게 따라야 할지 잘 모릅니다. 지금까지 저는 제 자신을 의지해서 살아왔거든요." 하나님께서 대답하셨다. "내가 너를 돕겠다. 네 손에 있는 것이 무엇이냐?"

우리에겐 하나님의 뜻대로 행하지 않을 핑계거리가 많다. 한 번은 43명의 성도를 데리고 피지 섬으로 단기선교를 떠난 적이 있다. 당시 '주님의 지상명령'이라는 훈련프로그램 수료자 11명도 단기선교에 참가하겠다는 뜻을 내비쳤다. 하지만 그들은 단기선교를 가야 할지, 말아야 할지를 기도한 후 결정하겠다고 말했다. 일주일 정도 지났을 무렵, 나는 그들에게 물었다.

"너희들은 어떻게 결정했니?"

그들이 대답했다. "아직 기도하고 있습니다."

내가 말했다. "그래? 무엇을 위해 기도하는데?"

"재정을 위해서요."

"그렇다면, 기도를 멈춰라!" 내가 그들에게 말했다. "단기선교에 참여하는 것이 하나님의 뜻인지 아닌지, 그것부터 기도해라. 일단 하나님의 뜻이 확실하다면, 재정은 따라오기 마련이다. 하나님의 뜻을 구하지도 않고 재정을 위해 기도한다면, 옳지 않은 것을 구하는 것이다."

말 뒤에 마차를 연결해야 옳은데, 우리는 종종 말 앞에 마차를 연결하곤 한다. 하나님께서는 "재정이 충당되거든 가라!"고 말씀하지 않으신다. 이런 상황에선 믿음이 작동할 여지가 없다. 당신이 해야 할 일은 하나님의 뜻이 무엇인지 발견하고, 그 방향으로 이동하는 것이다. 하나님의 뜻대로 가면, 하나님은 그 길에서 당신을 만나 주실 것이다.

지난 10여 년간 전 세계를 다니며 집회를 인도하면서 출발 전에 재정이 완비되었던 적은 단 한 번도 없다. 나는 돈의 음성을 듣지 않고, 하나님의 음성을 들었다. 하나님이 "가라"고 하시면 재정은 신경 쓰지 않은 채 나를 초청한 사람들에게 대답했다. "좋습니다. 가겠습니다!" 그러면 매번 하나님께서 필요를 넉넉히 채워 주셨다.

하나님의 임재 안에 살다

하나님은 '뜨겁게 타오르는 불'이시다. 하나님은 당신과 만나기 위해 열정을 불태우신다. 한 번, 두 번 당신과 만나기 위해 약속하신다. 아니, 여러 차례 약속하신다. 우리들 대다수에게 하나님의 약속은 '여러 번' 주어진다.

> 모세가 산에 오르매 구름이 산을 가리며 여호와의 영광이 시내 산 위에 머무르고 구름이 엿새 동안 산을 가리더니 일곱째 날에 여호와께서 구름 가운데서 모세를 부르시니라 (출 24:15-16)

이 얼마나 멋있는 광경인가! 나는 항상 이러한 만남을 꿈꿔 왔다. "사랑하는 자들아 주께는 하루가 천 년 같고 천 년이 하루 같다는 이 한 가지를 잊지 말라"(벧후 3:8). 예수님의 때부터 날짜를 역으로 계수하여 4천 년을 거슬러 올라가면 아담과 만난다. 아담의 때부터 지금까지 시간을 계산하면 대략 6천 년 정도이다. 그러므로 지금은 일곱째 날 아침이다.

일곱째 날, 하나님은 구름 속에서 모세에게 말씀하셨다. "이리로 올라오라." 이 말씀은 하나의 '본보기'이다. 하나님은 지금도 자신의 백성에게 이와 동일한 말씀을 하신다. "이리로 올라오라!" 지금은 우리가 영광을 향해 올라갈 때이다.

"산 위의 여호와의 영광이 이스라엘 자손의 눈에 맹렬한 불같이 보였고"(출 24:17). 백성의 눈에 비친 여호와의 영광은 모든 것을 소멸하는 불과 같았다. 그런데 모세의 눈에는 그 영광이 구름처럼 보였다. 흥미롭지 않은가? 하나님과 만난 적이 없는 이스라엘 자손에게는 그 영광이 맹렬한 불로 보였지만, 이미 하나님과 만난 경험이 있는 모세에게는 구름으로 보였던 것이다.

몇 해 전, 사망선고를 받고 의학적으로 45분 동안 죽었다가 다시 살아난 사람이 있는데, 그의 이름은 딘 브랙스톤이다. 누군가가 그에게 물었다. "브랙스톤 형제님, 하나님의 보좌는 어떻게 생겼나요?"

그가 답했다. "농담하시나요? 혹시 보좌가 있는 방에 들어가 보셨습니까? 거기 가면, 보좌에는 눈길조차 가지 않습니다. 저의 관심은 '보좌'가 아니에요. 하지만 그 보좌가 무엇으로 만들어졌는지는 말씀드리겠습니다. 제가 유심히 보았기 때문에 말씀드리는 것이 아닙니다. 당신도 거기 가 보면 그 보좌가 무엇으로 만들어졌는지 자연스레 알게 됩니다. 어떤 사람은 주님의 보좌가 '석영으로 되어 있다', '화강암으로 만들어졌다'고 말하며 이 땅의 물질을 들먹입니다. 하지만 주님의 보좌는 '구름'입니다!"

구름! 예수님은 구름에 휩싸인 채 승천하셔서 지금은 보좌에 앉아 계신다. 그리고 언젠가 다시 구름을 타고 오셔서 이 땅을 다스리실 것이다.

만일 영광의 구름이 어떤 집 안에 가득하다면, 우리는 이 현상을 어떻게 해석할 수 있는가? 영광은 천국(하늘 보좌)의 분위기이므로, 그 집 안에 영광의 왕이 들어가 계신다고 해석할 수 있다.

모세는 호렙 산에서 40주야를 머물며 하나님의 영광을 체험했다. 그리고 하나님께서는 그 백성이 따라야 할 율법을 돌판에 적어 주셨다. 40일 후 그는 산에서 내려왔다. 그런데 그의 눈에 맨 처음 들어온 광경은 우상숭배하는 사람들의 모습이었다. 사람들은 금송아지를 만들고 그 앞에서 뛰어 놀며 경배했다. 의분을 낸 모세는 두 개의 돌판을 내던져 버렸다. 이것은 역사상 처음으로 '율법'이 죄를 심판한 사건이다.

얼마 후 모세는 하나님의 임재 안에 머물기 위해 또 다시 산에 올라 40주야를 보낸다. 앞선 등정까지 합하면 총 80일간 산에 머물렀던 것이다. 그 시간 동안 모세는 음식도 먹지 않고, 물도 마시지 않았다. 하지만 그는 곤핍함을 느끼지 않았다. 아마 '영광' 때문이었을 것이다. 그는 영광 안에 머물며 하나님과 얼굴을 마주한 채 친밀한 시간을 누렸다.

이후로도 모세는 하나님과 얼굴을 맞대고 대화했다. 그 결과, 120세나 되었지만 그의 기력은 쇠하지 않았고, 눈의 총기는 흐려지지 않았으며, 몸도 연약해지지 않았다(신 34:7).

그러나 그는 약속의 땅에 들어가지 못했다. 하나님께서 이를 허락하지 않으셨기 때문이다. 세상을 떠나는 순간, 그는 광야에서 큰 소리로 외쳤다. "주여! 저는 이제 본향으로 돌아갑니다." 그렇게 그는 자신의 육체를 떠났다.

그런데 성경을 보니 사탄이 모세의 시신을 두고 미가엘 천사와 논쟁했다고 한다(유 9). 모세가 죽은 후 얼마나 오랜 시간이 지났는데, 그의 시신에 대해 논쟁을 한단 말인가? 어떻게 이런 일이 가능한가? 그의 시신이 썩지 않았기 때문일 것이다. 죽음 이후 시신의 부패 속도가 현저히 느려진 것일까? 그래서 천 년이 훌쩍 넘은 후에도 사탄과 미가엘이 그의 시신에 대해 논쟁할 수 있었던 것은 아닐까? 어쩌면 이 모든 일은 그가 '영광'을 체험했기 때문에 가능했을지도 모른다.

주님 안에 있습니다

예수님이 입고 계신 옷은 '영광'이다. 주님은 영원한 분이시다. 그런데 영원한 것이 유한한 것에 닿으면, 무언가 놀라운 변화가 생긴다. 여기서 몇 가지 전제할 것이 있다. 먼저, 우리는 영원을 부인할 수 없다. 영원한 빛, 영원한 영광과 같은 것들의 존재를 부인할 수 없다.

만일 '영원'에 속한 것이 우리의 유한한 몸에 닿으면, 우리 몸에 변화가 일어난다. 모세의 경우, 그 육신의 죽음과 시신의 부패 과정 등이 어느 정도 영향을 받은 것은 영광 때문이었다. 쉽게 말해 영원의 영향 때문에 육체가 제 기능을 못하는 것이다. 이 땅에서 사역하시는 동안 예수님은 이 사실을 잘 알고 계셨다. 그래서 이같이 말씀하셨다. "누구도 내게서 내 생명을 빼앗아갈 수 없다"(요 10:18). 예수님은 영광의 영향력을 알고 계셨다. 또한 하나님의 뜻에 순종할 때, 영광 안에 머물 수 있다는 사실도 잘 아셨다. 그래서 예수님은 영광의 능력으로 자신의 사명을 온전히 이루셨다.

누구도 예수님을 죽이지 않았다. 아니, 죽일 수 없었다. 예수님은 하나님을 사랑하며 그 뜻에 온전히 순종하셨기 때문에 항상 영광 안에 머물러 계셨다. 그래서 누구도 그의 생명을 빼앗아가지 못했던 것이다. 예수님은 자신의 목숨을 내려놓으셨다(요 10:17-18).

그리스도께서 이 세상에서 그러셨던 것처럼 우리 또한 이 세상에서 그러하다. 누구도 우리의 생명을 빼앗아갈 수 없다. 다만 사명을 이루기 위해 다른 사람을 섬기는 차원에서 스스로 생명을 내려놓을 뿐이다.

> 모세가 회막으로 나아갈 때에는 백성이 다 일어나 자기 장막 문에 서서 모세가 회막에 들어가기까지 바라보며 모세가 회막에 들어갈 때에 구름 기둥이 내려 회막 문에 서며 여호와께서 모세와 말씀하시니 모든 백성이 회막 문에 구름 기둥이 서 있는 것을 보고 다 일어나 각기 장막 문에 서서 예배하며 (출 33:8-10)

모세는 하나님과 얼굴을 마주했다. '영광'은 천국의 분위기이다. 이 땅 위에 천국의 분위기가 형성된다면, 그것은 천국의 왕이 이 땅으로 내려오신 것이다. 영광이 임한 순간, 모세는 하나님과 얼굴을 맞대고 대화하기 시작했다.

하나님의 영광이 유한한 것에 닿을 때, 사망과 부패의 법칙은 전도(顚倒)된다. 실로 모든 것이 그렇다! "하나님의 영광이 닿으면, 죽음과 부패의 과정이 역으로 진행된다고요? 이 세상 모든 것에 적용되는 법칙입니까?" 그렇다. "제게는 낡고 오래된 자동차가 있습니다. 만일 그 위에 영광이 임하면 새 차가 된다는 뜻입니까?" 그렇다. 이것 또한 하나님의 영광 안에서 우리에게 허락된 '가능성'이다. 하나님의 영광은 우리에게 생명을 가져다주고 죽음과 부패를 거두어간다. 죽음과 부패는 하나님의 생명 앞에서 아무 힘도 못 쓴다.

당신이 병든 사람을 위해 기도했더니 그의 병이 나았다고 하자. 당신은 그에게 어떤 일이 일어났다고 생각하는가? 일단 당신은 기도를 통해 하나님의 영광을 발산했다. 그러자 그 사람에게서 죽음과 부패의 영향력이 사라져 버렸다. 죽은 사람이 살아난다면, 당신은 그에게 어떤 일이 일어났으리라 생각하겠는가?

우리는 하나님을 우리의 수준으로 제한한다. 이성과 논리의 테두리 안에 하나님을 가두려 하는 것이다. 그러나 창조된 모든 것은 하나님의 영광에 의해 변화될 수 있다. 실로 모든 것이 변화된다! 곰팡이는 어떤가? 세균은? 악취는? 그렇다. 이 모든 것이 변화될 수 있다. 영광은 하늘 보좌의 분위기이자 천국의 향기이다. 당신은 악취를 없애는 이온화장치에 대해 들어 보았을 것이다. 여기, 천국의 이온화장치가 있다. 천국의 이온화장치는 영광을 발산하여 악취를 없앤다. 이 말이 믿기지 않는가? 그러나 이것은 사실이다. 나와 내 아내 레시마는 실제로 이것을 경험했다.

당신은 '쉐키나' 영광에 대해 들어본 적 있을 것이다. '쉐키나'는 '안식' 또는 '거처'라는 뜻의 히브리어이다. 구체적으로 설명하자면, 쉐키나는 하나님의 임재가 이 땅 위에 머무는 동안 그 주위로 발산되는 '금빛 광채'이다. 불기둥과 구름기둥이 이스라엘의 진영 위에 머무는 동안 그곳에 쉐키나 영광이 함께했다(참고로 '쉐키나'의 어원은 '솨켄'이고, 그 뜻은 '친밀함' 또는 '이웃'이다).[3]

예수님께서 말씀하셨다. "이제부터는 너희를 종이라 하지 아니하리니

… 너희를 친구라 하였노니"(요 15:15). 당신은 그리스도 안에 있다. 또한 하늘 위에서 주님과 함께 앉아 있다. 이미 당신은 영광 안에 거하고 있는 것이다. 그리고 예수님은 당신 안에 거하신다. 하나님의 영광이 당신 안에 거하는 것이다. 당신은 영광 안에, 영광은 당신 안에 있다.

그런데 왜 우리는 아직도 "주여, 우리에게 영광을 보내소서. 주여, 당신의 영광을 보이소서" 하고 외치는가? 이사야 6장 3절은 온 세상이 하나님의 영광으로 가득 차 있음을 이야기하고 있다. 그러나 우리는 무지하여 이같이 울부짖는다. "주님, 조그마한 영광이라도 보여 주세요!"

당신 안에는 당신이 상상하는 것 이상으로 엄청난 영광이 거하고 있다. 온 세상을 창조하신 그분의 영광이 당신 안에 머무는 것이다. 정작 우리가 물어야 할 질문은 "어떻게 해야 제 안에 있는 영광을 삶에 적용할 수 있습니까?"이다.

이처럼 놀라운 영광이 우리 안에 있는데, 왜 우리는 이토록 무지했던가! 그렇다. 우리는 하나님의 말씀을 제대로 이해하지 못했고, 하나님께서 우리를 어디로 인도하기 원하시는지 알지도 못했다. 하나님은 우리를 영광으로 인도하기 원하신다.

chapter 10

영광을 발산하다

　이번 장에서는 지금까지 내가 말한 놀라운 신앙의 여정이 어떻게 시작되었는지 이야기하겠다. 나는 하나님과 동행하는 여정 가운데 영광을 발견했다. 또한 영광을 발산하고 흘려보내는 법을 배웠다. 그 시작은 단순했다. 심지어 코믹하기까지 했다.
　나는 모기를 싫어한다. 특히 아열대지역을 여행할 때, 모기는 매우 성가시다. 내가 가는 곳마다 엄마 모기가 저녁식사 종을 울리며 "얘들아, 오늘 메뉴는 브루스다" 하고 외치는 것 같다. 각지에서 몰려든 모기는 "그

피에 능력이 있네"라며 콧노래까지 불러댔다.

나는 어디를 가든 모기떼의 타깃이 된다는 생각에 마음이 매우 불편했다. 그래서 기도했다. "아버지, 저는 열대지역에서 사역하는 것이 힘들지 않습니다. 아무리 땀을 많이 흘리고 기운이 소진되어도 견딜 수 있습니다. 그런데 모기에게 뜯기는 일은 참기 힘듭니다. 더 이상 참을 수 없습니다. 모기를 이길만한 좋은 전략을 말씀해 주세요."

야외에서 집회를 인도하던 어느 날, 주님께서 내 마음에 속삭이셨다. "영광을 발산해라." 당시 나는 펜실베이니아 요크의 야외 천막에서 말씀을 전하고 있었다. 천막 옆으로는 실개천이 흘렀고, 저녁 시간이라 텐트 안에는 환한 전구를 여기저기 켜 두었다. 이쯤 되면, 천막 안이 어떤 상황일지 대충 짐작할 수 있을 것이다. 온갖 벌레며 모기로 가득해진 상태였다.

주님의 음성을 들었을 때, 머리가 하얘지는 느낌이었다. "예? 영광을 발산하라고요? 저는 모기를 쫓고 싶은데 영광을 발산하라니요. 별로 좋은 전략 같지는 않은데요."

"영광을 발산해라." 주님은 반복해서 말씀하셨다.

"예, 알겠습니다. 주님."

나는 강단 위로 올라가 잠시 시간을 내어 기도했다. "아버지, 지금 이 시간 하나님의 영광을 발산합니다." 그리고 강의를 시작했다.

그날 밤, 집회가 끝날 때까지 모기들은 나를 피해 날아다녔다. 내 근처로는 얼씬도 하지 않았다. 참으로 놀라운 일이었다. 나중에 따져 보니 설교한 시간보다 모기들을 쳐다보느라 소비한 시간이 더 길었던 것 같다. 멍하니 모기를 응시하는 내 모습을 바라보며 회중은 '저 사람 정신

나간 거 아냐?' 하는 표정을 지어 보였다. '오! 모기들이 내게 접근하지 못하다니!' 나는 놀란 나머지 그날 무슨 주제로 강의했는지조차 기억하지 못했다.

그날 맨 앞줄에 나이 지긋한 여성이 한 명이 앉아 있었는데, 그녀는 수없이 모기에게 물린 모양이었다. "도무지 이해할 수가 없네. 원래 모기가 날 잘 안 무는데." 그녀는 이렇게 말하면서 모기에게 물린 곳을 계속 긁어댔다.

그날 나는 무척 기뻤다. 한편으론 놀라기도 했다. "주님, 영광을 발산하면 또 어떤 일이 일어나나요?" 나는 마치 새로운 장난감을 선물 받은 아이처럼 주님께 여쭈었다.

주님께서는 영광과 관련된 성경 구절을 알려 주셨다.

> 여호와께서 거하시는 온 시온 산과 모든 집회 위에 낮이면 구름과 연기, 밤이면 화염의 빛을 만드시고 그 모든 영광 위에 덮개(보호막)를 두시며 (사 4:5)

공동체인 우리는 '시온 산'이고, 각 사람은 주님의 '거처'이다. 그런데 주님께서 우리의 머리 위에 '영광의 덮개'를 펼쳐 두겠다고 말씀하신다.

'연기'에 해당하는 히브리어는 '아샨'이다. 이 단어의 문자적 의미는 '여호와의 진노', '여호와로 인한 공포심'이다. 이는 '죄인'을 향한 하나님의 진노이고, 죄인이 하나님에게서 느끼는 공포심을 뜻한다.[1]

당신은 구원받은 백성이다. 구원받지 못한 사람에게 '연기'는 두려움이고 진노이지만, 구원받은 사람에게 그것은 기쁨이자 놀라움이다. 하나님의 백성은 연기를 보며 여호와를 경외한다. 연기를 보며 여호와를 사랑하고, 담대함을 얻어 그 앞으로 나아간다.

하나님께서는 광야 40년 동안 이스라엘의 진영 위에 구름기둥과 불기둥을 내리셨다. 이스라엘 백성은 구름기둥과 불기둥을 보며 하나님의 임재를 떠올렸고 위안을 얻었다. 반면, 이스라엘의 원수들은 구름기둥과 불기둥을 보며 공포를 느꼈다. 한밤중 불기둥과 거기 피어오르는 시커먼 연기는 그야말로 공포 그 자체였다. 바로 이 불기둥과 구름기둥과 연기가 이스라엘 백성을 덮어 준 보호막이었다.

앞의 구절 중 '화염의 빛'은 '마광한 날이 번쩍거리다'라는 뜻을 가진 단어로부터 파생된 표현이다.[2] 기억하라. 화염의 빛 역시 당신을 위한 보호막이다. 하나님께서는 당신의 원수에게 '두려움'을 안기실 것이다. 반면, 당신을 영광의 보호막으로 덮어 주실 것이다. 당신은 영광의 보호막 아래에서 하나님 곁으로 가까이 나아가겠고, 당신의 원수는 그 영광의 보호막을 보며 하나님을 두려워하게 될 것이다.

'밤'은 하루가 다 끝나가는 것을 알려 주는 시간대이자 이 시대의 마지막을 알리는 상징이기도 하다. 밤이 되면 어둠이 땅을 덮는다. 마지막 때, 흑암이 민족들을 덮을 것이다. 그러나 화염의 빛은 당신을 보호해 줄 것이다. 성경에 화염검이 등장하는 곳은 두 군데인데, 하나는 창세기이고 다른 하나는 요한계시록이다. 창세기의 기록대로 하나님께서 임명한 두 케루빔(그룹)과 두루 도는 불 칼(화염검)이 생명나무의 길을 지켰다. 그리고 요한계시록의 기록대로 예수님의 입에서 화염검이 나온다.

당신은 이 땅 위의 영광이 발산되는 통로이다. 누구도 당신의 생명을 가져갈 수 없다. 당신은 영광을 발산해야 한다. 당신의 원수는 결코 형통할 수 없다.

'덮개', '보호막'에 해당하는 히브리어는 '후파'이고, 그 뜻은 '천막', '덮다', '가리다', 보호하다'이다.[3] 영광과 관련한 '보호막'을 가장 잘 보여 주는 그림은 아마 TV드라마 〈스타트렉〉의 한 장면일 것이다. 주인공들이 탄 우주선에 보호막을 두르면, 그 어떤 것도 침투해 올 수 없다. 영광이 그렇다. 우주선의 보호막과 하나님의 영광에 차이가 있다면, 우주선의 보호막은 적군의 공격에 의해 그 강도가 점점 약해지는 반면, 하나님 영광의 보호막은 어떤 공격에도 약해지지 않는다는 것이다. 바로 이것이 히브리어 '후파'가 보여 주는 그림이다. 후파는 당신을 덮어 주고 감싸 주며 보호해 준다. 무엇으로부터 보호하는가? 원수의 공격과 죽음과 부패로부터 우리를 보호해 준다.

어떤 바이러스도 하나님 영광의 '후파'를 뚫을 수 없다. 총알도, 포탄도 영광을 관통하지는 못한다. 질병도, 통증도, 이 세상 그 어떤 것도 그러하다.

당신은 영광이 무엇인지 아는가? 예수님께서 그러하신 것처럼 우리 또한 그러하다. 우리 역시 예수님께서 행하신 일을 할 수 있다(요일 4:17, 14:12). 우리 역시 영광의 능력으로 사명을 완수할 수 있다.

하나님의 보호막 아래에서

예수님께서 이 땅 위를 거니셨을 때, 어떤 질병도 예수님을 괴롭히지 못했다. 물론 예수님은 모든 면에서 우리처럼 시험을 받으셨다. 하지만 그 모든 것을 극복하고 이기셨다(히 4:15).

한번은 예수님의 말씀에 분노한 사람들이 그분을 절벽 아래로 밀어 떨어뜨리려 했다. 하지만 하나님의 영광의 '후파'가 예수님을 감싸 보호했다. 그래서 예수님은 그들 사이를 지나 유유히 빠져나오실 수 있었다. 심지어 그들은 자신들을 지나가시는 예수님을 보지도 못했다(예수님이 영광 안에 가려져 계셨기 때문이다).

> 또 초막이 있어서 낮에는 더위를 피하는 그늘을 지으며 또 풍우를 피하여 숨는 곳이 되리라 (사 4:6)

위 구절에서 '더위'에 해당하는 히브리어는 '호렙'이고, 그 문자적 의미는 '고립과 절망'이다.[4]

> 지존자의 은밀한 곳에 거주하며 전능자의 그늘 아래에 사는 자여, 나는 여호와를 향하여 말하기를 그는 나의 피난처요 나의 요새요 내가 의뢰하는 하나님이라 하리니 이는 그가 너를 새 사냥꾼의 올무에서와 심한 전염병에서 건지실 것임이로다 그가 너를 그의 깃으로 덮으시리니 네가 그의 날개 아래에 피하리로다 그의 진실함은 방패와 손 방패가 되시나니 너는 밤에 찾아오는 공포와 낮에 날아드는 화살과 어두울 때 퍼지는 전염병과 밝을 때 닥쳐오는 재앙을 두려워하지 아니하리로다 천 명이 네 왼쪽에서, 만 명이 네 오른쪽에서 엎드러지나 이 재앙이 네게 가까이하지 못하리로다

오직 너는 똑똑히 보리니 악인들의 보응을 네가 보리로다 네가 말하기를 여호와는 나의 피난처시라 하고 지존자를 너의 거처로 삼았으므로 화가 네게 미치지 못하며 재앙이 네 장막에 가까이 오지 못하리니 (시 91:1-10)

당신이 영광의 보호막 아래 있다면, 그 보호막이 당신의 '그늘'과 '그림자'가 되어 준다. 그것은 전능하신 하나님의 '후파'이다.

모세는 음식도 먹지 않고, 물도 마시지 않은 채 80일 동안 하나님의 영광 안에 머물렀다. 어떻게 이런 일이 가능한가? 하나님의 영광에 내재되어 있는 생명력이 그의 몸에 주입되었기 때문이다. 그는 음식을 먹지 않아도 배고프지 않았다. 이와 같은 맥락에서 예수님은 이같이 말씀하셨다. "내게는 너희가 알지 못하는 먹을 양식이 있느니라"(요 4:32). 이해할 수 있겠는가?

고난의 때, 절망과 고립의 때, 영광의 '후파'가 당신을 보호해 줄 것이다. 천 명이 당신의 왼쪽으로, 만 명이 당신의 오른쪽으로 쓰러지며 당신을 향해 이같이 말할 것이다. "도대체 왜 당신은 두려워하지 않는가? 왜 당신은 걱정하지도, 염려하지도 않는가?" 그러면 이렇게 답하라. "내 하나님께서 절망과 고립으로부터 나를 보호하시기 때문이다. 내 하나님께서 영광 가운데 그 풍성하신 대로 내 모든 필요를 채워 주시기 때문이다."

사랑하는 형제자매여, 장차 기근이 닥칠 것이다. 곧 부족함과 곤핍함의 때가 다가올 것이다. 그러나 주님을 찬양하라. 원수가 파도처럼 밀려올 때, 주님께서는 승리의 깃발을 세우신다(사 59:19). 그 승리에 힘입어 우리는 진리를 향해 전진한다. 그리스도의 장성한 분량에까지 자라간다. 당신은 주님을 안다. 또 어떻게 해야 영광 안에서 그 풍성함을 얻는지 잘 알고 있다.

곤핍함의 때, 당신은 식사 시간마다 빈 그릇을 놓고 기도할 것이다. 기도를 마치면, 그 그릇들은 음식으로 가득 찰 것이다. 당신은 형제들을 향해 "어서 오십시오. 함께 먹읍시다"라고 할 것이다.

이사야 4장 6절의 '숨는'에 해당하는 히브리어의 의미는 '피난처'이다.5) 우리는 지극히 높으신 분의 피난처에서 살아가는 사람들이다! 요한복음 1장 4절을 읽어 보라. "그 안에 생명이 있었으니 이 생명은 사람들의 빛이라"(요 1:4). '생명'에 해당하는 헬라어는 '조에'이며, 이것의 문자적 의미는 '하나님이 가진 것과 같은 생명'이다. 당신이 하나님 안에 거하므로, 당신이 누리는 생명은 곧 하나님의 생명인 것이다. 예수님께서 그러하신 것처럼 당신도 그러하다!

영광에 내재된 치유의 능력

나는 수년간 주님께 이렇게 여쭈었다. "아버지, 성경은 '치유'가 어린 자녀들이 먹을 음식이라고 말합니다. 저는 주의 자녀이므로 치유가 필요할 때마다 주님께 나아갈 수 있습니다. 그래서 참 감사합니다. 그런데 어린 자녀가 아닌 다 자란 아들에게는 무엇이 주어집니까?"

그 전에 "도대체 누가 '다 자란 아들'인가?"에 대해 먼저 생각해 보자.

우리가 아는 바, 다 자란 아들은 오직 예수님뿐이다. 그런데 예수님은 '신적(神的) 건강'을 누리며 사셨다. 왜 그런가? 예수님은 '영광' 안에 계셨기 때문이다. 어린 자녀는 치유를 얻지만, 다 자란 자녀는 영광 안에서 질병 없이 살아간다.

나는 주님께 또 다시 여쭈었다. "지금 제가 서 있는 '여기'에서 제가 서 있어야 할 '저기'로 이동하려면 어떻게 해야 하나요?" 답은 의외로 간단했다. 믿음으로 이동하면 된다! 내가 말한 모기 이야기를 기억하라. 거기서부터 시작해 보라.

어느 해 11월, 우리는 처가 식구들을 만나기 위해 피지 섬으로 갔다. 그 전까지 내 부모님은 사돈댁과 만난 적이 없으셨다. 어쨌든 나는 부모님과 우리 교회 목사님 내외(베리 힐, 케이 힐 부부), 친구들과 그들의 가족들과 함께 피지로 건너갔다. 그동안 내게 피지 섬은 모기 때문에 가장 가기 싫은 장소 중 하나였다. 하지만 이번엔 달랐다. 아니, 달라야 했다.

"아버지, 지금 저는 모기 문제와 관련하여 큰 기로에 서 있습니다. 그동안 피지 섬의 모기들은 저를 '이달의 음식'으로 뽑았습니다. 그러나 이제 저는 주님께서 가르쳐 주신 방법을 사용하여 모기를 퇴치하려 합니다. 제가 주님의 말씀을 제대로 들은 것인지, 이번 여행 중 시험해 보겠습니다."

비행기에서 내린 순간 나는 큰 소리로 외쳤다. "아버지! 영광을 발산합니다." 그날 이후 2주 넘도록 우리 일행이 피지 섬에 머물렀으나 나는 단 한 차례도 모기에게 물리지 않았다. 물론 이 글을 읽는 독자 중 '뭐 그게 대수라고?' 생각할 사람도 있을 것이다. 그러나 내게는 엄청난 기적이었다.

"혹시 함께 여행했던 사람들에게도 그 방법을 가르쳐 줬습니까?" 종종 사람들이 이렇게 묻는다. "아니요. 그들에겐 알리지 않았습니다." 그러면 사람들은 동일하게 반응한다. "왜 그들에게는 알려 주지 않았습니까?"

당시 나는 배우는 중이었다. 남들에게 무엇을 가르치기 전, 내가 먼저 그 가르침에 푹 잠겨야만 했다. 만일 내가 가르침을 따라 온전히 살지 못하면, 그 가르침은 말잔치에 불과할 뿐이다. 행하지도 못할 가르침을 다른 사람에게 전한다면, 나는 위선자이고 내 말은 공허한 '이론'에 불과하다. 당신은 어떤지 모르지만, 나는 교회 안에 만연한 위선과 공허한 이론에 지쳤다. 누군가는 자신이 말한 대로 사는 모습을 보여 줘야 한다. 행위로써 자신의 가르침을 증명해 보이는 사람이 있어야 한다. 그래서 나는 행하기 위해 노력한다.

피지 섬으로 놀러가기 3년 전의 일이다. 내 주치의는 치아와 관련하여 아주 복잡한 치료를 해야 한다고 말했다. 그가 제시한 비용은 만 칠천 달러(약 1,800만 원 정도)였다.

"만 칠천 달러라고요? 맙소사! 일단 생각해 보겠습니다."

그리고 나는 기도했다. "아버지, 제겐 기적이 필요합니다. 그리고 믿습니다. '설마'가 아니라 '확실히' 믿습니다." 그렇게 나는 3년 동안 믿음을 붙잡았다.

피지 섬에서의 일정을 마치고 돌아온 후였다. 이듬해 1월, 주님께서 내게 이같이 말씀하셨다. "얼마 동안이 될지 모르겠지만, 너는 자리에 앉아 있어야 한다. 네 힘을 다해 자리에 앉아 있어라."

그날부터 타지로 집회를 가지 않는 날이면, 나는 매일같이 자리에 앉아 주님과 시간을 보냈다. 성경을 연구하고 신앙과 관련된 글을 쓰는 등 자리에 앉기 위해 온갖 노력을 다했다.

그러던 어느 날 아침, 입안에 이상한 변화가 생겼다. 혹시 치통을 앓아 본 적 있는가? 당시 내가 겪은 통증을 무엇에 견줄 수 있을까? 이 하나 빠지는 아픔은 그때의 통증과는 비교조차 할 수 없다. 입 안에서 네 개의 치아가 서로 다른 방향으로 솟아오르는 느낌이었다. 얼마나 아팠던지!

그 후 3주 동안 나는 계속 하나님의 약속을 붙잡고 기도했다. 그리고 3주가 지났을 때, 통증은 극에 달했다. 나는 응답을 기다리느라 지쳤다. 그 상태에서 하나님께 여쭈었다. "아버지, 지금 제게 해주실 말씀이 있습니까?"

"영광을 발산하라." 주님께서 말씀하셨다.

나는 속으로, 아주 작은 목소리로 선포했다. "주님, 제 치아를 향해 영광을 발산합니다."

순간 누군가 갑자기 전기코드를 뽑아 버린 느낌이 들더니 통증이 감쪽같이 사라져 버렸다. 다시는 치통으로 인해 고생할 일이 없었다. 나는 주님께 여쭈었다. "주님, 왜 3주 전에는 말씀해 주지 않으셨습니까?"

"왜 그때 내게 묻지 않았느냐?" 전 세계를 돌아다니며 "어떤 상황에서든 먼저 하나님께 여쭈어 보십시오"라고 강조해 왔던 내가 그 사실을 까맣게 잊고 있었던 것이다.

그리고 5월이 되었다. 내 아버지의 일흔네 번째 생신날, 우리는 아버지를 위해 바비큐 파티를 열었다. 아버지는 바비큐 스테이크를 좋아하셨고, 나는 그릴에서 요리하는 것을 좋아했다.

생신날 아침, 나는 집 앞 정원의 잔디를 깎고 손님들을 맞이하기 위해 멋진 옷을 차려입었다. 우리 집 앞 정원은 꽤 넓다. 그리고 봄에는 모기가 득실댔다. "하나님, 지금 저는 제 믿음을 시험해 보려 합니다. 정원 전체에 영광을 발산하겠습니다."

5월에 야외에서, 그것도 저녁에 조명을 환히 밝히고 잔디에 앉아 식사를 한다고 생각해 보라. 그것은 마치 나방, 모기, 하루살이 등 온갖 벌레들을 초청하여 파티를 여는 셈이다. 그러나 그날, 모기는커녕 벌레 한 마리도 보이지 않았고 모든 사람이 잔디에 앉아 맛있게 음식을 먹었다.

"하나님, 정말 놀랍습니다. 혹시 영광이 다른 유해물도 쫓아낼 수 있나요?" 나는 하나님께 여쭈었다. 물어보나마나 마귀는 영광을 싫어한다!

그늘

우리는 주님 안에 거한다(행 17:28). 그러므로 그리스도를 떠나서는 하나님의 생명(조에)을 얻을 수 없다. 그리스도를 떠난 사람이 의미 있게 살아갈 방법은 없다. 우리는 그리스도 안에서 살고, 움직이고, 생명을 얻는다.

영광과 불멸성은 '빛' 안에 존재한다. 그런데 그 빛은 바로 예수 그리스도이다. 당신은 그리스도 안에 있고, 그리스도는 당신 안에 사신다. 그리스도께서 그러하신 것처럼 당신도 그러하다. 그리스도의 빛은 하나님의 영광, 곧 생명의 빛이다. 그 빛은 부패, 곰팡이, 왜곡, 녹, 오염, 악취를 허락하지 않는다.

여기 영광으로 인해 벌어진 놀라운 사건이 하나 더 있다. 이스라엘 백성은 40년 동안 척박한 광야 길을 걸었는데 옷도 해어지지 않았고, 신도 닳지 않았다. 영광이 함께하였으므로 그들은 매일같이 초자연적인 만나를 먹을 수 있었다. 그들에겐 우리가 알지 못하는 음식이 있었던 것이다.

1940-1960년대, 아프리카와 여러 열대지역 국가에서 사역했던 사람이 있다. 어느 날 그는 하나님의 영광이 '후파'처럼 펼쳐져 자신을 보호하는 환상을 보았다. 그리고 자신이 본 그 환상을 믿으며 영광을 발산하는 사역을 펼쳤다. 그는 주로 저녁시간에 교회들을 순회하며 집회를 인도했는데, 교회 대부분은 짚을 엮어 지붕을 얹은 허름한 건물이었다. 저녁에 집회를 인도했으므로 교회 안에 석유 등을 켜 어둠을 밝혔다.

덥고 습한 정글에서 밤에 등을 켜면, 사방에서 이름 모를 벌레들이 떼로 모여든다. 그런데 이 사역자는 영광의 능력을 잘 알고 있었다. 그래서일까? 하나님의 영광이 그의 보호막이 되었다. 놀랍게도 벌레들이 등불 곁 10미터 근처까지 얼씬도 못했다고 한다. 그뿐만이 아니다. 그가 발산하는 영광의 테두리 안에 들어온 사람들은 어떤 병을 갖고 있든 그 즉시 나았다고 한다.

하루는 그가 백화점 판매대에서 양복 한 벌을 샀다. 그 당시엔 정장을 입고 사역하는 것이 관례였기 때문이다. 그는 7년 동안 밀림과 열대지역을 휘젓고 다니며 복음을 전했다. 그러나 그 7년간 양복을 수선하거나 세탁한 적이 한 번도 없었다고 한다. 그가 자켓을 벗으면 '새것' 냄새

가 났다. 매일 새 옷을 입는 것과 다름없었다.

어떻게 이런 일이 가능한가? 곰팡이, 부패, 썩은 냄새, 땀, 얼룩 등 그 어떤 것도 그의 옷에 닿을 수 없었다. 왜냐하면 그가 영광 안에 거했기 때문이다. 나는 주님께 아뢰었다. "주님, 그에게 일어난 일이 우리에게도 일어나게 해주세요."

"내 살을 먹고 내 피를 마시는 자는 영생을 가졌고"(요 6:54). 예수님께서 말씀하셨다. "나는 세상의 빛이니 나를 따르는 자는 어둠에 다니지 아니하고"(요 8:12). 그리스도께서는 율법의 저주로부터 우리를 구해 주셨다. 그 대신, 우리를 위해 스스로 저주를 당하셨다. 성경에 기록된 대로 나무에 달린 사람마다 저주를 받기 때문이다(갈 3:13).

'저주'는 무엇인가? 한마디로 말해 죄로 인한 질병, 그리고 사망이다. 저주로 인한 파멸과 부패는 예수 그리스도의 보혈에 의해 제거되었다. 이는 예수님이 생명이시고, 이 세상의 빛이시기 때문이다. 그분의 보혈에는 '생명'이 담겨 있다. 그러므로 예수님의 보혈은 사망과 저주를 끊어낸다. 이처럼 영광은 죄와 질병과 사망과 부패와 파멸을 제거한다.

사도행전 2장을 보라. 오순절에 성령의 능력을 입은 사도들을 통해 수많은 표적과 이적과 기사가 일어났다. 예수님은 영광 안에 계셨고, 사도들은 예수님 안에 거했다. 그래서 그날, 영광이 대거 방출되었다.

사도행전 3장을 보라. 모태에서부터 걷지 못하던 한 남자에게 놀라운 일이 일어났다. 그는 하나님의 영광 안에서 처음으로 걸었다. 사도행전 4장에서 사도들은 복음을 전하다가 매를 맞고 옥에 갇혔다. 산헤드린 공회는 그들을 불러다가 다시는 예수의 이름으로 말하지 말라고 경고

한 후 풀어주었다. 하지만 그들은 예수의 이름으로 기도했다. 그러자 그들이 기도하던 장소가 흔들리기 시작했다. 그들은 또 다시 성령의 능력으로 충만하게 되었다.

사도행전 5장에서는 일종의 전환점이 생겼다. 놀라운 변화가 일어난 것이다. 사도들은 또 다시 영광(성령의 능력) 안에 잠겼다. 이후 베드로가 길을 걷는데, 그의 그림자에 닿기만 해도 사람들의 병이 나았다. 그림자는 어떤 물체가 직진하는 빛을 가로막을 때 생긴다. 그러므로 그림자는 그 물체의 '자취'라고 할 수 있다. 그러나 이 사건의 경우, 이러한 그림자의 정의가 적용되지 않는다. 베드로의 그림자는 빛을 가로막았을 때 생기는 자취가 아니라 베드로에게서 방출된 영광의 빛이었다. 그래서 그 영광의 범주 안에 들어간 사람은 누구든 치유 받았던 것이다.

킹제임스성경에는 '(베드로의) 그림자에 닿다' 대신 '그늘지게 하다'(over shadow)라는 표현이 사용되었는데, 이것의 문자적 의미는 '빛으로 감싸다'이다. 우리가 영광을 발산할 때, 그 빛에 노출된 사람들에게서 놀랍고 기이한 변화가 일어난다.

위대한 복음전도자 찰스 피니는 자신에게서 자연스레 발산되는 것이 '영광'인지도 모른 채, 영광을 발산하며 사역했다. 하루는 그가 기차를 타고 어느 마을에 갔는데, 그에게서 영광의 광채가 발산되었다. 그 빛에 닿은 사람들은 그 자리에 엎드려 울며 구원받기를 간구했다고 한다.

자, 이제 새로운 전도프로그램이 시작되었다. 얼마나 많은 전도지를 나눠 주고, 또 얼마나 많은 성경 구절을 암송했는가는 이 전도프로그램의 핵심이 아니다. 관건은 '예수 그리스도를 얼마나 많이 발산했는가'이다.

지금은 새로운 계절이다. 우리가 예수님의 말씀대로 변화하는 것, 이것이 새로운 계절의 핵심 포인트다.

당신 안에 있는 것을 발산하라

또 그들에게 이르시되 내가 진실로 너희에게 이르노니 여기 서 있는 사람 중에는 죽기 전에 하나님의 나라가 권능으로 임하는 것을 볼 자들도 있느니라 하시니라 (막 9:1)

그 다음 구절은 이렇게 시작한다. "엿새 후에." 엿새 후는 언제를 말하는가? 일곱째 날이다. 즉 일곱째 날에 이 일이 일어난 것이다.

엿새 후에 예수께서 베드로와 야고보와 요한을 데리시고 따로 높은 산에 올라가셨더니 그들 앞에서 변형되사 그 옷이 광채가 나며 세상에서 빨래 하는 자가 그렇게 희게 할 수 없을 만큼 매우 희어졌더라 이에 엘리야가 모세와 함께 그들에게 나타나 예수와 더불어 말하거늘 (막 9:2-4)

이것은 '영광의 발산'을 적나라하게 보여 주는 사건이다. 이 사건이 당신에게 아무런 감흥을 불러일으키지 않는다면, 도대체 무엇이 당신에게 흥미를 주겠는가?

예수님 안에 있던 영광이 발산되기 시작했다. 이에 예수님의 외모는 물론 그분이 입고 계신 옷도 변화되었다. 그뿐만이 아니다. 예수님의 영광은 자연계와 영계의 경계까지 무너뜨려 버렸다. 예수님 곁에 모세와 엘리야가 나타났고, 주님께서는 그들과 대화하셨다.

잠시 이 사건을 묵상해 보기 바란다. 지금 당신은 영광 안에 있고, 영광은 당신 안에 있다. 영광을 발산하라. 영광을 발산하기 위해 연습하라. 항상 연습하라. 그러면 얼마 안 있어 영광의 왕 예수 그리스도와 초자연적으로 대면하게 될 것이다.

독자들 중 예수님과 얼굴을 맞대고 만나고픈 사람이 있는가? 그렇다면 당신 안에 있는 영광을 발산하라. 우체국에 가든, 식당에 가든, 비행기를 타든, 당신이 어디에서 무엇을 하든, 영광을 발산하라. 어떻게 해야 할까? 믿음으로 하면 된다.

영광은 사망과 부패와 질병과 함께 있을 수 없다. 나는 비행기를 탈 때, 단 한 번도 두려워했던 적이 없다. 비행기에 올라서는 순간, 나는 동체에 예수님의 보혈을 적용한다. 또한 기내에 영광을 발산한다.

내가 겪은 일 한 가지를 소개하겠다. 호주 퍼스에서 말레이시아로 가던 중 비행기가 고장 났다. 일전에 나는 보잉사에서 일한 적이 있으므로 비행기에 대해 좀 안다. 비행기에 이상이 감지될 무렵, 기내 영상시설과 음향 시스템 모두 작동되지 않았다. 전자기기 자체가 '기능정지' 상태였던 것이다.

내가 가장 먼저 감지했던 이상 징후는 '고온'이었다. 마치 누군가가 기내에 있는 히터 조절기를 최고치로 높인 것처럼 기내 온도가 급상승했다. 그러더니 갑자기 에어컨이 작동되기 시작했다. '정상으로 돌아오려나?'

하고 생각했지만, 에어컨은 예상보다 오랫동안 풀가동되었다. 기내 온도는 계속 떨어졌고, 온몸이 으스스 떨렸다. 마치 고기 냉장고 안에 들어간 느낌이었다. 그렇게 15분 내지 20분 정도 추위에 떨었다. 그러더니 갑자기 히터가 다시 작동되는 것 아닌가? 그리고는 얼마 안 있어 또 다시 에어컨이 작동되었다. 그런 상황이 5시간 동안이나 반복되었다. 정말 말도 안 되는 일이었다!

어쨌든 비행기는 목적지에 안전하게 착륙했다. 그런데 비행기의 문이 승객 연결통로에 닿는 순간 모든 전자 장비가 꺼져 버렸다. 애초에 전기적 결함이 있었으므로 그 비행기는 이륙해선 안 되었다. 만일 '영광'이 아니었다면, 생각만 해도 아찔한 상황이었다. 영광! 오, 영광!

> 여호와 하나님은 해요 방패이시라 여호와께서 은혜와 영화를 주시며 정직하게 행하는 자에게 좋은 것을 아끼지 아니하실 것임이니이다 (시 84:11)

'해'에 해당하는 히브리어는 '쉐메쉬'이고, 그 단어의 문자적 의미는 '성가퀴'이다.[6] 중세 시대 사람들은 성을 쌓을 때, 성벽 위에 삐죽삐죽 톱니처럼 낮은 담을 덧쌓아 올렸다. 바로 이것을 성가퀴라고 하는데, 보통은 궁수들이 그곳에 몸을 숨기고 있다가 성벽 아래로 다가오는 적군에게 활을 쏘곤 했다. 즉 궁수들이 몸을 숨길 수 있는 성벽 위 엄폐물이 성가퀴인 것이다.

그런데 시편 기자는 여호와가 우리의 성가퀴라고 말한다. 다시 말해서 하나님이 우리의 방패이시며 보호자라는 뜻이다. 여호와는 은혜를 베풀어 주시고 영광을 주신다. 하나님은 정직하게 행하는 사람에게 그 어떤 좋은 것도 아끼지 않으신다.

영광은 성가퀴와 같다. 영광의 보호를 받는 이상, 원수의 화전은 우리에게 아무런 위협을 가할 수 없다. 그러나 우리는 거기서 원수를 향해 화살을 날릴 수 있다.

언터처블

최근 어느 중동 국가의 한 마을에서 주민 전체가 초자연적으로 예수님을 만나고, 그들 모두가 예수님을 자신의 구세주로 영접했다고 한다. 한 마을 전체가 개종했다는 소식에 그 나라 정부 당국이 크게 놀란 모양이었다. 그래서 그 마을에 군대를 급파했다. 정부군은 마을 주민을 중앙광장에 모으고는 기독교로 개종한 것을 철회하라고 명령했다. 만일 기독교 신앙을 부인하지 않을 경우, 그들 모두를 사살하겠다고 경고했다.

하지만 주민들은 하나같이 철회하지 않겠다고 말했다. "나는 예수님을 부인할 수 없습니다." 결국 군인들은 그 마을 사람들을 일렬로 세우고 총을 조준하여 일제히 격발했다. 그런데 총을 쏜 군인들은 하나같이 어리둥절해했다. 총에 맞아 쓰러진 사람이 한 명도 없었기 때문이다. 심지어 마을 주민들의 몸에는 총알이 스친 상처 하나 남지 않았다.

만일 문제가 '불발'이었다면, 그것은 대규모 불발 사태였다. 그들은 매뉴얼대로 또 다시 사격을 진행했다. 준비, 조준, 발사! 하지만 이번에도 총에 맞아 쓰러진 사람이 하나도 없었다. 군인들은 더욱 어리둥절해졌다. 또 다시 그들을 향해 발사했다. 이번이 세 번째였다. 군인들이 총을 겨누고 쐈지만, 결과는 마찬가지였다. 단 한 명의 부상자도 나오지 않았다.

그때, 더욱 이상한 일이 발생했다. 마치 누가 시킨 듯 마을 주민들은 일제히 주머니에서 무언가를 주섬주섬 꺼내어 군인들에게 다가가기 시작했다. 그들은 자신을 쏜 군인들에게 각각 총알 세 개씩을 건네었다.

성경을 제대로 읽으면, 이사야 4장 5-6절은 이렇게 들릴 것이다.

> 여호와께서 나를 위해 한 거처를 만드셨다. 그곳은 지존자의 거처이다. 그가 낮에는 구름기둥을 세우셨다. 죄인들에게는 그것이 여호와의 분노이지만, 내게는 신비한 기쁨이며 담대함의 원천이다. 밤에는 빛나는 화염기둥을 세우셨는데, 그것은 마광한 칼날의 빛과 같다. 내 머리 위로 영광이 펼쳐졌다. 그 영광이 나를 덮고 보호한다. 영광의 덮개는 낮의 열기, 황폐함과 절망, 나를 죽이려는 원수의 무기로부터 나를 보호해 준다. 그것은 모든 고난과 고통, 나를 해하려는 원수의 폭풍으로부터 나를 보호하는 피난처이다.

영광 안에서 살다

당신은 하나님의 영광 안에 있고, 하나님의 영광은 당신 안에 있다. 하나님은 당신을 통해 온 땅을 영광으로 덮기 원하신다.

앞에서도 이야기한 것이지만, 여기서 다시 한 번 소개하겠다. 몇 년 전, 우리 부부는 북아일랜드 벨파스트 지역에서 컨퍼런스를 인도했다. 그 기간 중 몇몇 친구들과 저녁식사를 하며 이런저런 대화를 나누었는데, 어쩌다 보니 '영광'에 대해 이야기하게 되었다. "식사를 마치고 잠시 산책하지. 그런데 길을 걷는 동안 마귀들이 난리칠 텐데. 그래도 놀라지 말게." 우리는 함께 식사하던 사람들에게 이같이 귀띔해 주었다. 하지만 그들의 얼굴을 보니 내가 한 말을 전혀 이해하지 못한 것 같았다.

식사 후 우리는 길을 나섰다. 그런데 갑자기 어떤 남자가 나를 스쳐 지나 몇 미터 앞의 공중전화 부스로 쏙 들어갔다. 거기서 그는 뒤로 돌아 악마 같은 눈으로 우리를 노려보며 고함을 지르기 시작했다. "집으로 가! 가라고!"

이때, 우리 일행 중 한 명이 크게 놀라 뒷걸음치며 말했다. "저, 저 사람 뭐지?"

내가 대답했다. "귀신 들렸네. 별 일 아니니까 걱정하지 말게."

나는 주님께 그 귀신을 쫓아도 될지 여쭈었다. 하지만 주님께서 아무 말씀도 하지 않으셨으므로, 나 또한 아무 조치도 취하지 않았다.

거기서 30미터쯤 더 갔을 때였다. 두 명의 여자아이가 길에 서서 이야기하는 모습이 보였다. 그런데 우리가 아이들에게 가까이 다가서자 그들은 비명을 지르며 각기 다른 방향으로 도망쳐 버렸다.

이번에도 우리 일행은 기겁하며 "도대체 저 아이들 뭐지?"라고 말했다.

"마귀의 짓이야."

'초자연'이라는 영역을 탐험하는 동안 우리는 일상이 표적과 기적으로 가득 찰 것을 기대하게 된다. 그러므로 이 신앙의 여정은 문자 그대로 '모험'이다.

성령의 인도하심을 '온전히' 받으라. 당신은 온전한 마음으로 성령을 따르는가? 아니면 반쯤 뜨거워진 냄비와 같은가? 어설픈 열정을 신앙인 양 착각하지 말라. 이런 사람에게는 하나님의 뜻이 안중에도 없다. 그들은 그저 제멋대로 할 뿐이다.

우리는 성령님께 붙잡혀야 한다. 두려워하지 말라. 당신은 영광 안에 있고, 영광은 당신 안에 있다. 누구도 당신의 생명을 앗아갈 수 없다. 당신을 대적하는 원수는 형통하지 못한다. 당신의 왼편으로 천 명이 쓰러지겠고, 오른편으로는 만 명이 쓰러질 것이다.

주님께서 이 가르침을 내게 전해 주실 때, 한동안 연락이 끊겼던 친구에게서 전화가 걸려 왔다. 그녀는 동일한 꿈을 네 번 연속 꾸고는 그 내용을 내게 말해 주었다.

"꿈속에서 저와 제 친구는 스포케인으로 향하고 있었어요. 그때 사방에 미사일이 떨어졌고, 여기저기서 엄청난 폭발음이 울려났어요. 많은 사람들이 죽었습니다. 건물들이 무너졌고 불타고 있었어요. 그런데 그때 주님께서 제게 '북쪽으로 가라. 북쪽으로 가라'고 말씀하셨습니다."

그래서 그녀는 북쪽으로 달리기 시작했다. 스포케인에서 약 80킬로미터 떨어진, 내가 사는 마을을 향해 전속력으로 뛰었던 것이다. "저는 목사님의 집까지 달려갔습니다. 그리고 집 안으로 들어가 소파에 앉은 채 숨을 고르고 있었지요. 그런데 갑자기 어떤 노인이 집 안으로 불쑥 들어와서는 큰 소리로 '얼른 밖으로 나가세요. 미사일이 이리로 날아오고 있어요. 여기 있다간 다 죽습니다!'고 말했습니다."

"그런데 거기 목사님이 계셨어요. 목사님은 평소답지 않게 차분한 목소리로 이렇게 말씀하시더군요. '아니에요! 자, 보십시오.' 그리고는 밖으로 나가더니 크게 소리를 지르셨습니다. '지금 내가 영광을 발산한다!' 이렇게 말이에요. 그러자 목사님의 집을 향해 날아오던 미사일들이 투명한 보호막에 부딪혀 산산이 조각나 버렸습니다."

그녀의 전화를 받고는 내가 얼마나 기뻤는지 모른다. 당시 내가 배운 내용들이 잘못된 것이 아니라는 증거 아니겠는가? 물론 그녀는 당시 내가 무엇을 배우고 있었는지 알 턱이 없었다.

지금 나는 이 세상이 어떻게 되든 염려하지 않는다. 왜냐하면 예수님이 이 세상의 빛이시기 때문이다! 그 빛은 하나님의 영광이고, 하나님의 생명이다. 그 생명이 죽음과 파멸과 부패를 몰아낸다. 그 영광을 당신이 발산하는 한, 그리고 예수 그리스도의 보혈이 당신 안에 머무는 한, 그 어떤 것도 보호의 장막을 뚫지 못한다.

이제 잠시 기도하려 한다. 나는 영광을 발산하는 기도를 할 것이다. 이 글을 읽는 사람은 이 기도에 동참하기 바란다. 자신 안에 있는 것을 발산하라. 만일 당신이 병을 앓고 있다면, 그 아픈 부위에 영광을 발산하라. 혹 당신의 지인 중 치유가 필요한 사람이 있다면, 그를 향해 영광을 발산하기 바란다.

아버지, 이 시간 예수님의 이름으로 기도합니다. 아버지의 말씀이 진리이기에 감사드립니다. 우리는 영광 안에 거하고, 영광은 우리 안에 거합니다. 아버지, 우리의 의지를 드려 간구하오니 성령으로, 그 능력으로 우리를 채워 주소서. 우리가 영광을 발산할 때, 아버지의 영광을 우리 위에 부어 주소서.

예수님의 이름으로 명령한다. 모든 질병과 통증과 사망과 파멸은 내 몸을 떠날지어다.

지금 이 시간 하나님의 생명으로 우리를 채워 주소서. 아버지, 우리의 가정과 삶의 모든 영역과 그곳의 모든 갈라진 틈을 향해 영광을 발산합니다.

예수님의 이름으로 명령한다. 생명이 아닌 모든 것, 부패와 질병과 썩어질 것들은 내 삶과 가정을 떠날지어다.

아버지! 이제 이 가정과 이 몸과 이 삶은 영광의 보좌가 마음껏 다스리는 하나님의 처소임을 선포합니다.

이 시간 간구합니다. 내 삶에 보호의 벽을 세워 주소서.

영광이 있는 곳에는 어떤 것도 부족하지 않습니다. 그래서 아버지께 감사드립니다. 우리가 이해하는 것 이상으로, 우리가 간구하는 것 이상으로, 우리가 생각하고 따져 보고 상상한 것 이상으로 하나님께서 우리의 모든 필요를 채워 주시되, 주권적으로 또 초자연적으로 채워 주시니 감사드립니다. 하나님께서 우리의 필요를 채워 주시는 것은 그리스도께서 그러하심과 같이 우리 또한 그러하기 때문입니다(그리스도께서 풍성하심 같이 우리 또한 이 세상에서 풍성하기 때문입니다). 감사합니다. 아버지, 감사합니다. 아버지, 감사합니다!

예수님의 이름으로 기도합니다. 아멘.

하나님께서 주신 예언의 말씀

나는 얼굴을 마주하고 나를 알아갈 세대를 일으키고 싶었다. 이것은 내 마음속 오랜 갈망이었다. 나와 내 백성을 갈라놓은 종교적 걸림돌을 제거하고 싶구나.

이 세대는 얼굴과 얼굴을 맞댄 채 나를 알아갈 세대이다. 그래서 나는 이 세대에게, 그리고 내 백성에게 말씀을 깨닫는 지혜를 부어 줄 것이다. 나는 그들에게 내 영을 보내어 그들로 하여금 계시의 숨결을 느끼게 하고, 말씀을 깨닫게 할 것이다.

나는 내 백성의 차꼬를 풀어 줄 것이다. 그것은 '전통'과 '이성'이라는 사슬이다. 그 사슬에 묶여 있으므로 내 백성이 하나님 나라에서 멀어졌다.

나는 이 세대 중 너희를 선택하였다. 너희는 왕의 궁정을 걸을 것이다. 멀리 있는 것처럼 느껴지던 그 땅을 밟게 될 것이다. 그리고 전례 없는 방식으로 나를 알게 될 것이다. 이전 세대는 꿈꿔 보지 못한 방식으로 나를 알게 될 것이다.

내가 너희 속에 깊은 갈망을 불어넣는다. 이에 너희는 나의 깊은 것, 곧 지극히 높으신 분의 은밀한 것을 알고 싶어 어쩔 줄 몰라 할 것이다.

너희는 특별한 세대이다. 너희는 약속의 성취, 곧 일의 결국을 목도할 세대이다. 너희는 사람들 앞에서 나를 찬양하도록 선택한 세대이다. 너희는 나를 충만히 아는 지식에 이를 것이므로 자연스레 나를 찬양할 것이다.

오늘 밤, 내 백성에게 말한다. 나는 이 순간을 오랫동안 기다려 왔다. 이제 내 갈망이 충족되므로 내 마음 또한 만족하도다.

앞으로 나는 너희를 성령의 영역으로 들여보낼 것이다. 그것은 너희가 요구한 것 이상으로, 생각한 것 이상으로, 이성적으로 판단하고 본성에 따라 이해한 것 이상으로 엄청난 모험이 될 것이다. 너희의 육신은 이것을 이해하지 못해도, 너희의 영혼은 이 모험을 갈망할 것이다. 왜냐하면, 너희는 내 형상대로, 내 영광을 위하여 지음 받은 내 백성이기 때문이다. 너희가 내 길을 알 것이기 때문이다.

GAZING into GLORY

주

chapter 1

1) James Strong, 《Strong's Exhaustive Concordance of the Bible》(Peabody, MA: Hendrickson Publishers, 2007), #1492.

2) Ibid., #4334.

3) Roswell D. Hitchcock, 《Hitchcock's New and Complete Analysis of the Holy Bible》(New York, NY: A. J. Johnson, 1874), Zacchaeus.

4) James Strong, 《Strong's Exhaustive Concordance》, #5178.

5) Spiros Zodhiates, 《The Complete Word Study Dictionary》(Chattanooga, TN: AMG Publishers, 1994), manifest.

chapter 2

1) 이러한 종류의 이야기를 더 많이 알고 싶다면 Christine Darg의 《Miracles Among Muslims: the Jesus Visions》(Pescara, Italy: Destiniy Image Europe, 2007)을 참고하라.

2) James Strong, 《Strong's Exhaustive Concordanc》, #1492.

3) E. W. Bullinger의 《Numbers in Scripture》(New York, NY: Cosimo Classics, 2006)을 참고하라. 또한 Kevin J. Conner의 《Interpreting the Symbols and Types》(Portland, OR: Bible Temple Publishers, 1992)을 참고하라.

4) '제3일'에 담긴 더 많은 의미를 알고 싶다면, 브루스 D. 알렌의 《Promise of the Third Day》(Ship pensburg, PA: Destiny Image, 2007)을 참고하라.

5) James Strong, 《Strong's Exhaustive Concordance》, #3849.

chapter 3

1) James Strong, 《Strong's Exhaustive Concordance》, #1271.

2) Ibid., #1260.

3) Ibid., #5461.

4) Ibid., #1897.

5) Ibid., #3708.

6) Ibid., #3336.

chapter 5

1) James Strong, 《Strong's Exhaustive Concordance》, #3339.

chapter 6

1) James Strong, 《Strong's Exhaustive Concordance》, #3336.

chapter 8

1) Paula A. Price, 《The Prophet's Dictionary》(New Kensington, PA: Whitaker House, 2006), 232.

2) Roswell D. Hitchcock, 《Hitchcock's New and Complete Analysis of the Holy Bible》, Nazareth.

3) Ibid., Eleazer.

chapter 9

1) James Strong, 《Strong's Exhaustive Concordance》, #1746.

2) Roswell D. Hitchcock, 《Hitchcock's New and Complete Analysis》, Horeb.

3) 《The Zondervan Pictoral Bible Dictionary》(Grand Rapids, MI: Zondervan, 1967), shachem.

chapter 10

1) James Strong, 《Strong's Exhaustive Concordance》, #6227.

2) Ibid., #3852.

3) Ibid., #2646.

4) Ibid., #2721.

5) Ibid., #4563.

6) Ibid., #8121.

부록 A

성경의 근거들

1. 구약에 등장하시는 하나님

- 아브라함은 하나님(여호와/아도나이)을 보았고 하나님과 함께 음식을 먹었다(창 18:1-8).
- 야곱은 하나님(엘로힘)과 씨름했고 그분의 얼굴을 보았다(창 32:22-31).
- 74명이 하나님(엘로힘)과 함께 음식을 먹었다(출 24:9-11).
- 모세는 얼굴을 마주한 채 하나님(여호와/아도나이)을 보았다(출 33:11).
- 모세는 하나님(여호와/아도나이)의 등을 보았다(출 33:18-23).
- 여호수아와 이스라엘 백성이 주님을 보았다(수 5:13-15).
- 기드온이 주님을 보았다(삿 6:11-23).
- 삼손의 부모가 주님을 보았다(삿 13:3-23).
- 다윗이 하나님을 보았다(대상 21:16-17).
- 욥이 하나님을 보았다(욥 42:5).
- 이사야가 하나님을 보고 그분의 모습을 묘사했다(사 6장).
- 에스겔이 하나님을 묘사했다(겔 1:26-28, 10:20, 40:3, 43:7, 47:1-6).
- 다니엘이 하나님을 묘사했다(단 7:9-14, 10:5-6).
- 아모스가 주님을 보았다(암 9:1).

2. 신약에 등장하시는 하나님

부활 후 나타나심

- 예수님의 부활과 승천 사이의 기간은 40일이었다. 성경의 기록대로라면, 그 40일 동안 예수님께서는 적어도 열 번 이상 제자들 앞에 나타나셨다.

부활하신 당일에 나타나심

- 막달라 마리아에게(막 16:9-11, 요 20:11-18)
- 무덤에서 돌아오는 여인들에게(마 28:8-10)
- 베드로에게(눅 24:34, 고전 15:5)
- 엠마오로 가는 두 제자에게(막 16:12, 눅 24:13-23)
- 도마를 제외한 여러 제자들에게(막 16:14, 눅 24:36-43, 요 20:19-25)

부활하신 날 이후에 나타나심

- 도마를 포함한 여러 제자들에게(요 20:26-31)
- 갈릴리 호숫가에서 일곱 명의 제자들에게(요 21장)
- 모든 사도와 500명 이상의 형제들에게(마 28:16-20, 막 16:15-18, 고전 15:6)
- 예수님의 동생 야고보에게(고전 15:7)
- 감람산에서 승천하실 때, 모든 제자들에게(막 16:19-20, 눅 24:44-53, 행 1:3-11)

하늘에 오르신 후 나타나심

- 돌에 맞아 죽을 때, 스데반에게 나타나심(행 7:55-60)
- 바울에게
  회심한 순간 나타나심(행 9:3-8, 22:6-11, 22:14-15, 26:12-19)
  고린도에서(행 18:9-10)

예루살렘 성전에서(행 22:17-21)

나중에 예루살렘에서(행 23:11)

또 다른 환상 중(고후 12:1-4)

- 밧모 섬에 있는 요한에게(계 1:10-19)

예수님께서는 여러 날, 여러 해 동안 수많은 증인들 앞에 그 모습을 나타내셨다.

부록 B

성경이 내린 정의

1. 문(Door) - 출입구, 대문, 이동을 상징함(마 25:10, 행 14:27, 고전 16:9, 계 3:20, 계 4:1)

2. 문(Gate/Gateway) - 접어서 여는 문의 젖힘판, 하나님의 가시 세계와 비가시 세계 사이를 오가도록 이어주는 다리 역할(마 7:13-14, 눅 13:24, 창 28:16-17, 사 6:1-4)

- 천상의 문(portal)은 빛의 통로이다. 그 문으로 천사들이 들어와 하나님의 능력으로 그 백성들을 보호한다(이때 마귀는 방해하지 못한다). 하나님께서는 셋째 하늘에서부터 문이 열리도록 고안하셨다. 그래서 그 문을 통해 (천사를 통한) 하나님의 보호가 둘째 하늘로, 또 이 땅 위로 내려온다.

- 우리는 성경을 통해 '문'이 존재한다는 사실을 알게 된다(시 24:7, 시 78:23, 잠 8:34, 요 1:51, 계 4:1-2).

– 요한계시록에서 '문'은 하늘로 올라오도록 우리를 초청하시는 하나님을 나타내 준다. 하나님은 하늘의 문을 열어 우리로 하여금 천상을 방문하게 해주신다.

– '이해'(명철)의 뜻은 '분별하다', '주의하다', '신중하게 행동하다', '근면', '순종' 등이다. 선한 이해(명철)는 은혜(문자적으로는 '열린 문')를 얻으나 진실하지 못한 자의 길은 불행하다 (잠 13:15).

– 우리는 어떻게 '이해'(명철)를 얻는가?(시 119:130, 잠 2:2, 골 1:9-10, 딤후 2:7)

– 기도와 확신(시 25:4, 욥 13:27, 시 17:5, 시 85:13)

– 다음의 말씀을 기억하라.

내가 진실로 진실로 너희에게 이르노니 나를 믿는 자는 내가 하는 일을 그도 할 것이요 또한 그보다 큰 일도 하리니 이는 내가 아버지께로 감이라 (요 14:12)

주께서 그러하심과 같이 우리도 이 세상에서 그러하니라 (요일 4:17)

– 이 일은 언제 이루어질 것인가?

야곱이 이르되 해가 아직 높은즉(문자적으로는 '이른 아침에') 가축 모일 때가 아니니 양에게 물을 먹이고 가서 풀을 뜯게 하라 (창 29:7)

– 이날은 언제인가? 셋째 날 아침 그리고 일곱째 날 아침이다.

순전한 나드 도서목록

번호	도서명	저자	가격
1	존 비비어의 승리〈개정판〉	존 비비어	12,000
2	교회를 뒤흔드는 악령을 대적하라	프랜시스 프랜지팬	5,000
3	교회를 어지럽히는 험담의 악령을 추방하라	프랜시스 프랜지팬	5,000
4	그리스도인의 삶의 비결〈개정판〉	진 에드워드	9,000
5	존 비비어의 친밀감〈개정판〉	존 비비어	14,000
6	내 백성을 자유케 하라	허 철	10,000
7	내게 신선한 기름을 부으셨나이다	허 철	9,000
8	내어드림〈개정판〉	페늘롱	7,000
9	더 넓게 더 깊게	메릴린 앤드레스	13,000
10	마켓플레이스 크리스천〈개정판〉	로버트 프레이저	9,000
11	존 비비어의 축복의 통로〈개정판〉	존 비비어	8,000
12	부서트리고 무너트리는 기름 부으심	바바라 J. 요더	8,000
13	사도적 사역	릭 조이너	12,000
14	사사기	잔느 귀용	7,000
15	상한 마음을 치유하는 기도	마크 & 패티 버클러	15,000
16	상한 영의 치유1	존 & 폴라 샌드포드	17,000
17	상한 영의 치유2	존 & 폴라 샌드포드	13,000
18	성령님을 아는 놀라운 지식	허 철	10,000
19	속사람의 변화 1	존 & 폴라 샌드포드	11,000
20	속사람의 변화 2	존 & 폴라 샌드포드	13,000
21	신부의 중보기도	게리 윈스	11,000
22	아가서	잔느 귀용	11,000
23	악의 속박으로부터의 자유	릭 조이너	9,000
24	어머니의 소명	리사 하텔	12,000
25	여정의 시작	릭 조이너	13,000
26	영광스러운 교회에 보내는 메시지 1	릭 조이너	10,000
27	영분별〈개정판〉	프랜시스 프랜지팬	4,000
28	영적 전투의 세 영역〈개정판〉	프랜시스 프랜지팬	11,000
29	예레미야	잔느 귀용	6,000
30	예수 그리스도와의 친밀함	잔느 귀용	7,000
31	예수님을 닮은 삶의 능력〈개정판〉	프랜시스 프랜지팬	12,000
32	예수님을 향한 열정〈개정판〉	마이크 비클	12,000
33	잔느 귀용의 요한계시록〈개정판〉	잔느 귀용	13,000
34	인간의 7가지 갈망하는 마음	마이크 비클 & 데보라 히버트	11,000
35	저주에서 축복으로	데릭 프린스	6,000
36	주님, 내 마음을 열어주소서	캐티 오츠 & 로버트 폴 램	9,000
37	지구상에서 가장 강력한 기도	피터 호로빈	7,500
38	축사사역과 내적치유의 이해 가이드	존 & 마크 샌드포드	20,000
39	출애굽기	잔느 귀용	10,000
40	하나님과 동행하는 사람들〈개정판〉	샨 볼츠	9,000

번호	도서명	저자	가격
41	하나님과 사람에게 더욱 사랑스러운 자	듀안 벤더 클럭	10,000
42	하나님과의 연합	잔느 귀용	7,000
43	하나님을 연인으로 사랑하는 즐거움	마이크 비클	13,000
44	하나님 마음에 합한 사람	마이크 비클	13,000
45	하나님의 아름다움을 바라보는 축복	허 철	10,000
46	하나님의 요새〈개정판〉	프랜시스 프랜지팬	9,000
47	하나님의 장군의 일기〈개정판〉	잔 G. 레이크	6,000
48	항상 배가하는 믿음〈개정판〉	스미스 위글스워스	13,000
49	항상 부족함이 없으리로다	롤랜드 & 하이디 베이커	8,000
50	혼동으로부터의 자유	릭 조이너	5,000
51	혼의 묶임을 파쇄하라	빌 & 수 뱅크스	10,000
52	존 비비어의 회개〈개정판〉	존 비비어	11,000
53	횃불과 검	릭 조이너	8,000
54	금식이 주는 축복	마이크 비클 & 다나 캔들러	12,000
55	부활	벤 R. 피터스	8,000
56	거절의 상처를 치유하시는 하나님	데릭 프린스	6,000
57	존 비비어의 분별력〈개정판〉	존 비비어	13,000
58	통제 불능의 상황에서도 난 즐겁기만 하다	리사 비비어	12,000
59	어린이와 십대를 위한 축사사역	빌 뱅크스	11,000
60	빛은 어둠 속에 있다	패트리샤 킹	10,000
61	목적으로 나아가는 길	드보라 조이너 존슨	8,000
62	컴 투 파파	게리 윈스	13,000
63	러쉬 아워	슈프레자 싯홀	9,000
64	지도자의 넘어짐과 회복	웨이드 굿데일	12,000
65	하나님의 일곱 영	키이스 밀러	13,000
66	너희 지체를 의의 병기로 하나님께 드리라	허 철	8,000
67	세계를 변화시키는 능력	릭 조이너	12,000
68	추수의 비전	릭 조이너	8,000
69	하나님의 집	프랜시스 프랜지팬	11,000
70	도시를 변화시키는 전략적 중보기도	밥 하트리	8,000
71	왕의 자녀의 초자연적인 삶	빌 존슨 & 크리스 밸러턴	13,000
72	언약기도의 능력	프랜시스 프랜지팬	8,000
73	믿음으로 산 증인들	허 철	12,000
74	욥기	잔느 귀용	13,000
75	나라를 변화시킨 비전: 윌리엄 테넌트의 영적인 유산	존 한센	8,000
76	세상을 다스리는 권세의 회복	레베카 그린우드	10,000
77	창세기 주석	잔느 귀용	12,000
78	하나님의 강	더치 쉬츠	13,000
79	당신의 운명을 장악하라	알렌 키란	13,000
80	자살	로렌 타운젠드	10,000

순전한 나드 도서목록

번호	도서명	저자	가격
81	레위기·민수기·신명기 주석	잔느 귀용	12,000
82	그리스도인의 영적혁명	패트리샤 킹	11,000
83	초자연적 중보기도	레이첼 힉슨	13,000
84	나는 하나님의 음성을 듣는다	킴 클레멘트	11,000
85	하나님의 초자연적인 능력	바비 코너	11,000
86	거룩과 진리와 하나님의 임재	프랜시스 프랜지팬	9,000
87	사랑하는 하나님	마이크 비클	15,000
88	일곱 교회 이기는 자에게 주시는 축복	허 철	9,000
89	일터에 영광이 회복되다	리차드 플레밍	12,000
90	초자연적 경험의 신비	짐 골 & 줄리아 로렌	13,000
91	웃겨야 살아난다	피터 와그너	8,000
92	폭풍의 전사	마헤쉬 & 보니 차브다	13,000
93	천국 보좌로부터 온 전략	샌디 프리드	11,000
94	영향력	윌리엄 L. 포드 3세	11,000
95	속죄	데릭 프린스	13,000
96	신의 성품에 참예하는 자	허 철	8,000
97	예언, 꿈, 그리고 전도	덕 애디슨	13,000
98	아가페, 사랑의 길	밥 멈포드	13,000
99	불타오르는 사랑	스티브 해리슨	12,000
100	그 이상을 갈망하라!	랜디 클락	13,000
101	능력, 성결, 그리고 전도	랜디 클락	13,000
102	종교의 영	토미 펨라이트	11,000
103	예기치 못한 사랑	스티브 J. 힐	10,000
104	모르드개의 통곡	로버트 스턴스	13,500
105	1세기 교회사	릭 조이너	12,000
106	예수님의 얼굴〈개정판〉	데이비드 E. 테일러	13,000
107	토기장이 하나님	마크 핸비	8,000
108	존중의 문화〈개정판〉	대니 실크	13,000
109	제발 좀 성장하라!	데이비드 레이븐힐	11,000
110	정치의 영	파이살 말릭	12,000
111	이기는 자의 기름 부으심	바바라 J. 요더	12,000
112	치유 사역 훈련 지침서	랜디 클락	12,000
113	헤븐	데이비드 E. 테일러	13,000
114	더 크라이	키스 허드슨	11,000
115	천국 여행	리타 베넷	14,000
116	파수 기도의 숨은 능력	마헤쉬 & 보니 차브다	13,000
117	지저스 컬처	배닝 립스처	12,000
118	넘치는 기름 부음	허 철	10,000
119	거룩한 대면	그래함 쿡	23,000
120	믿음을 넘어선 기적	데이브 헤스	10,000

번호	도서명	저자	가격
121	꿈 상징 사전	조 이보지	8,000
122	삶을 변화시키는 성령의 권능	스티븐 브룩스	11,000
123	영적 전쟁의 일곱 영	제임스 A. 더함	13,000
124	영적 전쟁의 승리	제임스 A. 더함	13,000
125	기적의 방을 만들라	마헤쉬 & 보니 차브다	12,000
126	개인적 예언자	미키 로빈슨	13,000
127	어둠의 영을 축사하라	짐 골	13,000
128	보좌를 향하여	폴 빌하이머	10,000
129	적그리스도의 영을 정복하라	샌디 프리드	13,000
130	성령님 알기	마헤쉬 & 보니 차브다	12,000
131	십자가의 권능	마헤쉬 & 보니 차브다	13,000
132	성령이 이끄시는 성공	대니 존슨	13,000
133	축복의 능력	케리 커크우드	13,000
134	하나님의 호흡	래리 랜돌프	11,000
135	아름다운 상처	룩 홀터	11,000
136	하나님의 길	덕 애디슨	13,000
137	천국 체험	주디 프랭클린 & 베니 존슨	12,000
138	당신의 사명을 깨우라	M. K. 코미	11,000
139	기독교의 유혹	질 샤넌	25,000
140	우리가 몰랐던 천국의 자녀양육법	대니 실크	12,000
141	임재의 능력	매트 소거	12,000
142	예수의 책	마이클 코울리아노스	13,000
143	신앙의 기초 세우기	래리 크레이더	13,000
144	내 인생을 바꿔 줄 최고의 여행	제이 스튜어트	12,000
145	시간 & 영원	조슈아 밀즈	10,000
146	거룩한 흐름, 분위기	조슈아 밀즈	10,000
147	하이디 베이커의 사랑	하이디 & 롤랜드 베이커	13,000
148	하나님의 임재	빌 존슨	13,000
149	영광의 사역	제프 젠슨	12,000
150	초자연적 기름부음	줄리아 로렌	12,000
151	하나님의 갈망	제임스 A. 더함	14,000
152	형통의 문을 여는 31가지 선포기도	케빈 & 캐티 바스코니	5,000
153	임박한 하나님의 때	R. 로렌 샌드포드	13,000
154	하나님을 향한 울부짖음	바바라 J. 요더	12,000
155	춤추는 하나님의 손	제임스 말로니	37,000
156	참소자를 잠잠케 하라	샌디 프리드	13,000
157	영광이란 무엇인가?	폴 맨워링	14,000
158	내일의 기름부음	R. T. 켄달	13,000
159	영적 전투를 위한 전신갑주	크리스 밸러턴	12,000
160	성령을 소멸치 않는 삶	R. T. 켄달	13,000

순전한 나드 도서목록

번호	도서명	저자	가격
161	초자연적인 삶	아담 F. 톰슨	10,000
162	한계를 돌파하라	샌디 프리드	13,000
163	블러드문	마크 빌츠	11,000
164	마지막 부흥을 위하여	시드 로스	10,000
165	구약에서 일어난 모든 일들	윌리엄 H. 마티	13,000
166	신약에서 일어난 모든 일들	윌리엄 H. 마티	11,000
167	드보라 군대	제인 해몬	14,000
168	거룩한 불	R. T. 켄달	13,000
169	기적 안에 걷는 삶	캐더린 로날라	12,000
170	당신의 자녀를 향한 하나님의 65가지 약속	마이크 슈리브	8,000
171	무슬림 소녀, 예수님을 만나다	사마 하비브 & 보디 타이니	13,000
172	스미스 위글스워스의 병 고침(개정판)	스미스 위글스워스	12,000
173	뇌의 스위치를 켜라	캐롤라인 리프	13,000
174	약속된 시간	제임스 A. 더함	13,000
175	실패를 딛고 일어서는 믿음	샌디 프리드	12,000
176	스미스 위글스워스의 성령의 은사(개정판)	스미스 위글스워스	13,000
177	끝날 때까지 끝난 것이 아니다	R. T. 켄달	15,000
178	완전한 기억	마이클 A. 댄포스	10,000
179	금촛대 중보자들 1	제임스 말로니	15,000
180	마지막 때와 이슬람	조엘 리차드슨	15,000
181	질투	R. T. 켄달	14,000
182	사탄의 전략	페리 스톤	14,000
183	죽음에서 생명으로	라인하르트 본케	12,000
184	금촛대 중보자들 2	제임스 말로니	13,000
185	금촛대 중보자들 3	제임스 말로니	13,000
186	올바른 생각의 힘	케리 커크우드	12,000
187	부흥의 거장들	빌 존슨 & 제니퍼 미스코브	25,000
188	악의 삼겹줄을 파쇄하라(개정판)	샌디 프리드	12,000
189	지옥의 실체와 하나님의 열쇠	메리 캐서린 백스터	12,000
190	문지기들이여 일어나라	제임스 A. 더함	15,000
191	안식년의 비밀	조나단 칸	15,000
192	교회를 깨우는 한밤의 외침	R. T. 켄달	15,000
193	하나님의 시간표	마크 빌츠	12,000
194	사랑의 통역사	샨 볼츠	12,000
195	예루살렘의 평화를 위해 기도하라	탐 헤스	13,000
196	마이크 비클의 기도	마이크 비클	25,000
197	유대적 관점으로 본 룻기	다이앤 A. 맥닐	13,000
198	폭풍을 향해 노래하라	디모데 D. 존슨	13,000
199	세미한 하나님의 음성을 듣는 방법	스티브 샘슨	12,000
200	영광의 세대	브루스 D. 알렌	15,000

번호	도서명	저자	가격
201	영적 분위기를 바꾸라	다우나 드 실바	12,000
202	하나님을 홀로 두지 말라	행크 쿠네만	14,000
203	하나님이 디자인하신 완전한 나	캐롤라인 리프	20,000
204	대적의 문을 취하라〈개정증보판〉	신디 제이콥스	15,000
205	R. T. 켄달의 임재	R. T. 켄달	13,000
206	영성가의 기도	찰리 샴프	10,000
207	과거로부터의 자유〈개정판〉	존 로렌 & 폴라 샌드포드	14,000
208	하나님의 불	제임스 A. 더함	15,000
209	일상에 임한 하나님의 영광	브루스 D. 알렌	14,000
210	일곱 산에 관한 예언〈개정판〉	조니 엔로우	15,000
211	마지막 시대 마지막 주자	타드 스미스	13,000
212	주의 선하신 치유 능력	크리스 고어	13,000
213	건강한 생활 핸드북	로라 해리스 스미스	15,000
214	더 높은 부르심	제임스 말로니	12,000
215	레위기, 민수기, 신명기〈개정판〉	잔느 귀용	14,000
216	당신도 예언할 수 있다〈개정판〉	스티브 탐슨	14,000
217	생각하고 배우고 성공하라	캐롤라인 리프	15,000
218	기적을 풀어내는 예언적 파노라마	제임스 말로니	13,000
219	케빈 제다이의 초자연적 재정	케빈 제다이	14,000
220	적그리스도와 마지막 때 분별하기	마크 빌츠	13,000
221	마음을 견고히 하라	빌 존슨	9,000
222	천국으로부터 받아 누리기	케빈 제다이	13,000
223	모든 것이 당신에게 유리하게 되어 있다	케빈 제다이	15,000
224	징조II	조나단 칸	18,000
225	데릭 프린스의 교만과 겸손	데릭 프린스	10,000
226	유다의 사자	랍비 커트 A. 슈나이더	15,000

Gazing into Glory
: Every Believer's Birthright to walk in the Supernatural

by Bruce D. Allen

Copyright ⓒ 2011 by Bruce D. Allen

Korean Translation Copyright ⓒ 2018 by Pure Nard, Seoul, Republic of Korea
The Korean edition is published by arrangement with Bruce D. Allen.
All rights reserved.

이 책의 한국어판 저작권은 저자와의 독점 계약으로 순전한 나드에 있습니다.
저작권법에 의해 한국 내에서 보호받는 저작물이므로 무단 전재와 무단 복제를 금합니다.

영광의 세대

초판 발행 | 2018년 5월 10일
4쇄 발행 | 2025년 8월 30일

지 은 이 | 브루스 D. 알렌
옮 긴 이 | 심현석

펴 낸 이 | 허철
편   집 | 김혜진
디 자 인 | 이보다나
총   괄 | 허현숙
인 쇄 소 | 예원프린팅

펴 낸 곳 | 도서출판 순전한 나드
등록번호 | 제2025-000033
주   소 | 경기도 부천시 원미구 길주로347, 305호(중동)
도서문의 | (032)327-6702
홈페이지 | www.purenard.co.kr

ISBN 978-89-6237-210-6 03230